中国侗族村寨文化遗产价值纲论丛书

中国侗族村寨文化遗产核心价值论纲

王淑贞　钮小静　王文明　著

中国纺织出版社有限公司

图书在版编目（CIP）数据

中国侗族村寨文化遗产核心价值论纲/王淑贞，钮小静，王文明著. -- 北京：中国纺织出版社有限公司，2023.11（2024.11重印）
ISBN 978-7-5229-1112-0

Ⅰ.①中… Ⅱ.①王…②钮…③王… Ⅲ.①侗族—村落文化—文化遗产—研究—中国 Ⅳ.①K287.2

中国国家版本馆 CIP 数据核字（2023）第 194313 号

责任编辑：顾文卓　向连英　　特约编辑：武亭立
责任校对：王蕙莹　　　　　　　责任印制：储志伟

中国纺织出版社有限公司出版发行
地址：北京市朝阳区百子湾东里 A407 号楼　邮政编码：100124
销售电话：010—67004422　传真：010—87155801
http://www.c-textilep.com
中国纺织出版社天猫旗舰店
官方微博 http://weibo.com/2119887771
北京虎彩文化传播有限公司印刷　各地新华书店经销
2023 年 11 月第 1 版　2024 年 11 月第 2 次印刷
开本：710×1000　1/16　印张：16.75
字数：287 千字　定价：98.00 元

凡购本书，如有缺页、倒页、脱页，由本社图书营销中心调换

序 言

村寨是传统文化的聚集地，也是文化遗产的载体。村落的研究，一直是中国学术的热点和焦点。通过村落透视中国农村社会生活，一直是人类学研究的传统，如费孝通《江村经济》、林耀华《金翼》，杨懋春"台头村"、葛学溥"凤凰村"、杨庆堃"鹭江村"等经典个案。麻雀虽小，五脏俱全。正是通过对"村落"这一基本社会单位的观察，进行全景式的民族志"深描"，以了解中国的乡土社会。

村寨是人类按照一定的社会结群所形成的经济、社会、文化共同体。村寨具有"物"的形式，呈现不同的乡土建筑及其景观，同时也是人类行为展演的文化空间。人类的生存和发展首先要形成"群体"，聚集起来，建立社会群体所生产生活的空间"聚落"，并建立一套社会制度，以解决人类群体之间的合作。村寨的文化空间具有神圣性，由此安排群体关系，维系社会秩序。

中国文明早期，商朝几乎在不断变更住地。根据《诗经》的描述，周先王时期也是在不断迁徙。《大雅·公刘》《大雅·绵》《大雅·文王有声》三篇均为迁徙史诗，周王先世为了生存和发展，寻求适宜之地。古人对于迁徙住地具有当时的思考和追求。

"山林是主，人是客。"侗族居住于湘黔桂交界的山地河谷，在侗族文化影响下，创造出与其适应的文化景观。侗族村寨的文化景观是侗族人民介入环境、运用环境、改造环境的不同方式所形成的。侗族村寨是侗族文化遗产的集中保存地，是侗族文化景观遗产，体现了人类与自然环境的互动，特别是能持续使用土地的特殊方式。侗族村寨文化景观体现了人、土地与自然的关系，反映了侗族保护与利用自然的技巧，也是侗族与自然之间的精神纽带。

遗产的价值是遗产学的中心问题。人类文化遗产具有其"内在价值"，需要对价值进行发现、分析和解释。文化景观遗产的价值研究是一项复杂且细致的学术研究，不仅需要深度的本土知识，也需要具有开阔的国际学术视野。侗寨遗产的价值体现了中华民族农耕文明的起源，"稻鱼鸭"农业系统不仅体现了人与生物和谐共生的关系，还反映了侗族人民的人生观和哲学精神。保护与利用侗寨文化遗产，不仅是遗产学研究的问题，也是当前中国乡村振兴的主题。

"湖南省民间非物质文化研究基地"和"湖南文化遗产翻译与传播基地"分别是湖南省哲学社会科学规划办公室和湖南省文化和旅游厅在怀化学院设立的省级科研平台，秉持"学术为本"的学术理念，突出"本土化、国际化、跨学科"的特色，旨在为研究中国山地民族非物质文化遗产提供学术交流与合作的平台。在学术研究上，搭建超越单位界限的人文社会科学研究平台，打破学科和专业的壁垒，推进以"问题导向"为中心的跨学科综合研究范式；同时，对外积极引进资源，立足中国，面向世界，注重基础研究和应用型研究的结合与转化，搭建学术研究的高地，推动人文社会科学本土化的整体性发展，建设具有中国前沿并与国际学术对话的特色学科体系。在智库建设方面，以乡村振兴为切入点，为山地民族经济、社会、文化、环境的全面可持续发展建言献策，并在立足为湖南发展服务的同时，为西南山地民族的经济、社会发展探索新思路。

嘤其鸣矣，求其友声。"中国侗族村寨文化遗产价值纲论丛书"是我们前行路上的一项成果。侗寨文化遗产价值研究项目主要由湖南工商大学副校长张玲教授（原怀化学院副校长）、怀化学院曹端波教授和姜莉芳博士负责，聚集了一批侗族文化遗产研究专家，共同深入湖南、贵州、广西等侗族聚集区开展田野调查。该项目是我们研究山地民族文化遗产的起点，也是"湖南省民间非物质文化研究基地"和"湖南文化遗产翻译与传播基地"专家同仁合作的开端。我们将不断推进文化遗产的研究工作，持之以恒，不断前行。

张玲　曹端波
湖南鹤城·2021年9月

目　录

绪论 / 001

第一章　中国侗族村寨文化遗产概述 / 040

　　第一节　中国侗族村寨的分布 / 040
　　第二节　中国侗族村寨的文化遗产 / 048

第二章　中国侗族村寨文化遗产的核心价值——和谐 / 088

　　第一节　中国侗族村寨文化遗产的价值构成 / 088
　　第二节　和谐与核心价值 / 092
　　第三节　核心价值的特殊规定性 / 095
　　第四节　核心价值的地位及作用 / 098

第三章　生产智慧的和谐内核 / 102

　　第一节　传统聚落文化遗产 / 102
　　第二节　传统农耕文化遗产 / 109
　　第三节　传统制作文化遗产 / 115
　　第四节　传统商贸文化遗产 / 121

第四章　生活智慧的和谐范式 / 127

　　第一节　主食制作 / 127
　　第二节　加工烹饪 / 128
　　第三节　饮品制作 / 131
　　第四节　节会群欢 / 132
　　第五节　传统婚恋 / 135

第五章 心灵智慧的和谐精华 / 138

    第一节 信仰包容的心灵智慧 / 138

    第二节 愉悦"三交"的生活状态 / 141

    第三节 传统音乐的心灵滋养 / 146

    第四节 "半称心"的豁达心境 / 153

第六章 社会治理方式的和谐精髓 / 155

    第一节 基层组织架构 / 155

    第二节 基层权威治理 / 158

    第三节 侗款治理模式 / 163

    第四节 综合自治模式 / 169

第七章 普遍价值的和谐实质 / 177

    第一节 侗寨遗产的历史价值 / 177

    第二节 侗寨遗产的文化价值 / 182

    第三节 侗寨遗产的科学价值 / 192

    第四节 侗寨遗产的艺术价值 / 209

    第五节 侗寨遗产的社会价值 / 216

第八章 侗族村寨文化遗产核心价值的实现 / 222

    第一节 核心价值的功能 / 222

    第二节 核心价值实现的方略 / 227

    第三节 核心价值实现的模式 / 232

    第四节 核心价值实现的效果 / 247

余论 / 250

参考文献 / 254

后记 / 261

绪论

一、研究背景

文化，从广义角度可以理解为人们生存发展的方式、过程及其结果。广义的侗族村寨文化指侗族村寨居民生存发展的方式、过程及其结果，包括侗族村寨物质文化，如族群聚落、村寨建筑、生态景观、文物遗存等；包括侗族村寨精神文化，如民间信仰、道德观念、歌舞戏曲等；包括侗族村寨人们的行为文化，如农耕生产、纺织刺绣、烹饪饮食、衣着服饰、娱乐活动、婚丧嫁娶、社会交往等行为方式、行为过程、行为状态及行为结果；还包括侗族村寨制度文化，如村规民约、家规族规寨规款规以及各层面的行为习俗规范等。近二十年来，中国侗族村寨各层面文化急剧变迁，文化遗产濒危，侗寨居民面临系列价值选择与价值困惑，这引起人们的高度关注，促使人们搜集整理侗族村寨的文化遗产，思考侗族村寨文化遗产的价值及其核心，并进一步探索中国侗族村寨文化遗产保护传承、开发利用、价值实现的应对之策。

（一）当代侗族村寨居民面临价值选择

当今世界科技发展日新月异，整个世界正在急剧变化，中国更处于迅速发展和急剧变迁之中。这种急剧变化的国内外环境，使侗族村寨面貌在二三十年内发生了一系列快速、显著的变化。

一栋栋三四层钢筋水泥镶瓷片的乡村别墅拔地而起，或者矗立在侗寨木楼聚落边缘，或者镶嵌在木楼聚落群之中，不断取代原有的干栏式木构楼房，有的侗族村寨干栏木楼聚落正在全面被钢筋水泥镶瓷片的别墅型聚落群代替。

耕田机、插秧机、收割机按照季节在田野忙碌，正在替代侗族村寨"人力＋畜力"的传统农耕劳作方式。空调、冰箱、电视机、电饭煲、热水器、电磁炉等家用电器已经进入千家万户，正在取代侗族人家传统的薪炭取暖、鼓楼纳凉、炊烟做饭等生活方式。

水泥硬化乡村公路已经寨寨通，农用车、小轿车、摩托车往来奔驰，村寨场坪、大街小巷和家庭小院停放着大小车辆，乡间公路行人稀少，乡间驿道正在荒芜，风雨桥正在成为休闲纳凉桥。

外出务工成为侗族聚居地区中青年的普遍谋生方式，侗寨"空巢"现象日趋突出，侗族村寨传统的风俗习惯逐渐淡化，春节之外的侗族节会活动参与人员的构成渐趋老龄化，老年女性正在成为侗寨节会活动的主力军。

智能手机快速普及，成年人几乎人手一部，智能手机的语音通信、视频通信、手机预订、手机支付、手机闲聊、手机游戏等功能，使人们机不离手，快速改变着人们的社交方式、购物方式、交易方式、工作方式和娱乐方式。

侗族村寨外在面貌的迅速变化，不仅是由人们的心理和意志支配的，更是由人们的价值观念决定的。在现代科学技术和市场经济的冲击下，人们的思维方式和价值观念正在改变，人们在进行艰难地价值选择。

一是留守与外出务工的价值选择。留在侗寨，只能耕种承包的几亩责任田，除去杂交稻种、农药、化肥等基本开支，所剩无几，一年到头收入不到万元；而外出务工，每月工薪不断增加，最近几年务工月薪已达三五千元，节衣缩食之下，一年还能攒下两三万元。如果自己是熟练工，或者干的是技术活，工薪还会高一些，一年结余往往在五万元以上。如果夫妻双双都外出务工，一年就能结余五到八万元。积攒十来年，就可以修房子、买车子；何况外出务工，还能够长见识、增阅历。这对于侗族村寨的劳动者，是一个极具诱惑力的价值选择。至于空巢的家庭负荷与空村后果，就交给老一辈去承担了。经过反复权衡，近三十多年来，更多人选择了外出务工的价值取向。

二是保护木楼与拆掉木楼、修建别墅的价值选择。中国的广大农村，人们有了点钱，除了送子女读书、孝敬老人，都会考虑修建房子。侗家人都知道，整齐划一的侗寨木楼建筑群是侗族的一大瑰宝，但是木楼不防火一直是一大问题，而且传统木楼又不方便改建新式卫生间与新式厨房。有的老旧木构楼房因为无人居住，年久失修而成了危房。儿女到了结婚成家的年龄，按照侗家习俗，又必须修建新楼。因此是修建传统的干栏式木构楼房，还是修建崭新漂亮的砖混结构外镶瓷片的乡村别墅，人们面临艰难选择：既要考虑两种房屋的造价，又要考虑居住的实用性与外观美感。近几年，更多的人选择修建砖混楼房或乡间别墅，他们拆掉老旧木楼，在原宅基地上修建砖混结构镶嵌瓷片的二三层别墅式楼房，或者在原宅基地上先建一二层框架结构砖房，在二层平台之上再建二层木构楼房。如果没有限制，大多数修建户会选择拆掉木房，修建乡间别墅。

三是传统农耕生产方式与现代机械生产方式的价值选择。侗族村寨传统的农耕方式，是水渠自流灌溉或者筒车提水灌溉，种糯稻，牛耕田，手插秧。糯稻收割采取手工掐稻穗，把稻穗扎成把，肩挑回家，再把稻穗把子挂在禾架上晾干。少量的黏谷则用镰刀收割，拌斗脱粒，再用箩筐扁担肩挑到晒谷坪晒干。20世纪后期，杂交稻取代了传统稻种，人力打谷机取代拌斗脱粒。21世纪，由于现代农用机械制造业的快速发展，抽水机替代了筒车，大大小小的犁田机、耙田机取代了牛耕田和耙田，插秧机替代了手工插秧，收割机替代了手工收割，农用运输车替代了肩挑背驮。购买这些农用机械，国家有资金补贴，使用技术有专项培训。在这种机械化大潮中，侗族村寨居民观察体验，权衡水稻产量，反复比较生产成本、劳动强度和生产效率，很快接受了高产的杂交水稻，逐渐接受了农用机械。当前，侗族村寨传统的农耕劳作方式逐渐减少、逐渐淡化，不断退出农耕舞台。

四是传统步行肩挑背驮与现代交通运输方式的价值选择。现代的飞机、高速铁路、高速公路和便捷硬化的乡村公路，给人们提供了便捷的交通条件。选择哪种交通工具，是侗寨人们不断斟酌后的价值选择。选择的思路是先买摩托车，花钱少、跑得快、易操作。后买农用车，这要花不少钱，但是可以代步、可以载货。再有钱了，人们逐渐把眼光放在货运车、工程车上，把大小车辆作为挣钱的工具与手段。最后，就考虑买不买小轿车了，买了，能够进一步提高生活质量，能够节省时间，提高出行的速度、效率和方便程度。选择的结果是，侗族村寨的摩托车逐渐普及，农用车、货运车、工程车与小轿车逐渐增多；传统肩挑背驮的人力运输方式已经很少见到了；步行跋山涉水，正在成为人们休闲健身的方式。

五是传统生活方式与现代生活方式的价值选择。传统侗寨居室、厨房、茅厕与现代宾馆式卧室、厨房、卫生间的价值选择；传统的侗族饮食文化生活与现代社会饮食文化生活的价值选择；传统侗族服装与现代通行服装的价值选择；传统侗族行歌坐夜与现代婚恋方式的价值选择；传统侗族节会活动与现代文化生活的价值选择；传统侗族村寨文化娱乐活动与现代社会时尚娱乐活动的价值选择；传统侗族村寨鼓楼歌舞休闲与现代社会棋牌、广场舞等时尚休闲方式的价值选择；传统侗族村寨信仰文化与现代科学技术的价值选择等。

中国侗族村寨传统面貌的快速变迁，侗族村寨居民面临的心理上和行为上的价值选择，使侗族村寨文化遗产的濒危性日益加剧，特别是侗族村寨民居木构建筑群落、传统技艺、传统习俗等，保护侗族村寨文化遗产迫在眉睫。这就需要在厘清中国侗族村寨文化遗产的基础上，进一步厘清这些遗产的普遍价值，尤其是其中的核心价值，由此辅助科学而果断地价值决策，探索保护传承侗族村寨文化遗产和实现这些遗产宝贵价值的妥善模式。

（二）当代侗族村寨文化遗产保护面临困惑

全国人民代表大会已经立法保护文化遗产，如《中华人民共和国文物保护法》《中华人民共和国非物质文化遗产法》等，侗族村寨所在的省区、州县人民代表大会也已经制定了侗族村寨文化遗产的具体保护条例。这些立法使侗族人可以利用法律手段保护自己的文化遗产。各级人民政府和侗族村寨广大居民，已经采取了系列保护措施，如国家、省、市（州）、县四级人民政府实施的重点文物保护、历史文化名村名镇保护、少数民族特色村寨保护、传统村落保护、农业文化遗产保护、非物质文化遗产保护、非物质文化遗产代表性传承人保护等。这些措施有效地保护了进入名录的文化遗产项目，取得了令世人瞩目的突出成效。但是，不可忽视的是中国侗族村寨文化遗产保护仍然面临系列严重问题和突出困惑。

困惑之一，侗族村寨文化遗产价值的大小及其实现问题的困惑。人们通过不同途径对侗族村寨文化遗产有所了解，为侗族村寨民居、风雨桥、鼓楼、寨门等木构建筑的恢宏大气而震撼，为侗族村寨侗纱、侗布、侗锦、侗绣而称奇，为侗族村寨水塘养鱼、塘泥肥田、塘上建粮仓和厕所等生态循环系统、稻鱼鸭生态复合种养系统而称道，还有侗款、侗族大歌、侗族芦笙等，这些都是侗族的文化瑰宝。但是，部分人对这些瑰宝的历史价值、文化价值、科学价值和社会价值及其层次，还不是十分清楚，尤其是这些文化遗产在世界文化之林中的地位与特色，缺乏横向比较的深层认知。当面对这些侗族村寨文化遗产濒危的情况时，保护这些文化遗产需要大量物资和经费，人们深感力不能及，容易产生任其自然消失的随意态度。在保护与传承侗族村寨文化遗产的时候，人们又产生如何把这些文化遗产资源化、文化资源资本化，以及如何将其进一步转化为现实经济价值和社会价值等多重困惑。

困惑之二，侗族村寨文化价值及其实现与顺应历史潮流关系的困惑。由于科学技术的迅猛发展，当代新的生产方式、生活方式、交通方式、通讯方式、娱乐方式等使侗族村寨传统的生产生活方式、交通通讯方式、娱乐休闲方式及其物化载体正在快速退出侗族村寨的历史舞台，成为回不去的历史记忆和乡愁，成为固化的文化遗产。侗族村寨文化由表及里的新陈代谢，已经成为不可阻挡的历史潮流。在侗族村寨文化急剧变迁的历史潮流中，要保护侗族村寨老的、旧的、传统的东西，容易形成"不识时务"的错觉，仿佛在阻挡历史潮流、在逆历史潮流而动。这实际上是新与旧的冲突，产生了如何既顺应这种新陈代谢的历史潮流，又传承弘扬侗族村寨优秀文化遗产的困惑。

困惑之三，侗族村寨文化遗产价值实现与尊重侗寨居民追求新生活权利相互关系的困惑。侗族村寨广大居民在社会急剧变迁中，有权利选择和采用更先进、效率更高、效益更大的生产手段；有权利用新的技术手段，按照发达地区的民居建筑形式、村庄聚落模式，建设自己的新侗寨新家园；有权选择和追求更方便、更舒适、更美好的新生活。这是无可指责的。在没有弄清侗族村寨文化遗产价值及其核心的情况下，在没有厘清侗族村寨文化遗产价值与侗族村寨居民关系的情况下，在没有弄清侗族村寨文化遗产价值实现与居民主体权利关系的情况下，在社会急剧变迁的环境中，如何既尊重侗族村寨广大居民追求新的生产生活权利，又能保护和传承侗族村寨的文化遗产，这似乎是一个两难悖论。

困惑之四，侗族村寨文化遗产价值实现与侗族村寨建设共性与个性及其关系的困惑。在没有厘清侗族村寨文化遗产价值，尤其是它的核心价值的情况下，在村庄聚落同质化建设潮流中，在当今时代现代文化和新的生产生活方式浪潮涤荡中，在社会主义新农村建设中，如何既实现侗族村寨文化遗产的价值，又能够因势利导保持和彰显侗族村寨聚落的民族特色和村寨个性、保持和弘扬侗族村寨优秀传统文化的精粹，进一步促使侗族村寨成为文化遗产保护传承的国内外典范、促使侗族村寨建设引领中华民族传统文化的传承弘扬和社会主义乡村振兴的潮头，因此就会出现大方向明确中具体作为的层层困惑。

困惑之五，侗族村寨文化遗产价值实现同遗产保护传承数量、质量矛盾的困惑。在文化急剧变迁和社会快速发展的大潮中，在人力、财力非常有限的情况下，在没有全面系统把握侗族村寨文化遗产价值的大小、层次与核心价值及其关系的情况下，在没有探索出核心价值与诸多价值实现的共同途径的情况下，如何更有效地、大规模地保护侗族村寨珍贵的文化遗产，做到保护数量最大化、保护质量最优化。其中，人们往往产生心有余而力不足的揪心与无奈，忽略了侗族村寨文化遗产核心价值在诸多文化遗产保护传承中牵一发而动全身的关键性带动作用，忽略了文化遗产保护传承数量、质量之间对立中有统一的一面，没有走出侗族村寨文化遗产价值关系及价值实现的困境。

解决这些困惑的关键与前提,就是要弄清楚侗族村寨文化遗产的价值体系及其核心,在此基础上,弄清文化遗产价值的核心同村民权利、村民利益、村民作用的关系,同文化遗产保护传承的关系;进一步弄清侗族村寨文化遗产价值的实现同侗族村寨产业发展的关系,同侗族村寨特色建设的关系,同侗族村寨个性张扬的关系,同整个侗族聚居地区乡村振兴的关系等。

(三)当前侗族村寨文化遗产价值认知存在难点

中国侗族村寨文化遗产的价值,之所以成为上述困惑的关键与前提,是因为侗族村寨文化遗产价值评价比较困难。

第一,侗族村寨文化遗产产权归属的不确定性,带来价值认知和价值评价的困难。从文化学角度看,侗族村寨文化遗产是一种文化事项,是侗族村寨居民生存发展的方式、过程和硕果,是侗族村寨历代居民创造和积累的村寨财富、民族财富和社会财富。从民俗学的角度看,侗族村寨文化遗产是侗族村寨居民的民俗事项及其物化俗具、外化俗境,具有村寨的个性和民族的共性,具有小地域的个性和大区域的共性。从经济法的角度看,大量的侗族村寨文化遗产是历代居民共同创造而遗留给后人的财产。其中,侗族村寨文化遗产的产权归属具有不确定性,大量的文化遗产既可归属某一侗族村寨,又可归属各个侗族村寨,乃至归属整个侗族,归属国家。这是侗族村寨文化遗产价值认知和价值评价的前提。在文化遗产归属界定前后及其界定过程中,就要弄清楚,哪些文化遗产及其产权属于某个人或某个家庭,哪些文化遗产及其哪些层面的产权属于某一个房族("补拉")、某一侗族村寨集体,哪些文化遗产及其哪些层面属于侗族整个民族和区域社会,乃至国家,这是一个相当棘手的难题。在产权归属没有界定清楚之前,容易出现事不关己或者斤斤计较等心态或行为,造成种种认知困难和评价困难,这也给文化遗产的价值认知、价值评价和价值实现带来重重困难。

第二,侗族村寨文化遗产价值认知与价值评价的复杂性,带来价值认知和价值评价的困难。侗族村寨文化遗产本身复杂多样,从不同的角度,形成多种多样的价值认知结果和价值评价结论。在这种复杂的认知与评价过程中,会遇到重重困难:一是侗族村寨文化遗产价值的定性认知和定性评价具有一定困难,难以精准定位其价值性质优劣高低的具体层次;二是难以精确测定其价值量的大小。出现这些困难的原因多种多样,一是认知对象和评价对象复杂多样,是否全面、系统、精准地评价侗族村寨文化遗产的历史价值、文化价值、社会价值、经济价值等,存在诸多困难和障碍。二是因学科视野、学科方法的局限而出现文化遗产价值认知与价值评价的局限性。可以说，每一门相关学科的知识与方法都可以辅助认知与评价侗族村寨文化遗产的价值，形成的认知结果和评价结论都有其学科的科学性，当然也必然体现该学科的局限性。三是因认知主体、评价主体主观因素和权威性的制约，可能出现文化遗产价值认知和价值评价的主体倾向性和主体影响力的受限性。四是价值认知和价值评价因为环境、条件及其变化的制约，给侗族村寨文化遗产价值认知和价值评价带来许多困难。如认知与评价的国内外文化氛围和国际关系的强烈影响、国内外经济环境的强烈冲击等，无不深刻影响着侗族村寨文化遗产价值的认知和评价，给其带来说不尽、道不完的困难与苦衷。

第三，侗族村寨文化遗产价值的潜在性，给其价值认知和价值评价带来困难。侗族村寨文化遗产的价值，许多是外显的、具象的历史价值，是人们容易认知和评价的。但是，更多的价值是隐形的、无形的，需要人们洞察、抽象和思考。这就给侗族村寨文化遗产的价值认知和价值评价带来知识、方法等素质能力方面的诸多困难。侗族村寨文化遗产的价值，还有其功能层面，也就是还没有转换为现实价值。这种潜在性，实际上只是可能性，要把侗族村寨文化遗产的这种可能实现的价值，予以精准的预测性认知与评价，不难想象其中的困难有多少、有多大。

第四，侗族村寨文化遗产价值实现的条件性，给其价值认知和价值评价带来系列困难。从价值认知与价值评价的上述困难，自然可以窥见价值认知和价值评价离不开价值实现的条件，而价值实现的条件又是复杂多样和变幻不定的，这就可能给价值认知和价值评价带来更多的困难。价值实现的条件，有主体性条件、客体性条件、手段工具等中介性条件，还有环境氛围等外部环境条件；有经费、生态等物质性客观条件，有知识、方法、技术等精神、文化、素质能力等主观性条件；有政府支持时序的先后和支持力度的大小、社会支援等外部条件，更有自身努力等内部条件。复杂多样的条件，不是一成不变的，而是经常变化的。这无疑就给侗族村寨文化遗产价值及其实现的认知、评价带来重重困难。这就容易出现有的文化遗产价值实现程度高，由此必然带来该遗产价值认知度高、价值知晓度高和价值美誉度高；而有的文化遗产价值实现程度低，那么该遗产的价值认知度就可能低、价值知晓度和价值美誉度也低。前者可能是少数的，而后者可能是更多的。这就是价值实现条件不同导致价值实现状况不同，这就可能给侗族村寨文化遗产价值认知和价值评价带来种种困难。

中国侗族村寨文化遗产价值认知和价值评价的诸多难点，挡不住人们的睿智和意志,人们在了解这些困难及其原因之后,在把握了价值关系及其核心在侗族村寨文化遗产价值认知和价值评价中的关键作用,就会排除重重障碍,战胜种种困难,从个性中抽象共性,从个别中透视一般,从特殊中把握普遍,透过现象把握本质、穿透层次洞察核心,达到对侗族村寨文化遗产普遍价值及其核心价值的清晰认知和精准评价。

(四)当前侗族乡村振兴与文旅经济融合发展急需厘清侗族村寨文化遗产的核心价值

厘清中国侗族村寨文化遗产的核心价值,是侗族村寨文化、经济及文旅融合发展的需要,是侗族村寨振兴的需要。

第一,中国侗族村寨文化建设急需厘清中国侗族村寨文化遗产的核心价值。侗族村寨文化建设,外在表现为文化基础设施建设,尤其是公共文化基础设施建设,物态表现为文化遗产物化载体的维护与保护,静态与动态结合保护非物质文化遗产、保护非物质文化遗产传承人等。侗族村寨文化建设更重要的方面是精神文化建设、道德建设,价值观念的教育与传承。这一切,都离不开对侗族村寨文化遗产的普遍价值的认知与评价,尤其是离不开对核心价值的认知与评价。在侗族村寨文化遗产核心价值认识的支配下,将共性个性化,进行侗族村寨各具特色的分层面的文化建设。所以,厘清中国侗族村寨文化遗产的核心价值,是目前侗族村寨特色文化建设的当务之急。

第二,中国侗族村寨经济建设急需厘清中国侗族村寨文化遗产的核心价值。近三十年来,侗族村寨的经济收入来源,依次是外出务工,茶叶生产与制作,商贩贸易,水稻、蔬菜等种植产业,养猪、养牛、养羊等养殖产业,这几方面与侗族村寨文化遗产的关系不太密切,甚至无关,但在整个村寨经济中所占比重较高、地位突出、作用较大;侗锦、侗绣等传统手工业与侗族村寨文化遗产的传承关系密切,但占比却不大,地位不高,作用不太突出。这种现状说明在侗族村寨经济建设中,侗族村寨文化遗产的资源化程度及其资产化程度、资本化程度还不高,还没有真正成为侗族村寨经济发展的现实资源和现实资本,还没有成为支撑村寨经济发展的产业支柱。人们或者捧着金饭碗外出务工,或者简单地进行传统农耕劳作以维持温饱。就此而言,中国侗族村寨的经济建设,急需在核心价值指引下把侗族村寨文化遗产资源化、资源资产化、资产资本化,把这些资本投入经济建设之中,市场化运作,大手笔经营,引领村民大力发展本村寨文化经济产业。如此,就急需厘清侗族村寨文化遗产的价值体系及其核心,按其内在构成及其关系,依据轻重缓急和先后时序,依次重构侗族村寨经济结构,快速发展村寨集体经济,促进村民共同富裕。

第三,中国侗族村寨文旅融合发展急需厘清中国侗族村寨文化遗产的核心价值。侗族村寨经济发展的一个重要途径,就是文旅融合,带动村寨经济全面发展。文旅融合的先决条件,就是厘清侗族村寨文化遗产的核心价值。在核心价值的指导下,将侗族村寨的文化遗产保护与传承同旅游融合起来,将文化旅游同各个行业融合起来,快速有效地带动村寨经济的全面发展。

第四,中国侗族村寨全面振兴急需厘清侗族村寨文化遗产的核心价值。侗族村寨的全面振兴,首先是产业振兴和文化振兴,就得打造和彰显村寨特色和村寨个性,就要弄清侗族村寨文化遗产的共性与个性,弄清侗族村寨文化遗产的价值及其核心。

(五)当今理论研究肩负着历史使命

侗族村寨文化遗产研究,是理论界、学术界长期关注的重要课题,尤其是侗族学者长期关注的重要对象。侗族村寨文化遗产研究,既有单一要素研究,也有结构整体研究;既有分类研究,也有综合研究;既有静态研究,也有动态研究;既有现状研究,也有源流、过程等史学研究,还有濒危现状研究、抢救性保护研究、传承(包括传承方式、传承人)研究、弘扬研究,更有内涵研究、生态研究、环境研究。这里要强调的是,这些研究都以侗族村寨文化遗产的价值,尤其是核心价值为依据。因此,要满足上述各层面的迫切需要,就必须加强对侗族村寨文化遗产的价值研究,这是理论界、学术界义不容辞的历史使命,更是侗族文化学者的神圣职责。

侗族村寨历史悠久,积淀的文化遗产多种多样,如诸多文物、信俗、歌舞、传统经验体系、民居建筑、鼓楼、风雨桥、村寨聚落等,这些物质的与非物质的文化遗产共同的核心是什么,这些遗产的历史价值、科学价值、艺术价值、社会价值等各层面价值的共同核心又是什么,该核心与侗族村寨经济、文化的关系如何,与社会主义核心价值观的关系又如何……这些也是理论界、学术界必须研究和回答的问题。

侗族村寨文化遗产研究,既需要历史学、文化学、人类学、民族学、民俗学、艺术学的研究,也需要经济学、法学、旅游学、管理学、社会学的研究,更需要哲学,尤其是价值哲学的深入研究。从价值哲学层面,厘清侗族村寨文化遗产各个层面的价值及其关系,进一步揭示其中的核心和精髓。这是哲学工作者,尤其是价值哲学工作者的神圣职责和历史使命。

二、研究动态综述

（一）国内研究动态综述

1. 国内各地古村落研究

古村落犹如繁星遍布全国各地，介绍、研究各地古村落的成果相当多，既有大量深入浅出的科普性读物，也有图文并茂的旅游读物，还有许多引人入胜的学术性著作、论文等，不胜枚举。鉴于篇幅，仅管窥其中一二。

段进、龚恺、陈晓东、张晓冬、彭松❶，从古村落的形成及鼎盛、古村落空间构成、内外空间各层面对古村落空间结构的主导性影响、古村落空间发展自上而下的自组织过程、外部空间构成形态、外部空间活动行为、外部空间的感知与审美等方面，深入系统地解析了西递、宏村古村落的空间结构，分别出版了两村空间解析的学术著作。单霁翔探索并撰述了《走进文化景观遗产的世界》❷。

李文兵以张谷英村为样本，调查研究古村落文化生态演变，撰写发表了《旅游背景下古村落文化生态演变机制》等学术论文❸。章锐夫撰写出版了《湖南：古村镇 古民居》❹。李渔村、李仕铭编写出版了《湖南古村镇》❺。阮仪三在田野调查、实地踏勘的基础上，撰写了专著《遗珠拾粹：中国古城古镇古村踏察》❻。

2. 侗族村寨文化整体性介绍

侗族聚落是绘画人向往的写生胜地，侗寨生态是摄影人非常重视的聚焦对象，侗寨景观是旅游者愉悦猎奇的必到景点，侗族文化是文化人长期关注的田野视域。近些年，大量专家学者对侗族聚落、侗寨生态、侗寨景观、侗族文化进行了比较深入系统的研究，取得了一系列丰硕成果。

杨通山、蒙光朝、过伟、郑光松、周东培的《侗乡风情录》一书，生动形象地介绍了侗族村寨的入境问俗、林农渔猎、饮食衣饰、人生礼仪、社交

---

❶ 段进，龚恺，陈晓东，等.空间研究1：世界文化遗产西递古村落空间解析[M].南京：东南大学出版社，2006.
❷ 单霁翔.走进文化景观遗产的世界[M].天津：天津大学出版社，2010.
❸ 李文兵.旅游背景下古村落文化生态演变机制：以张谷英古村落为例[J].社会科学家，2008.
❹ 章锐夫.湖南：古村镇 古民居[M].长沙：岳麓书社，2008.
❺ 李渔村，李仕铭.湖南古村镇[M].长沙：中南大学出版社，2009.
❻ 阮仪三.遗珠拾粹：中国古城古镇古村踏察[M].北京：东方出版中心，2013.

节日、组织、信仰、歌舞乐戏和建筑工艺等多彩风情❶。刘芝凤在广泛的田野调查过程中，深入研究侗族村寨的民俗文化与稻作文化，撰写出版了《中国侗族民俗与稻作文化》❷。

贵州政协文史委组织编写了贵州旅游文史丛书之黎平卷《侗乡情韵》❸。韦玉姣探讨了三江侗族村寨的地理环境与民族历史变迁❹。孟云撰写了三宝等侗寨的风土人情——《村寨古风：从三宝侗寨到短裙苗乡》❺。

张跃编写了包括侗族在内的《中国民族村寨研究》，探讨中国西南各民族村寨的组织融合、经济转型、社会调控、人口生育、法制秩序、家庭规模、宗教、医疗卫生等，并专论了民族村寨文化❻。

吴浩在《中国侗族村寨文化》❼一书中简论了侗族村寨的"补拉"文化、款文化、鼓楼文化、风雨桥文化、宅居文化和侗族大歌，比较详细地介绍了贵州黎平的竹坪侗寨和肇兴侗寨、榕江的车江侗寨、湖南通道的六团侗寨、广西三江的高定侗寨、龙胜的平等侗寨和龙坪侗寨的文化概况。

于一元编写了介绍侗族村寨的奇特自然景观、红色文化资源、饮食习俗、独特风情、歌舞琵琶等的《侗乡之歌》❽。

杨秀涛等尽情倾吐了侗乡的和谐神韵、多情山水和风土人情，出版了《情醉侗乡》❾。杨旭昉与吴文志合作撰写了《万佛山侗寨寻踪》❿，揭示了万佛山及周边村落神圣、神奇、神秘的侗族文化；与吴景军等多位专家一起编写并出版了《守望家园》一书，畅叙了对侗乡文化的挚爱与相守⓫。

杨明兰《古越遗风探微——侗族原生态文化概论》一书从宏观整体的角度，比较全面地阐述了侗族的"厄也"、溪洞、日常生活、语言、鼓楼、款、信仰、节日、歌谣、戏曲、医药、教育、哲学等方面的文化⓬。

---

❶ 杨通山，蒙光朝，过伟，等.侗乡风情录[M].成都：四川民族出版社，1983.
❷ 刘芝凤.中国侗族民俗与稻作文化[M].北京：人民出版社，1999.
❸ 政协贵州省委员会.侗乡情韵[M].贵阳：贵州人民出版社，2000.
❹ 韦玉姣.三江侗族村寨的地理环境与民族历史变迁[J].广西民族学院学报（哲学社会科学版），2002（5）.
❺ 孟云.村寨古风：从三宝侗寨到短裙苗乡[M].贵阳：贵州人民出版社，2002.
❻ 张跃.中国民族村寨研究[M].昆明：云南大学出版社，2004.
❼ 吴浩.中国侗族村寨文化[M].北京：民族出版社，2004.
❽ 于一元.侗乡之歌[M].北京：中国文史出版社，2005.
❾ 杨秀涛.情醉侗乡[M].北京：线装书局，2007.
❿ 杨旭昉，吴文志.万佛山侗寨寻踪[M].长沙：湖南人民出版社，2011.
⓫ 杨旭昉，吴景军.守望家园[M].长沙：湖南人民出版社，2014.
⓬ 杨明兰.古越遗风探微：侗族原生态文化概论[M].呼和浩特：内蒙古人民出版社，2010.

吴景军拍摄记录了《行走侗乡》的一帧帧彩色画面，给人以图文并茂的侗乡和谐美感[1]。吴万源在《湖南民族探秘》一书中介绍了侗族文化[2]。

杨筑慧在《中国侗族》一书中全面介绍了侗寨文化遗产[3]。张民在《侗族探源》一书中比较全面地探讨了侗族族源与侗族文化[4]。胡宏林、杨径、陆大君以可读性极强的文学笔调撰写并出版了《侗人话侗寨》，介绍了侗族村寨的诸多文化瑰宝[5]。

3. 侗族村寨文化集成汇编

20世纪80年代，贵州省文化厅、省文联、黔东南州民委先后组织编写了贵州侗族文化系列丛书，包括杨国仁、吴定国的《侗族礼俗歌》[6]，王胜先的《侗族文化与习俗》[7]，罗廷华、王胜先的《侗族历史文化习俗》[8]，杨国仁的《侗族坐夜歌》[9]，李瑞岐的《贵州侗戏》[10]、郑寒风的《贵州侗族音乐》[11]等。

通道侗族自治县相关政府部门（2003—2008年）组织专门写作班子，搜集整理并出版了侗族文化大观系列丛书。比如林良斌与吴炳升编撰的《习俗大观》[12]《用具大观》[13]，吴炳升、陆中午等主编的《侗族文化遗产集成》之《侗寨大观》《侗戏大观》《饮食大观》《侗药大观》《建筑大观》《信仰大观》《做客大观》《体育大观》等，浓墨重彩地再现了侗族村寨文化[14]。

4. 侗族村寨文化区域性探讨

许多专家学者就某一区域的侗族文化进行了深入研究和精彩描述。

李正生等深入研究了湖北省境内侗族的历史文化与民间文化、侗族文化资源的开发利用等，将研究成果汇编成了《湖北侗族研究论文集》。

- [1] 吴景军.行走侗乡[M].北京：中国戏剧出版社，2008.
- [2] 吴万源.湖南民族探秘[M].北京：人民出版社，2011.
- [3] 杨筑慧.中国侗族[M].银川：宁夏人民出版社，2012.
- [4] 张民.侗族探源[M].北京：中国戏剧出版社，2012.
- [5] 胡宏林，杨径，陆大君.侗人话侗寨[M].长沙：湖南人民出版社，2017.
- [6] 杨国仁，吴定国.侗族礼俗歌[M].贵阳：贵州人民出版社，1985.
- [7] 王胜先.侗族文化与习俗[M].贵阳：贵州民族出版社，1989.
- [8] 罗廷华，王胜先.侗族历史文化习俗[M].贵阳：贵州人民出版社，1989.
- [9] 杨国仁.侗族坐夜歌[M].贵阳：贵州人民出版社，1988.
- [10] 李瑞岐.贵州侗戏[M].贵阳：贵州民族出版社，1989.
- [11] 郑寒风.贵州侗族音乐[M].贵阳：贵州人民出版社，1985.
- [12] 林良斌，吴炳升.习俗大观[M].北京：中国国际文艺出版社，2008.
- [13] 林良斌，吴炳升.用具大观[M].北京：中国国际文艺出版社，2008.
- [14] 吴炳升，陆中午.侗族文化遗产集成[M].北京：民族出版社，2006.

杨永和主编了《风情三江》，介绍了三江侗族自治县珍贵的文化资源、杰出人物、突出的非物质文化遗产名录及相关保护措施[1]。石佳能、米舜、林良斌、石光瑞、林世昌以食、住、行、游、娱为切入点，编写了旅游读物《读懂通道》[2]。林良斌、杨旭昉主编的《通道名片》，精彩地介绍了通道侗族的自然遗产、物质文化遗产、非物质文化遗产和欢快热闹的系列节会活动[3]。

许多专家学者立足区域性侗族聚居群落，深入探讨了侗族村寨聚落群的珍贵文化遗产，展示出以三省坡为中心的湘、黔、桂毗邻地区环状遗存带的侗族文化遗产盛况。吴文志、林良斌主编的《古韵侗寨——走进百里侗文化长廊》[4]，吴定国撰写的《百里侗寨》[5]，先后展示了百里侗寨文化长廊中东部带状分布和侗族文化遗产的东部线型区域架构。吴永山、吴春红的《萨岁文化之大营峒风情》，以"萨"为核心，以"补拉"为基础，以"斗"为纽带，以"款"为准绳，以"鼓楼"为公堂，亦史亦志，详细展现了古大营峒（今林溪河流域—坪坦河流域一带）二十多个侗寨的多层面侗族文化[6]。杨庆生等多位专家学者依据联合国教科文组织关于世界文化遗产的相关条件，深入调查和探讨了坪坦河流域侗族村寨的文化遗产，多角度地揭示了该流域侗族村寨文化遗产盛况及其重要价值，使人们对三省坡东部百里侗寨文化长廊带状遗存的认知更加清晰。这些研究成果揭示了世界文化遗存的带状—环状分布新类型。

5. 侗族习惯法研究

杨锡光、杨锡、吴治德系统整理的《侗款》[7]一书，详细译释了侗族的款坪款、约法款、出征款、英雄款、族源款、创世款、习俗款、祝赞款和祭祀款，展示出比较完整的侗款内容。

邓敏文、吴浩出版了侗款研究成果《没有国王的王国：侗款研究》[8]。作者运用田野调查的方法，以亲眼所见、亲耳所闻的故乡实情，系统探索了侗款的起源和历史变迁，详细剖析了款的基础和款的底层、中层、高层的社会性组织结构，系统解析了款组织的头领、公务人员、武装力量、集会场所、

---

[1] 杨永和. 风情三江 [M]. 南宁：广西民族出版社，2010.
[2] 石佳能. 读懂通道 [M]. 北京：中国戏剧出版社，2011.
[3] 林良斌，杨旭昉. 通道名片 [M]. 长沙：湖南人民出版社，2014.
[4] 吴文志，林良斌. 古韵侗寨：走进百里侗文化长廊 [M]. 长沙：湖南人民出版社，2014.
[5] 吴定国. 百里侗寨 [M]. 北京：中国文史出版社，2016.
[6] 吴永山，吴春红. 萨岁文化之大营峒风情 [M]. 长沙：湖南教育出版社，2014.
[7] 杨锡光，杨锡，吴治德，等. 侗款 [M]. 长沙：岳麓书社，1988.
[8] 邓敏文，吴浩. 没有国王的王国：侗款研究 [M]. 北京：中国社会科学出版社，1995.

联络信号、专用语体、法律条文、立法凭证、审判方法、处治规矩等文化要素及其运行方式，搜集了大量关于款的传说故事，列数了款的大量文物遗存，系统揭示了款对现实生活多方面的重要影响。

吴浩和梁杏云整理编写并出版了《侗族款词》❶。

罗康隆研究了侗族习惯法对森林资源的保护❷。

吴大华等深入系统地研究了侗款，出版了《侗族习惯法研究》❸，探索并揭示了侗族习惯法的产生发展和演变、表现形式、具体内容、具体实施，从宏观到微观，从理论到实践，从局外到本土，运用法学和民族学相结合的多元化研究方法，对侗款等侗族习惯法进行了全面、深入、细致地阐述，展示了侗族人们利用习惯法治理侗族村寨和侗族聚居区的系列成功案例。为我们研究侗族村寨的社会治理方式，提供了一幅幅真实生动的图景、系统完整的理论依据和重要的方法参考。

徐晓光在《黔湘桂边区山地民族习惯法的民间文学表达》一书中，从民间文学的角度探讨了侗族款词与讲款等口头"普法"形式，揭示了《珠郎娘美》中的侗族习惯法内涵；从音乐学的角度揭示了侗族习惯法以侗歌形式"内化控制"人们行为的伦理基础和心理机制等❹。

6. 侗族村寨木构建筑研究

专家学者研究侗族村寨木构建筑的成果相当多。

韦玉姣、韦立林发表了《试论侗族风雨桥的环境特色》。李志英深入研究了黔东南侗寨的聚落形态。江滨深入探讨了桂北侗族木构建筑的文化特色。张柏如积累多年研究成果，出版了《侗族建筑艺术》一书。周振伦深入探讨了黔东南侗族村寨及其建筑形态。顾静深入研究了贵州侗寨建筑的形式和构建特色。蔡凌深入研究了侗族聚居区的传统村落与建筑。蒋馨岚深入研究了侗族建筑文化遗产。罗冬华系统研究了广西侗族传统建筑文化与家具文化。赵巧艳综合论述了中国侗族传统建筑研究成果。熊伟深入研究了广西传统乡土建筑文化❺，出版了相关著作。祝家顺深入研究了黔东南侗寨的空间形

---

❶ 吴浩，梁杏云.侗族款词[M].南宁：广西民族出版社，2009.
❷ 罗康隆.侗族传统社会习惯法对森林资源的保护[J].原生态民族文化学刊，2010(01).
❸ 吴大华.侗族习惯法研究[M].北京：北京大学出版社，2012.
❹ 徐晓光.黔湘桂边区山地民族习惯法的民间文学表达[M].桂林：广西师范大学出版社，2016.
❺ 熊伟.广西传统乡土建筑文化研究[M].北京：中国建筑工业出版社，2013.

态❶。赵晓梅系统研究了侗寨传统聚落建筑的空间文化❷。解娟深入细致地研究了侗寨建筑结构❸。

李柏山在《沅水流域建筑装饰艺术研究》一书中比照性阐述了侗族建筑装饰艺术❹。梁思成出版了《中国建筑艺术》的大作❺。黄智尚深入研究了程阳侗寨传统村落的保护与发展问题❻。江维佳深入研究了湘西南侗族社会组织结构与建筑场所的关系❼。唐云、靳小水剖析了侗族建筑形式及其文化内涵❽。张星照系统研究了坪坦河流域侗族鼓楼的结构类型、营造技艺及其现代延续❾。赵荣荣从遗产角度深入研究了侗族村寨的空间格局变迁及其影响机制❿。张文尧从文化景观视野以高友侗寨为例,深入探索了广西三江侗族村寨的保护与更新问题⓫。

许多学者专门研究了中国侗族鼓楼(或寨门),成果丰硕。杨永明深入研究了中国侗族鼓楼⓬。龙杰研究了侗族鼓楼的建筑特色,撰写了《侗族鼓楼建筑的探索与研究》⓭。石开忠出版了《侗族鼓楼文化研究》⓮。刘师超深入研究了通道侗寨的寨门⓯。王诗若深入研究了坪坦河流域的侗寨鼓楼⓰。高雷等研究并介绍了广西三江的鼓楼与风雨桥⓱。

---

❶ 祝家顺. 黔东南地区侗族村寨空间形态研究[D]. 成都:西南交通大学,2011.
❷ 赵晓梅. 黔东南六洞地区侗寨乡土聚落建筑空间文化表达研究[D]. 北京:清华大学,2012.
❸ 解娟. 黔东南侗族村寨建筑结构及细部研究[D]. 哈尔滨:哈尔滨师范大学,2014.
❹ 李柏山. 沅水流域建筑装饰艺术研究[M]. 北京:光明日报出版社,2016.
❺ 梁思成. 中国建筑艺术[M]. 北京:北京出版社,2016.
❻ 黄智尚. 广西三江县程阳侗寨传统村落保护与发展研究[D]. 广州:广州大学,2017.
❼ 江维佳. 湘西南地区侗族社会组织结构与建筑场所关系研究[D]. 长沙:湖南大学,2018.
❽ 唐云,靳小水. 侗族建筑形式剖析及侗族文化寻绎[J]. 美与时代(城市版),2018(10).
❾ 张星照. 通道坪坦河流域侗族鼓楼结构类型与营造技艺的现代延续[D]. 长沙:湖南大学,2018.
❿ 赵荣荣. 遗产化背景下侗族村寨空间格局的变迁及其影响机制研究:基于坪坦侗寨的个案分析[D]. 长沙:湖南师范大学,2019.
⓫ 张文尧. 文化景观视野下广西三江侗族村寨保护与更新:以高友寨为例[D]. 南宁:广西大学,2018.
⓬ 杨永明,吴珂全,杨方舟. 中国侗族鼓楼[M]. 南宁:广西民族出版社,2008.
⓭ 龙杰. 侗族鼓楼建筑的探索与研究[D]. 武汉:武汉理工大学,2009.
⓮ 石开忠. 侗族鼓楼文化研究[M]. 北京:民族出版社,2012.
⓯ 刘师超. 湖南通道侗族寨门研究[D]. 广州:广州大学,2016.
⓰ 王诗若. 湖南省通道县坪坦河流域侗族村寨鼓楼研究[D]. 广州:广州大学,2016.
⓱ 高雷,程丽莲,高喆. 广西三江侗族自治县鼓楼与风雨桥[M]. 北京:中国建筑工业出版社,2016.

李奉安集数十年侗族木构建筑的技术经验，全面深入、系统地研究了侗族传统木构建筑技艺，撰写并出版了《侗族传统建筑鉴》，揭示了侗族传统木构建筑的系列特色、多方面的美学设计、诸要素的力学关系、榫头在木构建筑中的突出地位，介绍了系列珍贵的建筑技艺，创建了理论与实践一体化的侗族传统木构建筑技艺的完整体系，把中国侗族木构建筑营造技艺从经验层面提升到理论层面❶。

7.侗族服饰研究

张柏如耗费几十年时间，收集了大量古今侗族服饰实物，拍摄了大量侗族服饰、侗族建筑等方面的精美图片，根据服饰及其图纹的类型，分类整理汇编成集，结合侗族人们的生产生活、神话传说、历史典故、音乐舞蹈、民间信仰、风俗习惯等，配以文字考释解读，以《侗族服饰艺术探秘》出版问世。这是一部内涵丰富、图文并茂的侗族服饰艺术的杰出著作。

成雪敏、邱大平等继张柏如之后，扩大了地域和民族的视野，系统探讨了包括侗族在内的五溪流域少数民族的服饰图纹，深刻揭示了五溪流域少数民族服饰图纹的类型、造型手法、工艺形态、构成形式、构成法则、心理语境、色彩效果，出版了《亘古图纹：五溪流域少数民族服饰图形纹饰研究》❷。

8.侗族文化的其他学科研究

20世纪末以来，许多专家学者从不同角度研究了侗族文化，硕果累累。覃彩銮研究并发表了《侗族传统节日文化》❸。

张勇的《侗族艺苑探寻》一书比较深入系统地探索了侗歌、侗族曲艺、侗戏、侗族乐器、侗族音乐史等侗族音乐艺术，构建了侗族音乐艺术的理论体系。许多专家学者整理了侗族大歌，汇集成侗族大歌集❹。

吴国生积数十年侗医经验，撰写并出版了《侗族传统医药鉴》❺。书中强调侗医的医德条件、侗医各要素的密切关系以及"天—地—气—水—人"五位一体的和谐型医疗理念，介绍了侗医的系列诊疗方法和珍贵的秘方、侗药。

杨祖华深入研究了中国侗族村寨蓝靛靛染工艺，揭示了蓝靛自然本色的靛染效果，出版了《自然的颜色：中国侗族蓝靛靛染工艺》❻。

---

❶ 李奉安.侗寨传统建筑鉴[M].北京：中国文史出版社，2015.

❷ 成雪敏，邱大平.亘古图纹：五溪流域少数民族服饰图形纹饰研究[M].长沙：湖南人民出版社，2016.

❸ 覃彩銮.侗族传统节日文化[J].广西民族研究，1994：4.

❹ 张勇.侗族艺苑探寻[M].贵阳：贵州民族出版社，2010.

❺ 吴国生.侗族传统医药鉴[M].北京：中医古籍出版社，2017.

❻ 杨祖华.自然的颜色：中国侗族蓝靛靛染工艺[M].北京：群言出版社，2013.

石愿兵出版了《通道侗语词语》一书，图表式比较、注释了通道侗族方言发音的国际音标和汉语的语义，介绍了侗语的词语与音节检索、汉语译文检索等，为学习和传承侗语提供了重要工具❶。

田均权、赵兴奎深入研究了芷江天后宫妈祖文化，出版了《内陆妈祖第一宫：芷江天后宫卷》❷。

罗康隆、吴寒婵的《侗族生计的生态人类学研究》❸，以侗族稻鱼鸭复合种养生态系统为样本，深刻分析了千百年来侗族人民以自己独特的文化，在应对生存环境中，构建了复合种养等独特的人类农业文明生计体系。强调这是中国南方山地泽生生态系统的缩版，揭示了侗族村寨这种农业文明生计体系对侗族聚居地区社会和谐发展具有重要的社会价值。

龙景洋整理编辑了《新晃侗族红事传统礼俗》。张家茂整理编辑了《新编侗族祭奠仪文》。

9. 侗族及其村寨的史志研究

一批批文化人致力于侗族史、侗族村寨志的研究与撰写，成果斐然。

侗族简史编委会编写出版了《侗族简史》，并在此基础上修订完善了新版《侗族简史》。湖南省少数民族古籍办公室的《湖南地方志少数民族史料》汇编了许多省内侗族村寨珍贵的文献史料。

湖南等省民族宗教事务委员会组织编写出版了少数民族自治县和少数民族人口过半县概况丛书，如《芷江侗族自治县概况》《新晃侗族自治县概况》《通道侗族自治县概况》《靖州苗族侗族自治县概况》《会同县概况》等。

侗族通史编委会的专家学者编纂了一百多万字的《侗族通史》❹，概述了侗族历史、语言系属、族群分布、地理环境、文化特征、宗教信仰和社会结构；按照历史顺序概述了从远古到明朝侗族聚居区域原始社会的石器文化、后来的溪峒文化、羁縻文化、侗款制度、土司制度，清代、民国、中华人民共和国三个时期各方面的情况，以及人物传记等。

怀化市民族宗教事务委员会编纂了包括侗族在内的《怀化市民族志》❺。

侗族聚居地区的各县先后编纂了各自的县志、县民族志、县文化志，如

---

❶ 石愿兵. 通道侗语词语 [M]. 长沙：湖南人民出版社，2014.
❷ 田均权，赵兴奎. 内陆妈祖第一宫：芷江天后宫卷 [M]. 北京：民主与建设出版社，2017.
❸ 罗康隆，吴寒婵. 侗族生计的生态人类学研究 [M]. 北京：中国社会科学出版社，2017.
❹ 《侗族通史》编委会. 侗族通史 [M]. 贵阳：贵州人民出版社，2013.
❺ 怀化市民族宗教事务委员会. 怀化市民族志 [M]. 北京：线装书局，2014.

黎平县民宗委编纂的《黎平县民族志》❶，黎平县地方志编纂委员会编纂的《黎平县志》❷，通道侗族自治县民宗局编纂的《通道侗族自治县民族志》❸和通道侗族自治县文化局编纂的《通道侗族自治县文化志》❹，刘宗平、蒋运强、袁公湘编纂的《绥宁民族志》❺等。

石文治、吴国彬等多人集十余年的时间与精力，按照行政建制、自然环境、人口、经济、农业、林业、习俗和人物的顺序，搜集整理出版了通道陇城杨初四宗族各寨的《庚辰村寨志》❻。

石佳能、林良斌等撰写出版了以侗族村寨为主的通道《独坡八寨志》❼。该志按照八寨村落概况、人口、经济、兵事、教文卫体、社会交往、风俗、芦笙、歌会、圣山、人物的体例，详细地展示了独坡八寨的侗族文化。

张斌从新闻学、民俗学、民族学、政治学、史学等多学科综合视角，长期深入调查了湘、黔、桂毗邻地区的两个侗族村寨和一个苗族村寨，系统深入地研究了三个村寨的民族文化，在比较中深刻揭示了大众传媒与侗族村寨政治生活的密切关系，出版了著作《大众传媒与少数民族乡村政治生活：对湘黔桂毗邻地区三个民族村寨的民族志调查与阐释》❽。

黄渊喜、杨振生、龙宪智、杨长余、王舒蓝等编纂了《东山侗族乡志》。靖州苗族侗族自治县藕团乡三桥村村志编委会（2020—2021年）按照概况、政治军事、生态农业、民间文化、风情习俗、名胜古迹、艺文杂记、人物名录的顺序，编纂了《三桥村志》❾。

10. 侗族村寨个案研究

一些侗族文化爱好者和专家学者一起着手侗族村寨文化的搜集、整理、研究、编辑，乃至出版工作。

刘峰、龙耀宏在长期田野调查、深入研究的基础上，撰写出版了《侗族·贵州黎平县九龙村调查》❿。

---

❶ 杨盛中. 黎平县民族志 [M]. 贵阳：贵州人民出版社，1989.
❷ 黎平县地方志编纂委员会. 黎平县志（1985—2005）[M]. 贵阳：贵州人民出版社，2009.
❸ 陆中午. 通道侗族自治县民族志 [M]. 北京：民族出版社，2004.
❹ 通道侗族自治县文化局. 通道侗族自治县文化志 [M]. 北京：中国戏剧出版社，2011.
❺ 刘宗平，蒋运强，袁公湘. 绥宁民族志 [M]. 北京：中央民族大学出版社，2010.
❻ 庚辰村寨志编委会. 庚辰村寨志 [M]. 香港：中国国际文艺出版社，2008.
❼ 石佳能. 独坡八寨志 [M]. 北京：中国戏剧出版社，2011.
❽ 张斌. 大众传媒与少数民族乡村政治生活：对湘黔桂毗邻地区三个民族村寨的民族志调查与阐释 [M]. 长沙：湖南人民出版社，2013.
❾ 靖州县藕团乡三桥村志编委会. 三桥村志 [M]. 长沙：湖南地图出版社，2022.
❿ 刘峰，龙耀宏. 侗族·贵州黎平县九龙村调查 [M]. 昆明：云南大学出版社，2004.

老辈与青年接力,研究阳烂侗寨。老一辈文化人龙建云从20世纪90年代开始,在相当艰难的条件下,坚持撰写阳烂侗寨的村俗文化❶。青年才俊罗康智等多年驻留阳烂侗寨,接力研究阳烂古村,发表以阳烂侗寨为例的学术论文《论侗族稻田养鱼传统的生态价值》《侗族社区资源传统利用方式分析》等。

多人协力,研究与推荐肇兴侗寨。石干成编写了《走进肇兴》❷,图文并茂地介绍了肇兴侗寨的田园风光、"五团十二斗"、鼓楼、花桥、民居、侗戏、侗歌、款约、祭萨、合拢宴、礼仪、节会、婚俗等五彩缤纷的侗寨文化。薛永应编写了《揭秘千年:"侗乡之都"策划纪实》❸,推介肇兴侗寨。胡光华、杨祖华编辑出版了《贵州古村落·肇兴》❹,杨祖华编写了《肇兴体验》❺。这些著作图文并茂地介绍了肇兴侗寨文化。

罗康智多年系统研究黄岗侗寨,发表相关学术论文十余篇,出版《保持与创新:以传统应对现代的黎平黄岗侗寨》❻。

周大鸣、余成普带领弟子深入通道上岩侗寨调查侗族村寨文化,汇编了《行政的边缘,文化的中心:湖南通道上岩坪寨田野调查报告》❼,实证性报告了上岩坪侗寨的生态环境与水资源、人口与婚姻家庭、饮食与民俗、建筑与公共空间、文化遗产、经济、款与权力结构、民间信仰、外出务工与闲暇娱乐。这是一部田野调查报告式的侗族村寨志。

杨径、陆大君撰写了《岩脚侗寨》❽,韵颂了岩脚的丹霞地貌、绿色生态、峻美山势,叠翠群峰,绿水清溪玉带绕村;细说了岩脚古风古韵,醉美人文,玉兔座殿的月神信仰,温馨浪漫的土地公婆,行歌坐夜等侗族婚俗,令人神往的宜居胜地。

胡朝相主编的《白云深处有人家:堂安》❾,介绍了堂安的高山、泉水、梯田、云雾、干栏木楼聚落等生态美景,彰显了生态堂安,推介了建于堂安侗寨的省级生态博物馆,这是堂安侗寨生态特质的科技标志。

---

❶ 龙建云.古侗阳烂村俗 [Z].2006.
❷ 石干成.走进肇兴 [M].北京:中国文联出版社,2002.
❸ 薛永应.揭秘千年:"侗乡之都"策划纪实 [M].北京:中央编译出版社,2003.
❹《贵州古村落·肇兴》编委会.贵州古村落·肇兴 [M].贵阳:贵州民族出版社,2007.
❺ 杨祖华.肇兴体验 [M].海口:三环出版社,2008.
❻ 罗康智.保持与创新:以传统应对现代的黎平黄岗侗寨 [M].北京:民族出版社,2014.
❼ 周大鸣,余成普.行政的边缘,文化的中心:湖南通道上岩坪寨田野调查报告 [M].北京:民族出版社,2014.
❽ 杨径,陆大君.岩脚侗寨 [M].海口:海南出版社,2015.
❾ 胡朝相.白云深处有人家:堂安 [M].贵阳:贵州科技出版社,2015.

11. 侗族村寨非物质文化遗产研究

乔晓光出版了《活态文化：中国非物质文化遗产初探》❶，向云驹撰写出版了《人类口头与非物质文化遗产》❷，乌丙安大声疾呼《民俗文化空间：中国非物质文化遗产保护的重中之重》❸，刘魁立发表了《论全球化背景下的中国非物质文化遗产保护》❹，苑利编写出版了《非物质文化遗产学》❺。这些研究成果为侗族村寨非物质文化遗产研究指明了方向，提供了理论依据。

胡萍、蔡清万编著了《武陵地区非物质文化遗产及其文献集成》❻，介绍了武陵地区侗族村寨诸多非物质文化遗产及相关文献。

申茂平等在《贵州非物质文化遗产研究》❼一书中展示了贵州境内侗族村寨非物质文化遗产研究的珍贵成果。

湖南省文旅厅（原文化厅）组织编撰了《湖南省非物质文化遗产资源分布图集》❽，图集中展示了域内侗族村寨非物质文化遗产的分布概况，以及非物质文化遗产代表性传承人名册。

张翠英编辑出版了《怀化非物质文化遗产览胜》❾，介绍了怀化市国家级和省市级的非物质文化遗产项目。

陈乐基主编了梁华仪传唱、邓敏文与银永明记译侗汉对照的口传民间文学作品《珠郎娘美》❿。

尤小菊以地扪生态博物馆为例，探讨了民族文化村寨非物质文化遗产保护问题⓫。

陈又清、肖菊容等编写了《绥宁民间故事》⓬。

季诚迁深入研究了肇兴侗寨等古村落的非物质文化遗产及其保护问题，

---

❶ 乔晓光.活态文化：中国非物质文化遗产初探[M].太原：山西人民出版社，2004.
❷ 向云驹.人类口头与非物质文化遗产[M].银川：宁夏人民出版社，2006.
❸ 乌丙安.民俗文化空间：中国非物质文化遗产保护的重中之重[J].民间文化论坛，2007（02）.
❹ 刘魁立.论全球化背景下的中国非物质文化遗产保护[J].河南社会科学，2007（01）.
❺ 苑利.非物质文化遗产学[M].北京：高等教育出版社，2009.
❻ 胡萍，蔡清万.武陵地区非物质文化遗产及其文献集成[M].北京：民族出版社，2008.
❼ 申茂平.贵州非物质文化遗产研究[M].北京：知识产权出版社，2009.
❽ 孟庆善.湖南省非物质文化遗产资源分布图集[M].长沙：湖南人民出版社，2015.
❾ 张翠英.怀化非物质文化遗产览胜[M].长沙：湖南地图出版社，2011.
❿ 梁华仪.珠郎娘美：侗汉对照[M].贵阳：贵州民族出版社，2010.
⓫ 尤小菊.民族文化村寨中的非物质文化遗产保护研究：以地扪生态博物馆为个案[J].贵州大学学报（社会科学版），2010，28（3）.
⓬ 陈又清，肖菊容.绥宁民间故事[M].沈阳：白山出版社，2015.

撰写了《古村落非物质文化遗产保护研究：以肇兴侗寨为个案》❶的学位论文。

杨径、龙宪武等搜集整理编辑了《靖州侗族大歌选》❷。

钮小静、张敏、王淑贞、王文明深入研究了侗族傩戏"咚咚推"，发表了《侗族傩戏"咚咚推"的构成与特点新探》等系列文章❸。

吴定国、傅安辉积多年资料搜集与侗戏系统研究之功，出版了力作《侗戏鼻祖吴文彩研究》❹。

钮小静、王文明对萨岁信仰进行了深入研究，发表了《侗族"萨岁"信仰的美学本质审视：以坪坦村"萨岁"安殿仪式为例》❺等系列论文。

政协黎平县委员会杨志勋等编辑了《萨玛天岁：中国侗族萨文化历史资料珍集》❻。

王文明、王淑贞深入调查了湘黔毗邻的靖州、天柱、锦屏侗族和苗族传统"赶歌场"音乐习俗，发表了《靖州四十八寨赶歌场习俗调查：以岩湾歌场为样本》❼的调查报告。

孙文辉历时多年对湖南非物质文化遗产项目进行了考古研究，于2021年汇编成《非遗考古》，其中有不少侗族村寨非物质文化遗产的珍贵资料和真知灼见。

12. 侗族村寨文化遗产的专题性会议研讨

湖南省、贵州省、广西壮族自治区、湖北省等地的侗学研究会，先后召开了不同层级的侗学研讨会，一会一主题，与会人员如数家珍式地介绍侗族村寨宝贵的文化遗产，诉说侗族村寨文化遗产濒危的困境和保护的艰难，畅谈侗族文化遗产保护开发与侗寨旅游、经济、社会发展、乡村振兴的宏图大略，编辑了会议论文集。湖南省侗学研究会暨怀化市侗学研究会先后在鹤城

---

❶ 季诚迁.古村落非物质文化遗产保护研究：以肇兴侗寨为个案[D].北京：中央民族大学，2011.
❷ 杨径.靖州侗族大歌选[Z].靖州苗族侗族自治县民族宗教事务局编，2013.
❸ 钮小静，张敏，王淑贞，等.侗族傩戏"咚咚推"的构成与特点新探[J].艺术研究，2014（3）.
❹ 吴定国，傅安辉.侗戏鼻祖吴文彩研究[M].北京：中国文史出版社，2014.
❺ 钮小静，王文明.侗族"萨岁"信仰的美学本质审视：以坪坦村"萨岁"安殿仪式为例[J].凯里学院学报，2014.
❻ 杨志勋.萨玛天岁：中国侗族萨文化历史资料珍集[M].北京：中国文史出版社，2016.
❼ 王文明，钮小静，王淑贞，等.靖州四十八寨赶歌场习俗调查：以岩湾歌场为样本[J].怀化学院学报，2016.

区、通道、芷江、新晃、靖州、绥宁等地召开了侗学研讨会。贵州省侗学研究会暨黔东南苗族侗族自治州侗学研究会、广西柳州侗学研究会、湖北省恩施州侗学研究会也先后多次召开了侗学研讨会。黎平、榕江、从江、三江、龙胜、通道、新晃、芷江、靖州、绥宁等县级侗学会组织会员持之以恒地研究侗族文化，持续召开侗学研究年会，组织编写并出版了侗文化系列丛书，汇编了一批批论文集。如榕江县侗学研究会的《榕江县侗学会论文集》❶《榕江萨玛节·萨文化研讨会论文集》等。

凯里学院、怀化学院、池州学院、贺州学院、铜仁学院等高校连续举办了多届中国原生态民族文化高峰论坛，研讨中国西南地区侗族等少数民族的原生态民族文化，汇编了第一至第五届《中国原生态民族文化高峰论坛论文集》等。

由怀化市文联和通道侗族自治县牵头，组织大陆和台湾学者就侗寨文化遗产进行了不断深入地调查研究，召开了多次专门的研讨会，周艳华主编并出版了《海峡两岸侗族文化研究论文集》❷。

2015年首届"中国传统村落·黔东南峰会"在凯里召开。这次峰会的主题是"保护·传承·发展——传统村落与现代文明的对话"。与会专家学者走访、踏勘了大利、占里、黄岗等一批侗族村寨，探究了传统村落在现代文明大潮中的剧变，诉说对传统村落文化遗产濒危的担忧，交流了包括侗族传统村落在内的村落保护传承与发展出路的看法。

13. 侗族村寨文化遗产专项申报研究

由政府牵头，各界协力，以项目申报为契机，对侗族村寨文化遗产申报项目开展深入研究，成果累累。先后将侗族大歌成功申报为世界非物质文化遗产，将侗寨稻鱼鸭复合种养系统成功申报为世界农业文化遗产，还分批成功申报了一批批国家级重点文物保护单位、国家级非物质文化遗产保护项目及其代表性传承人、历史文化名镇名村名街区、少数民族传统村落、民族文化生态保护建设示范区、国家级森林公园、国家级自然保护区、国家级湿地公园、长江中游森林生态保护区等。湘、黔、桂、鄂四省区各级政府也分别分批设立了上述各类省区级、市州级和县区级保护项目。这是侗族聚居地区村寨文化遗产研究与保护的突出成就。杨丹妮提出了侗寨申遗的遴选策略❸。

---

❶ 榕江县侗学研究会. 榕江县侗学会论文集 [C]. 北京：中央文献出版社，2010.
❷ 周艳华. 海峡两岸侗族文化研究论文集 [C]. 北京：中国文史出版社，2014.
❸ 杨丹妮. 世界文化遗产框架下侗族村寨申遗遴选策略：以三江侗族村寨为例 [J]. 中国文化遗产，2017（05）.

14. 侗族村寨文化遗产的哲学研究

陈应发运用哲学思维方法,深入研究了侗族文化,撰写并出版了《哲理侗文化》❶。在这本著作中,他提出侗文化是一种本能的文化,拥有本能的结构、泛灵的非逻辑的思维;阐述了侗文化中的"雾生天地"等生态本体论思想、"自然和谐律"等存在论思想和行为本体的价值论思想;阐述了侗文化与道家文化、儒家大同文化的密切关系;提出侗文化是具有浓郁母系遗风的父系文化;揭示了侗族稻作文化、萨文化、婚俗文化、歌舞文化、巫傩文化的深刻本质和内在秘密。

石干成撰写出版了《侗族哲学概论》❷一书。书中阐述了侗族"天成于雾"和"四维合一"的宇宙观念,"物源于菌"和"生命源于水"的生物起源观念,"物神相即"的自然崇拜和万物有灵的神灵观念等自然观念;"同根同源"的族群意识,"人无王者,款约至上"等社会观念;"萨"是保护神等民间信仰观念,"依子称父、依孙称爷"等方面的宗亲伦理观念,"与邻为善、平等交往"的社交伦理观念,"依山傍水、皈依山水、自然为主人为客"的生态伦理观念,"趣耕乐俗"的农耕观念,"饭养身、歌养心"的养生观念,揭示了侗文化中"和合共生""和谐共生、失谐全亡"的和谐观念,构建了比较完整的侗族哲学观念体系。

15. 侗族村寨文化遗产和谐内涵研究

许多专家学者逐步深入地探讨了侗族文化的和谐内涵与和谐特质。

石干成在深入研究侗族大歌文化人类学内涵的过程中,领悟到侗族村寨文化和谐的密码,提出了侗族大歌是侗族村寨和谐密码的看法❸。

王淑贞撰文探讨了文化概念的和谐因子,再撰文从文化人类学和生态伦理学的角度多层面揭示了文化的和谐内涵与和谐本质❹。

杨陵俐、吴文志等探索并出版了《侗族和谐文化探源》,提出"讲古"是侗族和谐之源的主张,石佳能指出"补拉"是侗族和谐之基,吴祥雄认为"行善"是侗族和谐之本,吴文志强调"信仰"是侗族和谐之魂,石愿兵揭示"多嘎"是侗族和谐之桥,林良斌探索"款约"是侗族和谐之宝,杨旭昉提出"鼓楼"是侗族和谐之果。

---

❶ 陈应发. 哲理侗文化 [M]. 北京:中国林业出版社,2012.
❷ 石干成. 侗族哲学概论 [M]. 北京:中国文联出版社,2016.
❸ 石干成. 和谐的密码 [M]. 昆明:云南人民出版社,2017.
❹ 王淑贞. 文化概念的和谐因子 [J]. 怀化学院学报,2007(03).

林良斌、吴文志以大量资料为依据，主编出版了《和谐侗乡》❶。全书以"和谐"为轴心著述了侗族和谐的多元文化、和谐的社会制度、和谐的人际关系、和谐的音乐舞蹈、和谐的人与自然、和谐的人神关系、和谐的现实运用，多角度、多层面地展示了侗族村寨是和谐村寨，侗文化是一种和谐文化，和谐是侗文化的特质与核心。

杨汉立在靖州飞山文化论坛上撰文侗文化是一种和谐文化，阐述飞山公杨再思成功实践了和谐文化，有着不可磨灭的历史功勋。他分析指出，杨再思遵"天道"，倡"天人合一"，依地缘设"十峒"，定峒制款约；不称王，忠朝廷，免战乱，废苛政，轻徭赋，革苛捐，除杂税，惩邪恶，抑豪强，扶贫弱；倡农耕，兴教育，宣仁义，和为贵，重和睦，讲包容，行礼乐，实现物我和谐、人际和谐、身心和谐，实现了诚州十峒地域性社会清明、多族群和谐相处的太平盛世，使诚州数百年太平安宁。

杨旭昉以自己渊博的侗族文化学识，敏锐的观察能力，在自己长期生活体验和田野调查中，领悟到侗族村寨文化遗传的秘密，于是编写出版了《三省坡密码：一个写作人的田野调查笔记》❷，进一步揭示了侗族村寨文化的和谐内核与和谐密码。这些作者从不同角度阐发了一个中心意旨：和谐是侗族文化之源，是侗族文化的密码，是侗族文化的核心。

16. 侗族村寨文化遗产价值研究

2011—2012年，通道、三江、黎平、从江、榕江等县选定26个侗族村寨，联合申报世界文化遗产，并荣幸进入国家申报世界文化遗产的预备名单。此后，通道、靖州、三江、绥宁、黎平、从江、榕江等县先后举办了侗族村寨文化遗产价值研讨会。

通道侗族自治县人民政府的相关部门组织一批怀化学院专家学者，从侗族聚落、历史迁徙、生态系统、民居建筑、土地水利、农耕生产等方面，对坪坦河流域的侗寨文化遗产及其价值，进行了深入地调查研究，编辑出版了《坪坦河流域侗族文化研究》❸，系统阐述了坪坦河流域侗族村寨多层面的文化遗产，深刻揭示了这些侗寨文化遗产的系列重要价值。

靖州苗族侗族自治县人民政府相关部门组织专家学者深入探讨了本县岩脚侗寨、新街侗寨的文化遗产及其价值。王淑贞、钮小静、王文明撰写了《靖州岩脚与新街侗寨文化遗产的普遍价值》一文。文章揭示了岩脚侗寨和新

---

❶ 林良斌，吴文志.和谐侗乡[M].长沙：湖南人民出版社，2011.
❷ 杨旭昉.三省坡密码：一个写作人的田野调查笔记[M].成都：四川师范大学电子出版社，2020.
❸ 杨庆生.坪坦河流域侗族文化研究[M].北京：中国文史出版社，2017.

街侗寨丰厚的文化遗产，概括性地分析了这些遗产的系列普遍价值，如山、水、林、田、路聚落一体化的生态智慧、民居街巷—渠塘—鼓楼—风雨桥等布局严谨错落有致的建筑智慧、土地有效利用和多方式复合种植（种养）的传统农耕生产智慧、商贸物流有机衔接的商道智慧，以及极具特色的饮食文化、信仰文化、款文化、婚俗文化、节会文化、歌舞文化等多层面的生活智慧、教育智慧和社会治理智慧；强调多层面和谐是岩脚侗寨与新街侗寨文化遗产价值的核心。见微知著，这篇文章为建构中国侗族村寨文化遗产的普遍价值提供了基本思路，为探讨中国侗族村寨文化遗产的核心价值提供了价值取向。

在湖南省侗学会2017年靖州年会上，王淑贞的《飞山民间信仰的和谐型生存智慧：以岩脚与新街侗寨为例》展开阐述了岩脚侗寨的多神信仰，民间信仰与生态和谐，民间信仰与村民生产生活和谐；认为侗寨民间信仰是一种生态智慧与生存智慧。钮小静的《飞山音乐文化的娱乐型教育智慧——以岩脚与新街侗寨为例》展开阐述了飞山周边侗寨把歌舞等音乐文化融入农耕生产、民间信仰、节日庆典、红白会事等日常生产生活中，揭示了侗族音乐文化既是娱乐活动，又是育人的教育活动，是一种娱乐型养成教育智慧。王文明提交的《飞山"款"文化社会和谐价值提要——以侗款为例》一文，概括性地阐述了侗款是一种成功的社会自治模式，该模式包括家庭—"补拉（房族）"—团寨一体化的社会基层自治模式，小款—中款—大款一体化的社会区域自治模式，家长—族长—寨老—款首社会基层区域的权威型自治模式；揭示了款文化社会治理模式的实现途径、主要环节、重要机制和实现方式。

刘艳、段清波研究了文化遗产的价值体系。杨立国研究了侗族村寨遗产发展可持续性及其评价体系。何思源、闵庆文探讨了重要农业文化遗产价值体系的构建与评估及其方法问题。刘志宏研究了中国传统村落世界文化遗产的价值评估问题。陈晨探讨了世界文化遗产价值评价标准的演变问题。

张玲、曹端波主编了《中国侗族村寨文化遗产价值纲论丛书》。其中，田光辉、魏建中、石佳能、石霞锋从考古学、历史学、文化学等角度研究了侗族的历史与现状，研究了侗族村寨语言、歌舞、款、建筑、信俗、医药、人物等多层面的历史文化，揭示了中国侗族村寨文化遗产的历史价值，出版了著作《中国侗族村寨历史文化研究》❶。黄洁、杨尚荣从法学、政治学、民

---

❶ 田光辉，魏建中，石佳能，等.中国侗族村寨历史文化研究[M].北京：中国纺织出版社有限公司，2021.

俗学、文化学、社会学等角度，深入研究了侗族的款文化和相应的社会治理模式，出版了著作《中国侗族村寨款文化及其传统社会治理模式研究》❶。

广西壮族自治区、湖南省、贵州省的侗学研究会发起并组织2019年三江"侗族村寨申报世界文化遗产研讨大会"，与会人员发表了各自的真知灼见，会务组汇编成《村寨遗产生态论》论文集。三江侗族自治县"申遗办"工作人员发言指出：侗族村寨是中国南方山地的特色聚落群。各个侗寨聚落依山傍水、结构严谨、标志独特、特色鲜明，是侗族信仰文化、习俗文化、传统木构建筑文化、聚落景观文化的典型代表，是中国南方山地传统聚落文化的活态遗存，具有文化遗产的独特性、真实性和完整性。罗康隆发言强调，侗族村寨群聚落是世界文化遗产中"文化线路"新类型，侗族聚落空间是一种计生能量体系，是侗族人们的生命循环认知体系，具有村民之间、村寨之间和民族之间交往、交流、交融的"三交"文化特征，具有世界文化遗产申报对象的真实性。石佳能发言指出，申报世界文化遗产的侗族村寨符合联合国教科文组织关于世界文化遗产标准第三、第四、第五条的规定，是中国南方山区少数民族村寨聚落的典型代表；侗寨居民传承的"山—水—林—田—路—寨"生态系统、稻鱼鸭复合种养系统等体现了中国南方山地居民生存发展的杰出智慧；侗族村寨的款文化、歌舞文化、信仰文化等是中国南方山地居民精神生活方式的突出范式，具有文化遗产的三大普遍价值。

17. 侗族村寨文化遗产保护开发研究

古村镇保护和侗族村寨文化遗产保护，已经引起社会各界高度重视。冯骥才根据调查统计数据，呼吁中国传统村落已经到了最危险的时候，警示国人保护传统村落。乌丙安呼吁文化空间保护是非物质文化遗产保护的重中之重。古镇、古村及其文化遗产濒危情况引起党和国家政府的高度重视，采取了系列有效措施。

各级人民代表大会在广泛调查、深入研究、反复论证的基础上立法保护文化遗产，出台文化遗产保护的相关法律法规。如《中华人民共和国文物保护法》《中华人民共和国非物质文化遗产法》《中华人民共和国知识产权法》《历史文化名城名镇名村保护条例》《世界文化遗产保护管理办法》等。

各级政府部门先后出台文化遗产保护规划（计划）、实施办法、管理办法等，并尽可能向包括侗族在内的少数民族文化遗产保护倾斜，实行了有效的项目型保护措施。中华人民共和国国家民族事务委员会出台了《少数民族

---

❶ 黄洁、杨尚荣. 中国侗族村寨款文化及其传统社会治理模式研究[M]. 北京：中国纺织出版社有限公司，2021.

特色村寨保护与发展规划纲要》，湘黔桂毗邻的各市（州）县依据本地文化遗产资源，拟定了文旅融合的全域旅游规划，并已组织实施多年，已显成效。于是，侗族村寨呈现出一批批四级（国家、省/区、市/州、县）文化遗产保护体系，建立了一批批生产性保护基地、生态保护示范区、文化遗产博物馆。

各类媒体纷纷为侗族村寨文化遗产及其保护开发效力。海内外各家出版机构出版了数百部关于侗族村寨文化遗产及其保护开发的学术专著、科普读物和旅游读物。各家期刊、报纸先后发表上千篇侗族村寨文化遗产及其保护开发的学术论文、文学作品、新闻报道等。各家影视制作者纷纷效力，拍摄关于保护和开发侗族村寨文化遗产的电影、电视剧。湘黔桂各地侗戏剧团竭尽努力，演绎侗族故事。各类网络机构各展神通，利用信息化网络化大数据、云平台等优势，将侗族村寨文化遗产及其保护开发的信息传递给国内外的亿万网民。

湘黔桂毗邻地区的高等院校与科研院所、各地侗学会纷纷组织专家学者、会员积极投身于侗族村寨文化遗产保护开发研究中，成果累累。关于侗族村寨文化遗产及其保护开发的研究成果著作近百部，期刊论文、硕士博士学位论文数百篇。各侗族自治县组织专家学者研究并编写本县侗族村寨文化遗产丛书，如通道的"大观"系列，黎平的"肇兴"系列，靖州的"飞山"系列、三江的"程阳八寨"系列等。各侗学会组织出版相关著作100余部，多地多届次会议交流相关文章2000余篇（中国原生态民族文化高峰论坛五届次大会交流的相关论文300余篇，湖南侗学会2006—2017年各届年会论文1000余篇，贵州省、州、县侗学会年会论文500余篇，新晃、芷江、通道、靖州、绥宁、黎平、从江、榕江、三江等县级侗学会多年年会交流的相关文章1000余篇）。

全国各地的大批专家学者纷纷进行传统村落保护开发研究（包括侗族村寨文化遗产保护与开发的研究），研究成果堆叠如山。据钛学术文献服务平台统计，1997年从研究讨论桂北传统民居保护传承开始起步，每年统计的相关文献信息数逐年直线上升。2003年文献信息超过了1000条，2006年超过了2000条，2009年超过了3000条，2011年超过了4000条，2012年达到了峰值4172条。截至2021年，一共统计相关文献信息总数56963条。以"民族古村寨文化遗产保护开发"为题，从知网、万方、维普等信息平台获取相关研究结果约40000多条。从民族学、地理学、艺术学、建筑学、社会学、体育学、应用经济学、农林经济管理、教育学、历史学等角度查到的相关文献信息分别为3320条、1730条、714条、697条、372条、319条、267条、185条、

181条、171条。从社会反响看,被北大核心期刊索引的1016条,被CSSCI期刊索引的603条,被中国科技核心索引的496条,被CSCD索引的41条。

以文化遗产核心价值观为题,知网检索学术期刊文献总数303篇(2015年42篇,2016年41篇,2017年26篇,2018年38篇,2019年37篇,2020年41篇,2021年32篇,2022年40余篇;其中,社会主义核心价值观66篇,非遗31篇;研究论文125篇,基本上属于应用研究)。

以侗族村寨文化为题,知网检索文献数43篇,2017年7篇,2021年5篇。其中研究介绍侗族村寨30篇,黔东南6篇,三江6篇,村寨文化4篇,风雨桥6篇,侗族文化4篇,公共空间3篇,文化价值1篇。

以侗族村寨文化遗产价值为题,知网检索文献数2篇。分别是韦宇航的《传统村落的非物质文化遗产价值及其开发研究:以广西侗族村寨为例》[1]和楼吉昊的《基于遗产价值的坪坦河谷侗族村寨传统管理模式研究》[2]。

专家学者在如何保护古村镇文化遗产,以及如何保护侗族村寨文化遗产问题上,见仁见智。车震宇以黄山、大理、丽江为例,探讨了传统村落的旅游开发与形态变化[3]。单霁翔系统阐述了建筑文化遗产保护、文化遗产保护论丛等[4]。赵勇系统阐述了历史文化名村镇保护的含义、内容、评价、对策、规划、预警等理论与方法体系[5]。刘沛林编写出版了十多部古村镇及其保护系列著作。许重岗提出了建立古村落历史文化保护区的主张。吕红医探索了中国村落形态的可持续保护模式。杨正文提出建立村寨博物馆的文化保护设想。卢军伟、杨晓玫分别探讨了在"非遗"保护过程中的民间角色与政府作用等问题。邵甬探讨了历史文化村镇保护规划与实践。魏小安设计了古村落保护的动力体系、技术体系、利用方式、发展链条、产业集群、保护模式和良性运行状态。黄柏权、安仕邱提出创新性地保护少数民族特色村寨的想法。徐克勤向"两会"提交了加强少数民族特色村寨保护和建设的提案。于冲在第二届古村大会上分析了古村保护中的系列问题,提出打造"古村品牌"的系列应对措施[6]。

---

[1] 韦宇航.传统村落的非物质文化遗产价值及其开发研究:以广西侗族村寨为例[J].艺术品鉴,2019(01).

[2] 楼吉昊.基于遗产价值的坪坦河谷侗族村寨传统管理模式研究[D].北京:清华大学,2015.

[3] 车震宇.传统村落旅游开发与形态变化[M].北京:科学出版社,2008.

[4] 单霁翔.新视野·文化遗产保护论丛[M].天津:天津大学出版社,2015.

[5] 赵勇.中国历史文化名镇名村保护理论与方法[M].北京:中国建筑工业出版社,2008.

[6] 于冲.打造区域乡村旅游品牌 破解古村保护开发难题[DB/OL].大众网,2016-09-28-00:33:00.http://tour.dzwww.com/lvnews/201609/t20160928_14961551.htm.

绪论

徐燕、吴再英等以肇兴侗寨为例，探讨了民族村寨乡村旅游开发与民族文化保护问题。廖君湘探讨了侗寨本土知识与木构建筑的火患防范问题。姚俊探讨了侗寨寨门建筑的保护问题。王早立、张建林研究了侗寨水环境景观特征与保护策略。周俭、钟晓华在田野调查的基础上探讨了侗族村寨遗产保护的路径。张晓明从影视人类学的角度讨论了侗寨文化动态保护的可行性及其对策。唐晓梅、杨戴云研究了侗族传统村落保护发展的对策。

在古村保护开发方式上，旅游界专家学者主张文旅融合式保护开发。魏小安提出并精辟阐述了古村"智慧旅游"，李云鹏系统阐述了智慧旅游❶。吴必虎在首届古村大会上依据"互联网＋"的热门话题，提出文化创意型无边界智慧旅游等"活化保护"的主张。李金早提出并实施了"全域旅游"。苑利、顾军、谢维光等提出文化产业型保护开发的主张。傅才武构建了文化产业视角下我国文化遗产保护与开发的理论模型。廖崇虹提出了水书文化开发性保护的产业化发展战略。王婧深入分析了仫佬族民俗文化资源的产业化开发。邓辉以恩施枫香坡侗寨为例，探讨了民族村寨发展模式转型问题❷。

王淑贞等在多年田野调查的基础上，撰写出版了《古村寨文化：湖南古村镇文化遗产保护与旅游开发个案研究》❸。其中，以通道芋头侗寨为例，探讨了历史文化名村旅游市场开发的方略；以新晃天井侗寨为例，探讨了民族特色村寨全域旅游开发的对策。

王文明等撰写出版了《城镇化背景下西南民族古村寨文化遗产保护与产业化综合开发研究》❹，剖析了西南民族古村寨文化遗产的构成与特点、价值与功能、保护现状与对策，产业开发的现状，产业化综合开发的前提与条件、目标与原则、战略与策略、路径与机制、环节与方法和保障措施，设计了西南民族古村寨文化遗产保护与产业化综合开发的多种选择性模式。

刘洪波探讨并阐述了侗族村寨文化遗产保护的路径❺。

---

❶ 李云鹏. 智慧旅游：从旅游信息化到旅游智慧化 [M]. 北京：中国旅游出版社, 2013.
❷ 邓辉. 转变发展方式背景下特色民族村寨发展模式的调整与转型：以湖北省恩施市枫香坡侗族村寨为例 [J]. 中南民族大学学报（人文社会科学版），2012, 32（5）：48-52.
❸ 王淑贞. 古村寨文化：湖南古村镇文化遗产保护与旅游开发个案研究 [M]. 北京：团结出版社, 2016.
❹ 王文明，王淑贞. 城镇化背景下西南民族古村寨文化遗产保护与产业化综合开发研究 [M]. 北京：团结出版社, 2016.
❺ 刘洪波. 侗族村寨文化遗产保护路径的探究：以三江侗族自治县为例 [J]. 中国民族博览, 2020（04）.

（二）国外研究动态综述

在侗族村寨旅游方面，国外学者也进行了系列研究。日本学者兼重努发表了《从鼓楼·风雨桥看侗族的风水民俗（特集风水的历史与现代）》《从中国广西三江侗族·程阳景区的事例看民族观光开发和当地居民的应对情况》《从西南中国的少数民族侗族的事例看文化资源的变容》等论文。坪乡英彦发表了《中国贵州省苗族侗族的工艺品资源的活动》一文，探讨了苗族和侗族的家具、木工及竹工艺品的观光旅游开发问题。金裕美发表了《从民族观光地区的工艺品销售看女性的连接性：以广西壮族自治区侗族的事例为基础》，分析了女性在侗族地区工艺品开发销售过程中的角色和作用。

在侗族音乐研究方面，一批日本学者实地调查了中国黔东南侗族大歌与行歌坐夜习俗等，取得了系列研究成果。例如《贵州省南部侗族的大歌及仪礼的性格》《侗族民歌对唱形式的种类及韵律》《贵州省南部侗族的萨岁祭词的性质》《中国贵州省南部侗族的祭祀与祭词——萨岁的祭祀调查报告》等论文，以及专著《对歌——探寻情歌奇祭》。它们从文学角度就民族祭祀、生产劳作等场合下的对唱歌词进行了中日比较研究，揭示了中日对歌系统的"歌路"。星野纮、薛罗军从音乐学的角度对侗族歌谣展开了研究，发表了《中国侗族与日本对歌的多声部合唱的由来》《采访中国侗族的多声部合唱》等文章。薛罗军经十多年的实地调查与深入研究，发表了《中国少数民族侗族的音乐——音乐的分类及侗族歌师的社会地位》《中国少数民族侗族的生活与音乐》《从侗族传统音乐文化研究的田野记录看民族艺术学的诸相》等论文，并出版了《侗族音乐文化的静态和动态》，系统阐述了侗族音乐的形成、分类、历史演变、文化内涵、生命张力、社会功能、传承方式。牛承彪从文学、音乐学、文化人类学及民俗学等角度研究侗族音乐，先后主持了《中国侗族歌谣的实态调查与传承研究——以〈歌师〉为中心》《中国侗族大歌的生态研究——以"鼓楼大歌""行歌坐夜""歌会"为对象》《在礼仪中对唱的作用研究——中日国际比较视角》三项日本国家课题，发表了《中国侗族的稻作作业歌及其风土——以贵州省黎平县岩洞寨为例》《侗族"大歌"的歌词》《歌谣的两个"场"》《中国侗族对歌的传承实态：以北部方言地区为例》等系列论文，并出版了《中国侗族歌谣生态记录与研究》和《中国侗族大歌生态研究》等学术专著，对侗族歌谣文学、侗族歌谣传承状况、历史演变、影响因素、生态环境、歌师地位、歌俗功能进行了系统剖析，具有相当高的学术价值。❶

---

❶ 郭申，刘岩，段霞. 留日学者牛承彪与西南少数民族侗族研究 [J]. 大众文艺，2020(6): 42-44.

在侗族建筑研究方面，许多国外学者深入调查了中国侗族村寨的传统木构建筑，取得了系列研究成果。日本土田充义、冈田知子及片冈靖夫等人从不同角度综合性研究了新晃侗族建筑和居住环境，发表了《从湖南省新晃县侗族民居中的火炉使用法看侗族的生活方式——亚洲文化圈的民居和集体居住形态研究19》《关于湖南省新晃县侗族及周边少数民族居住平面图的研究——亚洲文化圈的民居和集体居住形态研究20》，剖析了新晃侗族民居的结构特征，揭示了新晃侗族集体住宅分布形态的规律性。

冈田知子从比较社会学、建筑学等角度，比较研究了东亚中日韩三国的集体住宅文化，剖析了广西合善侗寨住宅的形状、栋梁方向、公共生活空间，与他人合作发表了《中国广西侗族村落的空间构成：从东亚的集体住宅文化看共生组织（1）》《中国广西侗族村落住宅的空间构成：从东亚的集体住宅文化看共生组织（2）》《广西壮族自治区三江侗族村落的空间构成：从中国少数民族的住宅文化看共生组织（6）》《广西壮族自治区侗族的住宅和村落构成要素：从中国少数民族的住宅文化看共生组织（7）》等系列研究成果。片冈靖夫等人（2007）在现场精密勘测基础上，发表了《中国侗族杉木传统木造建筑物的研究第1报》《中国少数民族侗族的干栏式结构下传统木造建筑物的构筑体系研究》等论文，出版了专著《建筑与社会Ⅲ：中国少数民族侗族的建筑和社会》。

国外这些研究成果对于中国侗族村寨文化遗产核心价值实现的文旅融合方式、产品设计开发等，具有一定参考意义。

（三）研究成果的启迪

理论界学术界的这些研究成果为系统梳理中国侗族村寨文化遗产的普遍价值，系统探究中国侗族村寨文化遗产普遍价值与核心价值的关系，深入研究中国侗族村寨文化遗产的核心价值及其实现，提供了丰富资料、典型案例、思维指向、思路借鉴和理论依据。

第一，理论界学术界的研究成果、研究态势及其发展趋势，为此后研究提供了重要借鉴。

一是关注程度越来越高。由于侗族村寨文化遗产濒危度的提高，人们的忧患意识逐渐加强。这促使侗族村寨文化遗产的研究人员迅速增加，研究队伍迅速扩大，各地各级侗学研究会从无到有，如雨后春笋般问世。1980—1990年，研究侗族村寨文化遗产保护开发的专家学者为数不多，大多局限于搜集整理侗族村寨文化遗产的相关资料。21世纪以来，传统古村落变迁加剧，人们的乡愁意识明显浓厚，促使研究人员以及整个社会对侗族村寨文化遗产的关注程度明显提升，政府和社会各界在财力、人力等方面的投入逐步加大。这就不断激发人们对侗族村寨文化遗产研究的激情、不断强化人们的关注度，成功引领人们的注意，这为此后研究提供了可资借鉴的社会激励方式与导向机理。

二是研究热点逐步转移。人们在搜集整理资料的基础上，开始对侗族村寨文化遗产的理论研究和保护传承与开发展开研究，并很快转变成为文化遗产保护传承和开发的实际行动。理论研究的热点，由推介古村落科普读物、旅游读物、文学作品转移到侗族村寨文化遗产的理论研究和学术研究，由趣味性向学术性转变。近几年，侗族文化遗产研究由整体性的理论研究，转移到某一流域或某一片区的研究，并进一步转移到某一层面文化遗产、某一类型文化遗产或某一村寨文化遗产的系统研究。由文物保护逐步转向文化遗产保护开发、非物质文化遗产保护开发等。这种逐步转移、逐步推进、逐步聚焦的过程，为此后核心价值研究提供了可资借鉴的辩证思维方法和聚焦范式。

三是研究层次逐步提升。从上述研究层面的转变可以看出，理论界学术界研究的层次，呈现由搜集整理资料的表层研究向理论深层研究提升的趋向，研究对象由量到质提升的趋向；在研究角度上，由单一学科研究转向多学科多视角交叉性综合研究提升；在研究方法上，由分类法、归纳法到抽象法、系统法提升；由遗产具象研究到价值、和谐等概念含义的抽象研究，由外延现象研究到内涵本质研究的提升，由文化遗产的单一价值研究到其普遍价值研究。这种由表及里、由外到内、由表层到深层、由单一研究到综合交叉研究，逐步加深、逐步提升的发展趋势，必然由普遍价值的系统研究提升到核心价值的深入研究。这种必然性的研究发展趋势，为后续的核心价值研究，不仅提供了可资借鉴的前进上升式辩证思维方法，而且提供了必然性规律性的理论自信，坚定了进一步提升性研究的信心和决心。

第二，已有的研究成果，对侗族村寨文化遗产已经进行了分门别类地整理，已经形成系统化的资料体系。

如湖南省民族宗教事务委员会建立的湖南侗族文化遗产数字化影像资料数据库，并组织编写了侗族文化"大观"系列。上述文化遗产保护和开发的系列理论建树和实际操作模式，实际上是在探索文化遗产价值的实现方式。关于其他民族古村落文化遗产及其保护开发问题的研究成果，对于侗族村寨文化遗产及其价值实现研究，也有直接的参考意义，这些成果都为深入研究中国侗族村寨文化遗产的核心价值提供了重要依据和宝贵资料。

第三，有的研究成果已经涉及文化遗产的普遍价值。

有的研究成果已经提到了古村寨文化遗产许多方面的普遍价值。如石佳能、罗康隆、罗康智先后多次阐述侗族村寨文化多层面的生态价值、社会价值等。钮小静在新晃天井侗寨傩戏"咚咚推"研究的系列论文中阐述其历史价值、文化价值、艺术价值和社会价值等。王文明、王淑贞在《城镇化背景下西南民族古村寨文化遗产保护与产业化综合开发研究》一书中，专章阐述西南民族古村寨文化遗产多层面的重要价值，如积淀厚重的历史价值，多村寨、多地域、多民族交往交流交融的文化价值与社会价值，"山水林田路寨"圆融的生态价值，"街巷民居渠塘井鼓楼风雨桥"一体化的聚落景观价值，干栏吊脚木楼群的传统木构建筑典范价值，稻鱼鸭复合共生系统传统种养的农耕智慧价值，民族歌舞戏剧的音乐艺术价值，特色饮食文化与智慧生活的愉悦养身价值，民族绘画、雕塑、刺绣、编织等传统手工技艺的艺术价值和经济价值。这为侗族村寨文化遗产普遍价值的理论化、系统化奠定了理论基础，提供了纲领性思路，为进一步从普遍价值中抽象出核心价值提供了思维指向和抽象依据。

第四，有的研究成果已经接触到侗族村寨文化遗产的核心价值。

有几位专家在介绍和谐侗乡及侗族村寨和谐密码过程中，已经揭示了侗族村寨文化遗产的和谐内涵，已经解开了侗族村寨文化遗产的和谐密码。只是没有上升到核心价值的高度，用以统领普遍价值。这像黎明前的曙光，使人们从纷繁复杂的侗族村寨文化遗产的五彩迷醉中深思其和谐内核、和谐精髓及其形成的核心价值。这像大海中的灯塔，为侗族村寨文化遗产核心价值的抽象航行指明了方向。

上述研究成果，令人深思，在侗族村寨文化遗产普遍价值与共同精髓方面，在其和谐内涵、和谐密码的实质方面，如何进一步抽象提升，中国侗族村寨文化遗产的核心价值到底是什么，它如何支配、统率各方面的普遍价值或者独特价值，如何实现其核心价值等，理论界学术界还很少见到这样专门的理论成果。这正是着眼点，从侗族村寨文化遗产的普遍价值、独特价值中探寻核心价值，揭示其核心价值及其与诸多普遍价值、独特价值的关系，探索中国侗族村寨文化遗产核心价值的实现等。这正是深入研究的价值取向和价值目标。

三、研究思路

（一）研究目的及目标

1. 研究目的

解决中国侗族村寨文化遗产价值研究中关于核心价值的关键性疑难问题。为实现侗族村寨文化遗产和谐保护与和谐传承，为加快侗族村寨文化经济社会和谐发展，为促进侗族村寨快速和谐振兴提供侗寨文化遗产核心价值的理论依据，为更好地实现侗族村寨文化遗产的价值提供概念性实操参考，为中国侗寨申报世界文化遗产提供理论支撑。

2. 研究目标

总体目标：勾勒中国侗族村寨文化遗产核心价值的理论框架并试图提供核心价值实现的概念性参考方案。

子目标：清晰界定和谐、侗族村寨文化遗产、普遍价值、独特价值、核心价值等基本概念，厘清这些概念的逻辑关系；明晰中国侗族村寨文化遗产的总体构成与显著特点，梳理并明晰中国侗族村寨文化遗产的普遍价值、独特价值；重点抽象侗族村寨文化遗产普遍价值的核心，界定其核心价值，构建核心价值的理论框架；设计中国侗族村寨文化遗产核心价值实现的概念性操作方案。

（二）研究的意义

1. 理论意义

第一，全面系统地界定"和谐"，对其进行静态层面分析和动态过程分析，对于完善和谐价值观的内涵和外延，明晰其作用的阶段性与连续性，强化其动态的层次性和提升性、渐进性和跃迁性等，具有学术性的理论推进意义。

第二，阐述文化遗产的个别价值与一般价值、特殊（独特）价值与普遍价值，厘清其对应关系，对于文化学、遗产学价值研究具有清晰思路、细化分析、准确表述等参考意义。

第三，将核心价值从诸多一般价值、普遍价值中抽象出来，阐述核心价值在价值体系中的支配地位和统率作用，对于价值哲学研究或哲学价值论研究、文化遗产学价值研究具有突出重点、强化体系侧重面的逻辑思维意义；对于人类学、民族学、社会学、生态学等诸多学科中的价值研究，具有纲举目张的理论参考意义。

2. 实践意义

第一，揭示文化遗产的核心价值，弄清核心价值在文化遗产诸多价值中的渗透特性、形神关系、核心地位和统率作用，通过核心价值看待其他价值，具有高屋建瓴的俯视效果和钥匙效应，对于稳定文化遗产濒危的紧张心态，破除价值选择中的种种困惑，解决文化遗产保护开发中的重重困难，具有破除迷雾看青天、透过现象看本质、通过具象看灵魂等作用。

第二，阐述和谐在村寨文化遗产价值体系中的核心地位，用以统率村寨居民的文化遗产价值观念体系，可以促使村民明确文化遗产的价值，借以进一步强化村寨和谐氛围，弘扬村寨社会主义核心价值观，促进村寨社会主义精神文明建设，具有社会意识形态实操层面的理性推进意义。

第三，厘清侗族村寨文化遗产的核心价值体系，不断实现文化遗产多层面的和谐价值，可以不断提升侗寨居民的和谐层次，提高生活愉悦度、精神愉悦度，不断提高生活质量和幸福指数；通过文化遗产和谐价值的不断实现，可以提升侗寨居民的文化自信和文化自觉、村寨自信和村寨自觉、民族自信和民族自觉；可以通过文化遗产保护和文化遗产价值实现，强化行动自觉；文化遗产通过相邻村寨、相邻区域、杂居民族的共同保护实现其和谐价值，强化村寨之间、区域之间、民族之间的交往、交流、交融，不断促进村寨和谐、区域和谐和民族和谐。

第四，构建侗族村寨文化遗产核心价值体系，设计侗族村寨文化遗产核心价值实现的路径、机制、环节、措施等，对于促进侗族村寨文化遗产保护，实现文化遗产的核心价值，并进一步实现文化遗产的诸多价值，借以加快村寨文化建设、经济建设和区域性社会建设，以及强化人与自然环境的生态和谐、促进生态建设，提供实践操作层面的概念性参考方案。

（三）研究的主要内容

1. 田野调查与资料搜集整理研究

此处不再展开论述。

2. 基本概念界定

文化是研究中国侗族村寨文化遗产及其核心价值的基础性前提概念。文化概念的内涵规定遗产的本质，文化概念的外延关系到遗产的要素构成、层次构成和外部表象，文化概念的内涵与外延规定文化遗产的形式、状态和特点，中国侗族村寨文化遗产核心价值的全部研究内容都是在文化概念基础上围绕和谐核心展开的，必须界定清楚。

和谐是中国侗族村寨文化遗产核心价值研究的核心概念。和谐概念的内涵及其内在关系状态，是文化遗产核心价值各方面矛盾关系萌发、展开和解决的起点、过程和结果。和谐概念的外延是其内在矛盾展开的边界，是其内在要素对立统一的活动范围。和谐是理解中国侗族村寨文化遗产各层面价值关系的钥匙、关键和枢纽，必须予以详细而准确的系统性界定。

中国侗族村寨文化遗产是中国侗族村寨文化遗产核心价值研究的主体性前提概念，必须厘清其内涵、构成和特点，为后续研究做好铺垫。

价值、普遍价值、独特价值。这组概念是中国侗族村寨文化遗产核心价值研究绕不过去的坎。价值概念，可以借鉴学术界比较认同的哲学式提法，以便高屋建瓴，贯穿整体。在普遍价值的表述上，既要遵循哲学意义上的普遍价值与特殊价值术语，又要兼顾联合国教科文组织关于世界文化遗产条件标准中"普世价值"的提法。这是概念表述方面的难点，必须破解，使读者、专家一看就懂，容易接受。

3. 基础理论研究

中国侗族村寨文化遗产研究，包括：侗族村寨概述、侗寨文化遗产构成研究、侗寨文化遗产特点研究等。

中国侗族村寨文化遗产价值研究，包括：侗寨文化遗产价值的主体、客体及其价值关系研究，价值内涵外延研究，价值特点与属性研究，价值类型研究等。

中国侗族村寨文化遗产的普遍价值与独特价值研究，包括：普遍价值与独特价值概念的本质与层次研究，普遍价值分类研究，独特价值分类研究，普遍价值与独特价值的关系及其转换研究，独特的普遍价值研究。

4. 重点理论研究

中国侗族村寨文化遗产核心价值研究。核心价值是中国侗族村寨文化遗产核心价值研究的对象性客体概念。包括：核心价值概念本质规定性研究，外在表现形式研究；核心价值内部关系研究（种类、层次、宽度、深度、复杂度等）；核心价值特点、地位、作用研究；核心价值与普遍价值的关系研究；核心价值与独特价值的关系研究等。

中国侗族村寨文化遗产独特价值中的核心价值分类研究。包括：侗寨生产智慧中的核心价值研究；侗寨生活智慧中的核心价值研究；侗寨心灵智慧中的核心价值研究；侗寨治理智慧中的核心价值研究等。

中国侗族村寨文化遗产普遍价值中的核心价值分类研究。包括：历史价值中的核心价值;社会价值中的核心价值;科学价值中的核心价值;文化艺术价值中的核心价值;社会经济价值中的核心价值研究等。

5. 核心价值实现研究

中国侗族村寨文化遗产核心价值实现研究。包括:核心价值实现的前提与条件、战略与策略、取向与路径、环节与机制、方法与措施等;核心价值实现的预期效果研究和设计相对完整的可行性参考方案。

通过这些研究,勾勒出中国侗族村寨文化遗产核心价值体系的框架。

(四)研究的基本思路

1. 研究依据

现实依据:田野调查所得材料,政府部门公布的相关材料,侗族聚居地区各层面提供的相关材料等。

史料依据:侗族史志、侗族习俗、侗族聚集地区考古等方面的相关文献。

理论依据:侗族村寨文化遗产种类多,涉及学科多,对其核心价值进行分析与阐述,要以辩证法、唯物史观、哲学价值论、伦理学、美学、遗产学、非物质文化遗产学、民俗学、文化学、人类学、民族学、建筑学、宗教学、考古学、历史学、生态学、农学、医学、营养学、音乐学、舞蹈学、艺术学、教育学、法学、经济学、市场学、物流学、旅游学、政治学、行政管理学等学科的相关理论为依据,要运用这些学科的相关观点、方法。

法律依据:《中华人民共和国文物保护法》《中华人民共和国非物质文化遗产法》等相关法律法规、实施条例等。

参照依据:联合国教科文组织关于世界文化遗产的标准,世界文化遗产项目中遗产价值评价的申报文本,理论界、学术界相关研究成果。

2. 研究角度

价值哲学视角;伦理学、生态学、文化学、民俗学、民族学等多学科综合视野。

3. 研究路径

逻辑思路:文化的和谐因素—文化遗产的和谐内涵—中国侗族文化遗产的和谐内核;个别价值—一般价值—核心价值/表层价值—深层价值—深层核心价值/特殊价值—普遍价值—独特的核心价值/具体价值—抽象价值—整体核心价值—核心价值的理论体系。

文本思路:中国侗族村寨—中国侗族村寨文化遗产—中国侗族村寨文化

遗产的价值—中国侗族村寨文化遗产的普遍价值与独特价值—中国侗族村寨文化遗产普遍价值的核心—中国侗族村寨文化遗产的核心价值—中国侗族村寨文化遗产核心价值体系。

4. 研究方法

调查法：二十多年来，作者深入芷江、新晃、玉屏、镇远、铜仁（含梵净山）、天柱、锦屏、黎平、从江、榕江、洪江、会同、绥宁、城步、靖州、通道、三江、龙胜等一百多座侗族村寨田野调查，还到了怀化周边苗族、瑶族、土家族、白族村落进行对比性田野调查。重点调查了进入申报世界文化遗产预备名录的25个侗族村寨，以及争取进入预备名录的靖州岩脚、新街侗寨。跟踪调查了坪坦河流域的高友、高秀、高步、阳烂、中步、坪坦、横岭、芋头、黄土等侗寨；三省坡东部的上岩、独坡、木瓜、古伦、团头、枫香；三江县的平寨、岩寨与冠小；黎平县的肇兴、堂安、黄岗、地坪；榕江县的车江、大利述洞；从江县的占里、高阡、增冲、银潭；新晃县的天井、天柱白市、芷江碧溶、龙胜宝赠等样本侗寨；参观、访谈、座谈了三江侗笛、侗绣、侗族农民画、侗族木构建筑技艺传承培训基地和博物馆、陈列馆；参观了贺州学院博物馆侗族文物分馆、怀化博物馆、通道恭城书院红军长征转兵博物馆、黎平翘街红军长征博物馆、堂安生态博物馆、通道"呀啰耶"织艺培训基地和侗锦博物馆、牙屯堡侗锦织造培训基地和灵芝栽培基地、上岩侗寨杨枝光芦笙制作基地；踏勘了洪江高庙、中方高坎垅、新晃波州、会同连山、靖州斗篷坡、通道下乡大荒等古人类遗址，察看了三江程阳风雨桥与岜团风雨桥、坪坦河流域普济等九座风雨桥，三江县城鼓楼、通道马田鼓楼、芋头侗寨鼓楼、播扬白衣观等全国重点文物保护单位。搜集掌握了大量第一手资料，拍摄了大量图片。

参与法：一是积极参加了湘黔桂毗邻地区侗族村寨的大量民俗活动。如坪坦侗寨的萨坛"安殿"仪式、黄岗侗寨"喊天节"活动、独坡侗寨六月六歌会、上岩侗寨春节期间"月也"活动、黄土侗寨文化节、车江侗寨萨玛文化节、托口古镇端午"祭杨公赛龙舟"、托口新镇杨梅节、靖州杨梅节、飞山文化节、岩湾歌会、岩脚侗寨生态文化节、古伦与团头、文坡等侗寨春节欢庆活动、高团侗寨过侗年等；二是积极参加侗族文化研讨会议，如参加中国原生态民族文化论坛、湖南省侗学会年会、各侗族自治县侗学会年会等，在参与中与侗学研究同仁研讨交流；参加怀化市人大组织的怀化市传统村落保护调研活动。三是参与湖南省侗族非物质文化遗产数字化影像资料数据库建设。四是参与坪坦河流域"申遗"侗寨文化遗产价值研究、靖州岩脚与新街侗寨文化遗产价值研究等。五是参与通道、靖州、新晃、洪江、怀化等县市旅游规划评审。

文献法：搜集了湘黔桂三省（区）侗族村寨文化遗产的大量文献，如县志、县况、县民族志，以及各自治县关于侗寨文化遗产的系列丛书，各届次侗学会年会论文集、侗寨非物质文化遗产数字化影像资料等。

抽象法：核心价值必须运用抽象思维方法，从众多价值中抽象其本质、实质、内核，进而把握其核心价值。

筛选法：侗寨多，材料多，运用筛选法，选取代表性、典型性的材料、案例说明侗族村寨文化遗产的核心价值。

图表法：侗族村寨文化遗产的统计与比较，要运用图表方法，使人一目了然。

第一章　中国侗族村寨文化遗产概述

第一节　中国侗族村寨的分布

一、中国侗族概况

（一）族称

侗族聚居地区所在的先祖族群，源远流长。先秦以远，称为"越人""濮人"等。楚秦之时，称为"黔中蛮"。汉唐时期，称谓复杂，先后有"武陵蛮""僚人""五溪蛮""峒蛮"等称呼。宋代有"渠阳蛮"的说法。明清之际，有"峒人"[●]"峒蛮""峒民""峒家"的叫法，但大多混同为"苗"人或"瑶"人，直呼之为"峒苗"或"峒瑶"。

值得一提的是，唐至清代，域内实行"羁縻制"。侗族聚居地区，以现在的靖州飞山为中心，方圆20多万平方千米。现在湘、黔、桂三省区毗邻的20多个县市区，皆属"诚州"十峒管辖，自然就有"峒家""峒人""峒民"的称呼。

20世纪50年代初，中央人民政府将域内"峒人""峒家""峒民"这一族群确认为"侗族"。从此，侗家人有了自己确定的族名，成为中华民族大家庭中的一员。

（二）族源与迁徙

侗族主要由原住民和外迁融入民两大部分逐渐融合而成。

域内本土原住民历史相当久远。新晃侗族自治县波洲镇㵲水北岸二级台

[●] 注：洞、峒，系汉字记侗音。五代时，侗族聚居地区属诚州十峒。"峒"是州辖行政单位，十峒居民皆自称"峒人"，加之，侗族聚落依山而建，汉字依音记为山旁之峒。有的人认为侗族聚落依山傍水，建于水畔，汉字记音为"洞"，并出现在许多文献中，国家民委在确认"峒人""洞人""洞民"族群民族成分时，定为侗族，确立了人在洞、峒中的主体地位。

地、芷江七里桥村等地考古发现了旧石器时代古人类遗迹，洪江高庙遗址、靖州斗篷坡遗址、通道县大荒遗址等发现了距今7400年～5000年的新石器时代古人类遗迹。会同县的黄茅、连山、攀龙桥、岩头、若水、郎江等乡镇多次发现古人类遗址遗迹，从远古到夏、商、周、楚、秦，到汉、唐、宋、元、明、清历代人类居住的遗址遗迹，时间继起性和接替性很强。侗族聚居的绥宁、洞口、城步、黎平、锦屏、天柱、从江、榕江、三穗、玉屏、三江、龙胜、融水等地先后考古发现了古人类遗址遗迹。这表明现今侗族聚居地区原住民居住的历史久远，生息繁衍，连续不断。

外来迁入先民，一是梧州等地的先民溯珠江而上至浔江、融水、都柳江一带，逐步向西北迁徙定居融合。这方面迁徙的代表性路线和重要节点（停留居住几代乃至多代的地方）大体上是梧州—古州—靖州（×××）—×××。如新晃天井侗寨的傩戏歌词唱先祖迁徙路线：祖先原住广西梧州，后迁贵州古州，再迁湖南靖州，由靖州几经转折，然后才迁到新晃天井寨定居。二是洞庭湖周边居民沿沅水、资水上溯南迁定居融入。这方面迁徙的代表性路线与重要节点大体上是常德—沅陵—辰溪—洪江—托口—会同（天柱）—靖州（锦屏）—通道（黎平）—×××；或者常德—辰州—沅州—波州—玉屏—镇远—××× 等；或 ×××—洪江—巫水—绥宁—城步等。三是从江西等地水陆交替，逐步向西南迁徙而融入。其中，规模较大，人口较多的迁徙是明代初年"江西填湖南"的行政性大迁徙。侗款的祖先迁徙款词、侗族大歌的迁徙歌词、天井寨"咚咚推"傩戏中的祖先迁徙唱词、外迁融入群体的族谱、大量民间传说故事等，都有侗族先民的重大迁徙活动、迁徙路线、沿途主要节点等相关内容。

侗族先民迁徙的共同特点，一是迁徙定居融合，再迁徙定居融合，多次间断连续。二是迁徙方向上沿珠江、沅水上溯迁徙。三是以血缘、亲朋为纽带，结伴迁徙，择地而居，繁衍后代，形成相对独立的团寨聚落。如通道高步（铺）侗寨七姓始祖联袂落籍，定居建寨。后人建"七子庙"，纪念这七位建寨始祖。

（三）人口

1953年第一次全国人口普查全国侗族人口71万多人。1964年第二次全国人口普查全国侗族人口83.6万多人。1982年第三次全国人口普查全国侗族人口142.6万多人。1990年第四次全国人口普查全国侗族人口251.4万多人，居全国各民族人口的第十二位，也占全国百万以上人口民族的第十二位。2000年第五次全国人口普查全国侗族人口296万多人。其中，贵州162万多人，湖南84万多人，广西30万多人，湖北6万多人。2010年第六次全国人口普查全国侗族人口近288万人。其中，贵州约143万，湖南约85万人，广西约30万人，湖北约6万人。2020年第七次全国人口普查全国侗族人口349万多人。❶ 全国侗族人口万人以上省区市分布概况如表1-1所示。

表1-1 全国侗族人口万人以上省区市分布概况（单位：人）

全国	31个省区市	贵州	湖南	广西	湖北	广东	浙江	福建	江苏
3499742	3495993	1650871	865518	362580	62766	241725	146773	31784	24413

资料来源：根据第七次全国人口普查公布数据统计得来。

这些数据表明，侗族人口不断增多，说明在中国共产党的领导下，各级人民政府的大力扶持下，侗族人民同心协力，侗族人口随着社会经济文化的发展而直线增长。

二、中国侗族村寨的分布特点

（一）地理分布

侗族聚居地区的侗家人聚寨而居，形成大大小小的团寨聚落。

按照行政区划，中国侗族人口和侗族村寨集中分布在湘、黔、桂、鄂四省毗邻的怀化市、邵阳市、黔东南苗族侗族自治州、铜仁市、柳州市、桂林市，以及鄂西南土家族苗族自治州等市州。其中湖南省的侗族人口和侗族村寨集中分布在新晃、芷江、通道、靖州、绥宁、会同、洪江、鹤城、城步、洞口、武冈、新宁等县市区；贵州省的侗族人口和侗族村寨集中分布在黎平、榕江、从江、锦屏、天柱、玉屏、三穗、剑河、镇远、岑巩、万山、碧江、石阡、江口、松桃、三都、独山等县市区；广西壮族自治区的侗族村寨集中分布在三江、龙胜、融水、融安、罗城、东南等县市；湖北省的侗族村寨集中分布在恩施市的芭蕉侗族乡和宣恩县的晓关侗族乡、长潭河侗族乡，以及咸丰、来凤等地。

---

❶ 注：第六次全国人口普查侗族人口比第五次全国人口普查侗族人口减少约8万人；第七次全国人口普查比第六次全国人口普查侗族人口十年间增加61万多人。

（二）自然生态环境

侗族人历史上逆水迁徙，择水依山聚寨而居。侗族聚居地区，地处北纬 25°～31°，东经108°～111°的长形地带，东西宽约350千米，南北长约600千米，方圆20多万平方千米，海拔500～1000米。

按照地理地势，分布在云贵高原东部武陵山脉、雪峰山脉、八十里大南山和苗岭山脉支系之间，西北高东南低。按照水系流域，中国侗族村寨主要分布在长江水系中南部沅水中上游、资水上游和珠江水系上游西北部浔江、融江与都柳江流域。

域内既有崇山峻岭，也有低山丘陵平坝；既有丹霞地貌，也有喀斯特地貌；大小河流贯穿其间，既有激流险滩，曲折河湾，也有清溪幽谷、飞泉流瀑，属于亚热带季风气候，年均气温15℃左右，年均降雨量1200毫米左右，温暖湿润，四季分明，无霜期短，春雨充沛，夏无酷暑，秋高气爽，冬无严寒；森林覆盖率70%以上，有的侗族村寨森林覆盖率高达80%左右，空气清新，土地肥沃，物产丰富。从卫星地图上看，这一大片就像中华大地的绿色肺叶。

侗族村寨大多分布在这大片山脚之下、平坝之中、溪流之旁。空中俯视，森林连片，郁郁葱葱；片片云雾遮掩其上，团团村寨散布其间，处处天堂，寨寨美景，不是仙境，胜似仙境，宜居宜业。

（三）人文生态环境

自古以来侗族聚居地区母系文化氛围浓郁，崇信萨岁。女神信仰突出，女性在侗族聚落中的地位较高，作用较大，母系遗风，至今尚存。侗家人糯稻农耕，糯米饮食，动辄歌舞，被称为歌的海洋、舞的天堂，形成突出的传统农耕型人文生态环境。

侗族聚居地区周边，北为汉族、土家族，东有瑶族，南为壮族，西有苗族、仡佬族等。聚居区内成片居住着苗族、瑶族、仡佬族、土家族等多个少数民族，各片区各民族相互影响，形成多民族分片大杂居的民族文化生态格局。

侗族聚居地区自汉唐以来，受中央管辖，中原至大西南的水陆驿道沿线各地深受历代封建王朝文化、中原文化、汉族文化的影响。尤其是潕水流域和清水江中下游、锦江上游一带，吸纳了汉语的许多因子，使侗语的词汇、语音、语调、语气、节奏等与湘、黔、桂三省毗邻地带明显区别，会讲侗话的人越来越少，历史地形成侗语北部方言区。湘黔桂毗邻地区为南部方言区，侗语显得更古朴纯正一些，榕江县车江侗寨一带的侗话被国家语言文字工作委员会确定为纯正侗语采集点。同一民族南北两大方言片区并存共荣，这就是中国侗族村寨的地域性人文生态格局。

三、中国侗族村寨的特点

侗族的村，是指行政村；侗族的寨指自然聚落。当一寨一村时，村就是寨，寨就是村，习惯称寨。小的侗寨，几寨一村；大的侗寨，一寨几村。大型侗寨如车江侗寨、肇兴侗寨、独坡侗寨等，都是一寨几村。中国侗族村寨一般依托房族，聚寨而居，呈现干栏吊脚木楼建筑群聚落，恢宏大气；依山傍水，生态优越；河流连接，带状成片。

（一）依托房族，聚寨而居

侗族居民一般按照血缘关系，同一"补拉"乃至同一宗族集中连片地居住在一起，形成大型聚落。有的"补拉"人户较少，形成几十户人家的小型团寨（有的称为屯）。有的"补拉"人户多，形成上百户乃至数百户人家，形成较大的团寨。有的"补拉"人口繁衍较快，人户众多，分支另建团寨。有的几个"补拉"聚居在一起，形成大的宗亲型团寨。如中步侗寨，由杨吴两大姓依血缘抱团繁衍而形成宗亲团寨，寨中杨姓居民称自己是飞山公杨再思第四子的后裔。

有的侗族团寨是由几位不同姓的始祖抱团居住，子孙繁衍，形成一个个屯寨，连接成大型团寨聚落。如通道高步侗寨，七姓结义兄弟联袂定居，子孙繁衍，迁入迁出，形成现在吴、杨、龙、陆、肖、石、冼的十二"补拉"六屯（岩寨、秧田、上寨、里边、龙姓、高坪）三村（高升、高上、克中）500余户2500多人的大型团寨聚落。

许多侗族团寨是由一姓或几姓始祖落籍建寨，尔后接纳别姓居民，形成比较大的团寨。如肇兴侗寨以陆姓始祖为头，先后接纳杨、兰、石、韦、田、张、黄、李等十多姓的居民加入，形成大型肇兴侗族聚落。

（二）木楼群落，恢宏大气

侗族村寨民居是清一色的干栏式吊脚木楼。杉木为料，挑檐木排架，连排三间、四间、五间不等，一般二层或三层，青色瓦面，杉木柱头、杉木枋片、杉木楼板、杉木板壁，刷上桐油，初色橙黄，久则青幽。第二、三层前置干栏式走廊过道，第一层原本是不住人的，土面或者三合土地面，敞开式通风透气，隔湿防潮，放置农具、木柴及杂物等。现在一般都改造成混凝土水泥地面，四面砌成砖墙。第二层是火塘（厨房）、厅堂、仓屋、老人卧室，第三层是卧室等。单栋民居木楼，给人恢宏大气之感。

民居木楼连排修建，层数一样，楼房一般高，一栋栋木楼连排成行，一排排木楼前后并列；或者上下依坡一层层叠置而上，顺着地势，整体弧形，大体上整整齐齐；街巷纵横其间，把一栋栋、一排排民居木楼连接成大片鳞次栉比的干栏木楼群落。

群落中最显眼的是宝塔式高耸的鼓楼，鼓楼是侗寨的标志性建筑，人们都以鼓楼层高和美观漂亮而自豪。一座侗寨，至少有一座鼓楼，多的有三五座鼓楼。

侗寨边或者侗寨中，溪流或者绕寨而过，或者穿寨而过，溪流上一般都修建有风雨桥，许多侗寨修建有多座风雨桥。聚落中还修筑有水渠、水塘、水井，形成侗寨聚落饮水用水的便利水利系统。

侗寨中鼓楼边一般还建有戏台、芦笙坪、萨坛、飞山宫，有的还建有城隍庙、南岳庙等公共建筑物。

寨中有生命树等古树点缀其间，寨边有风、水、林护卫周边。

侗寨都修建一座乃至几座寨门。寨门是侗寨居民护卫式建筑，一般都修建得比较大气。

青石板铺就的大街小巷把干栏式吊脚民居木楼、鼓楼、寨门、风雨桥、戏台、芦笙坪、飞山宫、南岳庙等连接成错落有致、结构严谨的统一整体。

（三）依山傍水，生态优越

侗族村寨一般建在山脚下、坡脚边、平坝上、山窝里，很少建在山坡上，呈现平坝式、沟谷式、山顶洼地（山窝）式、山坡式等地貌聚落模式。榕江车江、黎平肇兴、通道坪坦、绥宁大团等侗寨属于平坝式地貌聚落，绥宁上堡侗寨、三江的高秀、高友与高定，从江的高阡等侗寨属于山顶洼地式地貌聚落，榕江的大利、从江的银潭与占里等侗寨属于沟谷式地貌聚落，夏格等侗寨属于比较典型的山坡式聚落。从江则里侗寨和黎平堂安侗寨建在山顶的山坡上，寨下一面坡梯田，寨上山顶森林，大体上属于山坡式地貌聚落，不属于严格意义上的山脊式地貌聚落。

侗族村寨的各种地貌聚落有一个共同点就是依山傍水而建。建在平坝或者山窝的侗寨，周边是群山，寨边有河流，是群山拱卫、溪流环绕的侗寨；建在没有溪河的山坡式侗寨，也有山顶泉水的依仗。堂安、夏格一大片山坡式侗寨群，依仗的是堂安寨顶一年四季不息不减的大股泉水。平坝式侗寨，古木佑寨，清溪绕寨，群山卫寨。沟谷式侗寨，卧山沟，傍小溪，"山重水复疑无路，柳暗花明又一村"。山窝式侗寨，拥群山，"藏在深山人未识"。山坡式侗寨，托山顶，踏山坡，气壮山河；云遮掩，雾朦胧，人间仙境。

侗族村寨，群山中森林密布，郁郁葱葱，百兽觅食，鸟叫蝉鸣。平坝里，阡陌片片，稻浪重重，炊烟缭绕，英雄荷锄。山坡上，梯田层层，冬日银光闪闪，仲春油菜花黄，盛夏稻浪滚滚，初秋叠叠金黄。山窝里，沟谷中，溪水潺潺，鱼虾嬉戏，清晰可数；空气清新，心旷神怡，亦人亦仙，百年长寿。

（四）溪河连接，带状成片

侗族村寨择水而建，沿大小溪河成带状分布。侗族聚居区北部，清水江流域、舞阳河—潕水河流域、锦江上游沿河流成片分布，形成各个小片区，大体上呈现为锦江上游带、舞阳河—潕水沿岸带、清水江沿岸带、平溪—贡溪河沿岸带等带状分布结构。侗族聚居区南部，东部有巫水流域带，中部有渠水流域带、零溪流域带、播阳河—洪州河流域带、坪坦河流域带，东南部有平等河与乐江河流域带、南有林溪—浔江流域带，西南有苗河—融水流域带、都柳江流域带，西部有亮江—清水江流域带。南部片区的侗族村寨大体上呈现以三省坡为中心，周边各南北走向、东西走向的大小溪河流域带状分布结构。当然，仔细俯视，就能发现一小片一小片的带状连片分布结构。如林溪河流域中程阳八寨小片区和冠大、冠小侗寨片区等组成的带状片区；堂安—夏格—肇兴一带的小片区与中潮—双江一线组成的带状片区等。从宏观上看，由溪河水路和陆路将这些大大小小的侗族村寨连接成长短不一的侗寨群落带状片区。空中鸟瞰，这些带状片区的侗族村寨群落就像一串串珍珠镶嵌在湘、黔、桂毗邻地区的山窝平坝之中。

（五）农耕文明，和谐传承

侗族是中国南方古老的农耕民族，农耕文化是聚落的基本内涵。团寨外聚落周边是群山、森林、溪流、平坝（山坡、山窝）、阡陌稻田（大片层层梯田），团寨内鼓楼、风雨桥、寨门、街巷纵横的干栏吊脚木楼群，三楼走廊栏杆上悬挂晾晒的瀑布般的侗布、禾架、水塘、谷仓、稻浪，清溪淙淙，游鱼可数，鸭鹅嬉戏，鸡鸣狗吠。鼓楼中，老人休闲，或侃古、或对弈、或对歌、或含饴弄孙，鼓楼外街巷边屋檐下中老年妇女染布、槌布。田野间，稻鱼鸭复合种养，青年人正在辛勤劳作。聚落安宁，和谐太平。

(六) 南北片区，相依情浓

从语言学的角度看，以锦屏侗苗汉杂居地带为界，中国侗族聚居地区呈现侗语北部方言区和南部方言区两部分。北部方言区分布在武陵山脉南麓一带，包括洪江、中方、会同（北部）、芷江、新晃、天柱、锦屏（北部）、镇远、剑河、三穗、石阡、玉屏、万山、铜仁、江口等地。南部方言区分布在湘、黔、桂毗邻的三省坡周边一带，包括会同（南部）、靖州、绥宁、通道、龙胜、三江、融水、融安、黎平、从江、榕江、锦屏（南部）等地。侗语南北方言的形成明显带有受汉语影响的印记。相对而言，北部方言区处于中原到大西南水路交通驿道一带，历史上侗族人民和汉族人民交往频繁密切一些，懂汉语汉文的人较多，汉语文化水平较高。语言中吸收汉语词汇和使用汉语语法形式较为普遍，语音也趋于简化。而南部方言则保持较古的面貌，元音分长短，有一套完整的促声韵。侗族聚集地区的南北两大方言区在其他方面，略有区别。

侗语南北方言区在建筑方面有所不同。侗族北部聚居区民居建筑一般为一至二层，第一层相对封闭，作正屋用；第一层中堂外间退两步开门，且呈八字形吞口式外向敞开内向收敛式样；进门就是中堂兼客厅，中堂两边为火塘和起居室，第一层后进则设厨房、仓屋等，第二层多为卧室。有的富庶人家建有多元建筑文化风格的窨子屋。窨子屋融封闭式中原民居建筑、半封闭式徽派民居建筑、土家族走马转角干栏吊脚木楼民居建筑风格于一体，展示该地建筑文化的多元融合。南部聚居区传统民居木楼建筑基本上都是开放式干栏吊脚木楼，一般为三层。第一层开放式，无遮拦，放置农具、杂物等，第二层外面一般留有连通式宽敞走廊，干栏设置仙人靠；特别宽敞的廊道用来纺纱织布、休闲聚会、合拢宴饮等，融汇了岭南与滇黔一带竹楼的建筑特色。在公共建筑方面，南部聚居片区大多数侗寨建有鼓楼，有的侗寨有多座，如龙胜平等村有十一座鼓楼；北部聚居片区侗寨中少有鼓楼群。从侗寨聚落整体看，北部聚居片区聚落中每栋民居间隔较宽，聚落整体结构比较宽松；南部聚居片区侗寨聚落抱团，结构紧凑，横向成排成街，纵向成行成巷，街巷纵横，错落有致，鳞次栉比，恢宏大气。

从民间信仰的角度看，侗族北部聚居区民居建筑设置中堂，中堂设有神龛，上供"天地国亲师"神位、家神神位、土地神位；而侗族南部聚居区的传统民居建筑，很少设置中堂和神龛。侗族北部聚居片区文庙、武庙与佛教寺庙庵堂、道教宫观并立，如镇远古城青龙洞古建筑群中儒释道诸教建筑群并存，巍峨壮观。而南部聚居片区极少有三教建筑同处一地的盛况。由此也可以看出，南北片区在信仰方面也有所不同。当然，还存在其他方面的细微差异，侗族聚居的南部片区侗族文化保留得更浓郁、更原生态一些。俗语云，十里不同风，百里不同俗。同一民族，南北距离近200千米，风俗习惯有所不同，是非常正常的。侗族南北两大聚居片区，山同脉、地相连、路相通、水相汇、族相亲，相互交往交流频繁，友谊久远，情深义重。

中国侗族村寨文化遗产的核心价值，也就必然侧重侗族聚居地的南部片区，侧重于以三省坡为中心的湘、黔、桂三省毗邻的通道、三江、黎平、从江、榕江，以及绥宁、靖州、龙胜等地的侗族村寨了。当然，本书也会结合侗族聚居的北部片区综合性、整体地探讨中国侗族村寨文化遗产的核心价值。

第二节 中国侗族村寨的文化遗产

遗产，特指前人遗留给后人的财产，泛指自然界和前人创造并遗留给后人的财富，如自然遗产和文化遗产。文化遗产有狭义与广义之分。狭义的文化遗产指精神文化遗产，广义的文化遗产指前人创造的并遗留给后人的物质文化遗产和精神文化遗产的统称，包括文物、农业文化遗产、工业文化遗产、非物质文化遗产等。这里侧重于泛指的遗产和广义的文化遗产。广义的中国侗族村寨文化遗产包括中国境内侗族村寨前人创造并遗留给后人的文物、农业文化遗产、工业文化遗产、非物质文化遗产，以及侗族前人生活和改造过的遗留给后人的大量自然遗产等。

一、中国侗族村寨文化遗产的载体

文化遗产，总有其载体。中国侗族村寨文化遗产的载体，从不同角度可以划分为物质载体与精神载体、静态载体与动态载体、群体载体与个体载体。

（一）物质载体与精神载体

1. 中国侗族村寨文化遗产的物质载体

此类载体大体上呈现为人化自然物载体、文物类载体、建筑类载体、工具类载体、服饰类载体、人的载体等。

人化自然物载体是指人类生存发展环境中的自然物、经过人类改造过的自然物，如人化的森林树木、湿地沼泽、河流、土地、草地、耕地、梯田、药草、山石等。侗族聚居地区，历代祖先生存发展的人化自然资源，经过历代人改造过的自然物，成为现代侗族人们的重要遗产载体。

文物类载体，包括已经认定的文物载体和尚未被认定为文物的物件。文物载体包括古遗址遗迹、古墓葬、古建筑和近现代具有纪念意义的载体。首先是国家级重点文物保护单位的物化载体，然后是省级、市级和县级的重点文物保护单位的文物载体，还包括这些载体历史性网链中的相关节点物件。有的载体尚未被认定为文物，但可能成为文物载体，如现在还在使用的传统农具等。

建筑类载体，包括民居建筑物和道路、堤坝、水渠、水塘等，以及庙宇、宫观、庵堂、萨坛等公共建筑物。

工具类载体，是指传统手工工具。按照材质，包括棉、麻、丝、藤、木、竹、石、铜、铁、银等材质的传统工具。按照行业，包括传统农具、水利灌溉工具、碾坊油坊等作坊加工类传统工具和场所，采矿、冶炼、铸造或打造等方面的传统工具，木工、石工等传统手工加工类工具，纺织、编织、刺绣类传统工具，服饰制作类传统工具，食品加工类传统工具、传统餐具，传统酿酒工具和传统酒具，以及其他行业传统工具。

服饰类载体，包括各种材质、各种式样、各种花色的男女老少服装、头饰、胸饰、鞋、帽、带、簪等载体，化妆类传统工具及相关传统物件等。

此外，人及其肢体，包括身躯、头部、头发、眉毛、脸部、眼耳鼻舌口、手脚、服饰打扮及精神面貌等，能够展示和传递信息，作用特别重要，可视为文化遗产中人的载体，而且是文化遗产活态传承极其重要的物质性载体。

2. 中国侗族村寨文化遗产的精神载体

侗族文化遗产的精神载体有无形的意识载体、有形的物化载体。此类载体大体上就是非物质文化遗产的载体（以下简称非遗载体）。

非遗的首要载体是传承人。传承人载体承载遗产的方式主要有以下几种：一是口头表达精神类文化遗产，如唱歌，口述传统道德观念，口述家训、族规、款规，口述村史、寨史，口传劳作方式及技术经验等。二是通过肢体语言传达、表达一定情感、意念、思想、观念，以及肢体传递出的体味、气息等。三是与口传对应的身教，通过亲手、亲身演示、传授劳动技术技能等。四是思想意识支配下的身体是活态文化遗产的践行者。

非遗口头表达的载体是语言，这里主要指侗族语言及其各聚居片区的方言，以及侗、苗、瑶、汉杂居区通用的混合性语言"酸汤话"。

非遗的书面载体是符号、图画、文字与书籍。侗族虽然还没有成熟的侗字体系，但有记载信息的花纹、符号、图案、记载数据的字码等，如高定侗寨独柱鼓楼中记载侗歌的符号群等，还有汉字书写的族谱、汉字镌刻的碑文，汉字记侗音的各种手写文稿，如手抄款词等。这都是传递和记载非遗信息的重要载体。

文化空间是文化遗产精神载体的重要方面，是承载非遗必不可少的组成部分，包括场所、场地、舞台、氛围环境、人际关系、生态环境等，以及非遗项目源起地、传承地文化空间的遗址遗迹（如款坪、芦笙坪等）。

传媒载体是侗族村寨传播文化遗产信息的首属媒体，就是声音、符号、信号、文字等原初载体，以及这些原初传媒载体组合成的民间文学、戏剧、音乐、舞蹈等传统媒体，后世出现的书籍、期刊、报纸等传媒有的已过百年，可以说是非遗载体了。当然，应该强调的是现今的各种媒体，是今后文化遗产的重要载体。

物化载体是非遗的重要载体。包括承载非遗信息的对象物件，非遗传承的物件，如工具与背景物等。

（二）静态载体与动态载体

文化遗产的静态载体，主要指文化遗产的物化载体，如土地山川、传统作坊、农田水塘、水渠古井等。

文化遗产的动态载体，主要指文化遗产活态运行的主体、对象、工具，运行空间（如芦笙舞及其表演系统、侗歌与歌会、侗戏及其表演系统等）、活态记录与保存载体（如影视、数据库、生态馆）、动态虚拟载体，尤其是仍在传承运行的侗族文化活动等活动载体，如开秧门、赶歌会、合拢宴等。

（三）群体载体与个体载体

文化遗产的群体载体，主要指文化遗产的权属组织、传承主体群、传承组织、经营组织、保护组织、开发组织等，如传统侗戏的戏班、经纪人、经营公司等。

文化遗产的个体载体，主要指承载文化遗产信息的个人、文化遗产的传承人、文化遗产保护者、文化遗产开发者、文化遗产经营者等。

这些载体是承载侗族文化的外在瑰宝，是侗寨文化遗产的护身符，是探寻侗族文化普遍价值与核心价值的门槛和切入点。

二、中国侗族村寨的物质文化遗产

文化遗产可以划分为物质文化遗产、精神文化遗产、行为文化遗产和制度文化遗产。行为文化遗产是前人生产生活与社会交往等行为方式、行为过程和行为结果而遗留给后人的财富。制度文化遗产实际上是前人遗留给后人的社会治理财富。行为文化遗产和制度文化遗产可以归入物质文化遗产和精神文化遗产。精神文化遗产是无形的、非物质的，包括传统心理意识、传统观念、传统美德和非物质文化遗产，可以统称为非物质文化遗产。因此可以从物质和非物质两大层面剖析中国侗族村寨的主要文化遗产。

中国侗族村寨的物质文化遗产，特指前人创造并留给后人的物质财富，泛指以物质形态呈现出来的文化遗产，主要包括侗族聚居地区的文物类文化遗产、传统农耕类物质文化遗产（含农业文化遗产）、传统加工类物质文化遗产、传统生活类物质文化遗产、传统商贸类物质文化遗产以及自然生态类文化遗产。

（一）侗族村寨文物类文化遗产

侗族聚居地区的文物类文化遗产，有古遗址、古墓葬、碑刻与摩崖石刻、纪念地、古建筑、鼓楼等具体类型。

1. 古遗址

湘、黔、桂毗邻的侗族聚居地区，古人类遗址相当多。按照时间序列，具有代表性的古人类遗址遗迹，一是新晃侗族自治县波州镇二级台地，考古发现距今5万~10万年前古人类栖息的遗迹，中方荆坪考古发现距今1万~5万年前的古人类遗址，芷江七里桥考古发现砍、削、刮等类旧石器时代的古人类遗址，洪江高庙考古发现距今6000~7400年前的古人类遗址。该遗址中考古发现了大型祭祀遗址、大量陶片，尤其是白陶片，陶片的纹饰中显示"日""月"等文字雏形，显示太阳图腾、鸟图腾等意蕴的符号。中方高坎垅考古发现了距今4500年左右的古人类遗址，该遗址考古发现了连体狗陶俑等文物。靖州斗篷坡考古发现了距今4000~5000年的新石器中晚期的古人类遗址，该遗址考古发现了精致的篾质饭篓等文物。二是通道侗族自治县下乡村下乡河的台地上，考古发现了新石器时代的古人类遗址。在侗族聚居地区的其他各县，也都考古发现了不少古人类遗址和许多珍贵文物，以及先秦以降的许多重要遗址遗迹，如靖州藕团乡三桥村山岭上保存比较完好的古代军事城堡遗迹，锦屏县隆里明代军屯古堡等。

2. 古墓葬

侗族聚居地区的古墓葬，一是侗寨的萨殿或者萨坛。这不是陵墓，而是祭祀萨岁（萨玛）的地方，非常神圣，是侗家人心目中的圣地，如车江寨头萨玛祠、坪坦侗寨萨坛、高步侗寨萨岁堂等。二是侗族村寨附近的祖坟山，这是侗家人以"补拉"为单位的集体墓地，可以称为"补拉"公墓。三是杰出人物墓葬，如黎平茅贡侗戏鼻祖吴文彩墓等。侗族村寨很少给先祖立墓碑，但从江县则里侗寨民居后面的山边却有非常精致的墓碑，是该寨居民重点守护的祖墓之一。四是悬棺古迹，如新晃大弯罗古代崖葬群悬棺等。

3. 碑刻与摩崖石刻

侗族聚居地所在地区，包括与苗族大杂居的地区，有一批摩崖石刻、款碑、芦笙场碑、歌场碑、指路碑、江规碑、功德碑等碑刻方面的文物。如黎平县西佛崖石刻，从江县下江摩崖石刻与金鸡滩摩崖石刻，榕江县保里老虎岩石刻，卫城"虎"字摩崖石刻，融水县老君洞摩崖石刻，天柱县三门塘碑刻群、靖州岩脚侗寨功德碑刻群等。

4. 纪念地

侗族聚居地区拥有一大批近现代极具纪念意义的重要文物。首先是红军长征途经地的许多红色文物。一是重要会议纪念地和红军指挥部驻地，二是红军战场地。

其次是抗日战争纪念地。一是雪峰山抗日战争旧址，二是抗战胜利的芷江受降坊，三是芷江机场、和平村旧址等。

最后是其他类型的纪念地，比较著名的有安江农校杂交水稻试验园地；一批名人故里故居，如黔阳楚春申君故里，会同粟裕故居，新晃曹玉清故里，芷江熊希龄、王一知、杨百涛故里，榕江罗统一故里，靖州梁直平故里，通道粟昌福故里，黎平罗成章故里，锦屏龙大道龙云故里，天柱王天培、王天锡故里，剑河李世荣故里，三穗杨至成故里等。

5. 古建筑

首先，侗族聚居地区拥有诸多宫观寺庙类古建筑。一是民间信俗类古建筑，如尊奉杨再思的渠阳镇飞山宫、坪坦飞山宫、镇远飞山庙、锦屏飞山庙等，尊奉妈祖的芷江天后宫与镇远天后宫，尊奉孔子的坪坦孔庙、中潮文庙，尊奉先祖的高步七子庙、和里三王宫、天柱吴氏宗祠与杨氏宗祠，尊奉各类当地神祇的土地庙、雷神庙、南岳庙、城隍庙等。二是宗教寺庙庵观，如通道播阳白衣观、中步侗寨云霞寺，黎平南泉山寺、起凤山寺与秦溪白塔，中潮东华山寺、益然寨古庙，新晃燕来寺，镇远青龙洞古建筑群等。

其次，侗族聚居地区的古城古堡古街区类古建筑。域内古城不少，如镇远古城、黎平古城、靖州古城、黔阳古城、洪江古商城；古镇也多，如绥宁县寨市古镇、榕江县古州镇、通道的县溪镇、三江的丹州镇、锦屏县隆里古堡等；这些古城古镇中就有许多古街区。域内被国家列入国家历史文化名城、名镇、名街区名录的分别是镇远古城、绥宁县寨市古镇和黎平翘街。尽管名城、名镇、名街区都地处中国侗族聚居地区，还有不少尚未被列入国家历史文化名城、名镇的古城镇，历史文化遗产也非常丰厚，但是它们都不是侗族村寨本身。这里，只把这些古城古镇古街区的文化遗产，作为中国侗族村寨文化遗产的重要依仗和重要参考。如黎平德凤古城的古城墙与翘街古街区建筑群、明清会馆，镇远古城墙，锦屏县隆里城堡古建筑群，新晃龙溪口古街区建筑群，洪江古商城与黔阳古城等。

最后，侗族村寨聚落古建筑。聚落中的民居古建筑群和其间的古公共建筑，古公共建筑镶嵌在古民居建筑群落之中，是侗族村寨聚落的珍珠。古公共建筑有鼓楼、风雨桥、寨门、古戏台、款场、芦笙坪、青石板街巷、凉亭、井亭、禾架、水渠、水塘、古井等；还有前面所述的信仰类公共建筑：萨坛（萨殿）、飞山宫、南岳庙、城隍庙、文庙、社王祠、土地庙、雷神庙、始祖祠等。前者与人们日常起居、劳作、生活、休闲关系密切，数量多、体量大、做工精致，空间高，比较显眼；后者与人们信仰关系密切，单体规模小、体量小、所占空间小，有的非常显眼，有的不太显眼。

侗族村寨古建筑群中最突出的是鼓楼与风雨桥，然后是寨门，它们是侗族村寨建筑门面三大宝，是侗族村寨的建筑标志。

6. 鼓楼

鼓楼是侗族村寨最显著的公共建筑，它高出侗寨的民居建筑，耸立于聚落之中，是侗族村寨建筑的突出标志。

鼓楼有厅堂式、干栏式、密檐式等多种。无论哪种鼓楼，一般都分上、中、下三个部分。上部为顶尖部，用一根长约3米的木柱立于顶盖中央，并套上由大到小的5～7颗陶瓷宝珠，使顶尖部成葫芦型，犹如塔尖，凌空而立。顶盖是绚丽多彩的楼顶，多攒尖顶伞形，顶盖形状有四角、六角或八角。一般顶盖是一层，有的是二层阁楼顶盖，顶盖下是斜面人字格斗拱，像蜂窝百孔窗，其周围木雕像燕窝垒泥点，工艺精巧，造型别致。中部层层叠楼，形似宝塔楼身。楼檐有四角翘檐、六角翘檐、八角翘檐，大多为六角翘檐。每方檐角均为翘角，层层叠叠，重檐而上；从下而上，层层收缩；从上而下，一层比一层宽大。鼓楼楼层及其密檐一般为五层、七层、九层，直至二十七层。楼身以四根粗大、笔直的长杉木为主柱,从地面直通楼顶,极为壮观,也有中间独柱的。楼内或雕塑,或绘画,鱼虫鸟兽,栩栩如生。鼓楼由各村寨群众投工献料,集资筹建,由侗族能工巧匠自行设计、自行建造。整个建筑没有图纸,数百上千根梁、枋、柱的尺寸全凭掌墨师傅手中的一根"丈杆"在心中计算。

  侗族村寨一般都建有鼓楼,大的侗寨群落有多座鼓楼,如龙胜平等侗寨有11座鼓楼。三江高定侗寨有7座鼓楼,通道高步侗寨有6座鼓楼,黎平肇兴侗寨有仁义礼智信5座鼓楼,黄岗侗寨有5座鼓楼。据不完全统计,黎平侗族村寨有鼓楼321座,通道侗族村寨有鼓楼267座,三江侗族村寨有鼓楼236座,从江侗族村寨有鼓楼121座。黎平的述洞独柱鼓楼、通道的坪阳马田鼓楼、从江增冲鼓楼、高阡鼓楼与宰俄鼓楼,榕江的增冲鼓楼、宰荡鼓楼和车寨鼓楼、三江马胖鼓楼等为全国重点文物保护单位。通道坪坦侗寨鼓楼与芋头侗寨鼓楼、榕江大利侗寨鼓楼、绥宁上堡侗寨鼓楼等作为古村落建筑群的代表作整体性列入全国重点文物保护单位。各地各侗寨的鼓楼都有自己的独特之处,鼓楼一般都是单座独立,芷江万和广场多座鼓楼并立,形成鼓楼群。述洞独柱鼓楼,始建于明代初年,历史最早;增冲等多座鼓楼修建于清代,历史久长。车江侗寨三宝鼓楼建筑面积225平方米,共21层,总高35.18米,占地总面积8000平方米。三江多耶广场鼓楼27层,从江生态广场鼓楼27层,都堪称鼓楼高度之最。

  (1)马田鼓楼。马田鼓楼位于通道侗族自治县坪阳乡马田村,始建于清顺治年间,此后几经修缮,保护较好。马田鼓楼八柱九层,密檐叠叠。下面二层密檐撑托上面八层密檐。鼓楼边宽8米,楼高20米(另一说法楼高18.72米)。顶盖八角,钻尖顶,葫芦结顶,直指蓝天。鼓楼中部为方形,下两层为长方形楼阁。第一层中间设置火塘,火塘周边安置长条形厚木板坐凳,二楼中间为开放式戏台。第一、二层周边装上杉木窗户木板壁,板面涂刷了桐油。第一、二层的外形为干栏式楼阁;第三层至第八层收拢为正方形四角四面,最上面一层为八角八面。楼内八柱抬梁穿斗,穿枋与挑枋将柱瓜紧紧连接,浑然一体;南北对称,东西协调;柱与瓜造型各异,分布参差,错落有致。一二楼木板墙面、大梁和檐口彩绘各种图案,描绘侗家人的心灵信仰、神话传说、感人故事。鼓楼翘檐飞角,塑以飞龙、猛虎、麒麟、凤凰、孔雀、长蛇、鳌鱼、雄狮、奔鹿等祥瑞珍禽神兽,神态各异,栩栩如生,1959年被列为湖南省重点文物保护单位,1996年被列为全国重点文物保护单位。

（2）马胖鼓楼。马胖鼓楼位于三江侗族自治县八江镇马胖村，始建于1928年，重建于1943年。楼呈宝塔形歇山顶，由4根长13米、腰围近2米的大杉木组成长方形支柱，外加小柱和飞檐，层层叠穿而成。楼高15米，长宽11米，共9层。层层叠架，重瓴飞檐，如雄鹰展翅。楼檐雕龙绘凤，画花饰锦，细致精美。楼顶尖处，塑有象征吉祥的千年鹤。除4根象征四季平安的高大主柱之外，在主柱构成的正方形对角和边线的延长线上，还有24根粗大的、呈正方形排列的边柱。28根柱子的垫台，都是用上等青石制成，并刻有生动形象的图案。2006年被列为全国重点文物保护单位。

（3）高阡鼓楼。高阡鼓楼位于从江县下江镇宰养村，高阡共有三个侗寨，均建有鼓楼，高阡鼓楼在宰养村中央，占地110平方米。鼓楼始建于清雍正年间（1723—1735年），为十五层密檐双层冠，六角攒尖顶木结构宝塔形，覆盖小青瓦。通高25米，鼓楼平面呈正六边形，立面为十五层密檐，顶端置陶瓷葫芦宝顶。鼓楼内设18根落地柱，其中主承柱6根，檐柱12根，主承柱与檐柱之间施以穿枋，利用瓜柱、梁、枋横穿直套，卯榫结合，逐层收分，紧密衔接，直至楼阁。楼阁置有牛皮木质鼓，各层封檐板彩绘风情图案，顶层檐下均置斗拱，斗拱下装漏窗。地面石板铺墁，有火塘4个，其中大火塘直径1.5米。设护栏、坐凳等，以供对歌、休憩；正北设一出入门，门额上泥塑双龙抢宝。2013年被列为全国重点文物保护单位。

（4）宰俄鼓楼。宰俄鼓楼位于从江县下江镇宰养村宰俄侗寨，结构与外形与高阡鼓楼基本一致，2013年被列为全国重点文物保护单位。

（5）宰荡鼓楼。宰荡鼓楼位于榕江县栽麻乡宰荡侗寨，始建于清乾隆年间。原为单檐歇山顶民居式木瓦结构建筑。1929年7月，寨民集资改建为七层八角攒尖顶塔状。楼高12米，有四方形金柱4根，柱距3米，每柱高8米；檐柱8根，高4米，飞檐翘角，八面玲珑。楼底层高3.3米，8面，每面宽3米，南面为大门，装修完美，上为雕窗，下为裙板，底层正面中央有圆形火塘一个，直径1.8米，四周均置厚木板长凳，底层有锯齿形独木梯可登顶层。顶层为八字坡面和八角攒尖顶楼冠，有八面方格灵窗，五层如意斗拱，三层锯齿状涩木。裙板上彩绘侗家人心目中的人物故事，风檐板上彩绘二龙抢宝和花、鸟、虫、鱼等图案，葫芦宝顶为两铁罐相叠而成，葫芦宝顶上雕塑鸬鹚一只，造型别致。鼓楼是宰荡村民休息、议事、唱歌、迎宾、娱乐的地方，为全国重点文物保护单位。

（6）车寨鼓楼。车寨鼓楼位于榕江县车江侗寨，始建于清道光年间，后毁于大火，清光绪十七年（1891年）重建。主楼坐北朝南，为三重檐四攒尖顶木质结构，高 17 米。楼顶为五级葫芦宝顶，屋面盖小青瓦，底层民间为四内柱，宽 4 米，廊面宽 1.8 米，通面阔 5.58 米，通进 5.85 米。鼓楼四周有 2.2 米高的青砖围墙，南面 14.8 米处为悬山顶墙门，高 6 米，墙下有铁门，门高 2.9 米，宽 1.4 米，上刻楹联一副："四面河山，车江大坝三十里；万般秀色，黔省东南第一楼。"主楼额门上挂着"车寨鼓楼"横匾，是侗汉文化交融的黔东南名楼。

（7）三宝鼓楼。三宝鼓楼耸立于车江乡寨头村南端，与萨玛祠、侗族长廊等形成一个整体。古楼建筑面积 225 平方米，21 层，总高 35.18 米，占地总面积 8000 平方米。古楼绘画和雕刻，有从母系氏族社会以来的历史沿革，以及中国侗族多支系的古风遗韵、民间习俗、传统服饰等。2001 年 10 月 20 日，三宝鼓楼被吉尼斯总部以当时"最高、最大、楼层最多"的特点入编《世界吉尼斯纪录大全》。

（8）三江鼓楼。三江鼓楼位于三江侗族自治县多耶广场。鼓楼高 42.6 米，共有 60 根柱头着地，占地面积 600 平方米。鼓楼共有 27 层瓦檐，除楼顶两层外，其余 25 层瓦面等距收分，层层紧缩，使楼面呈金字塔形，显得端庄平稳。每层檐角轻盈起翘，精巧的雕饰以及鲜艳的檐板彩绘，与庞大、粗犷的楼身形成鲜明对比。楼内四根杉木大柱直径都超过 70 厘米，树龄均在百年以上，这在鼓楼建筑史上是绝无仅有的。

（9）万和鼓楼。万和鼓楼位于芷江县城芷东新区，紧邻潕水河畔，建于 2005 年，由中心芦笙楼、琵琶楼、地筒楼和两个对歌楼组成。全为木质结构，凿榫衔接，合缝紧密。中心鼓楼 15 层翘檐，高 24 米，另外四座小鼓楼围在芦笙鼓楼四周，四角七层翘檐，檐廊相接，围成一圈。大小鼓楼，每层八面，八脊翘檐，巍峨壮观。

侗族村寨鼓楼众多，很多鼓楼还是全国重点文物保护单位，要么修建较早，要么构建奇特，要么密集成群，要么挺拔巍峨，都有自己的独特之处，都是侗族古木构建筑瑰宝。

7. 风雨桥

侗族村寨有溪流、有沟壑，就建风雨桥，往往一段溪河连续多桥，一座侗寨建有几桥。风雨桥，又称风水桥、福桥、花桥，石磴叠木成拱托梁，穿斗与斗拱结合，廊桥青瓦，飞角翘檐，廊桥上重架宝塔型楼亭，桥廊楼亭一体，明显不同于其他民族的风雨桥，是侗族村寨聚落的又一标志性木构建筑物。

侗族村寨傍水而建，寨边或者寨中的溪流河面宽窄不一，窄的河面架桥，中间不需桥墩，宽河面要筑建一个以上桥墩。侗族村寨风雨桥的桥墩大多都是石头砌成的梭形石礅，石礅之上叠置层层逐渐加长的一排排大原木，每一根大原木头直径在0.6米以上，又粗又长的大原木并排而列，纵向一层横向一层，纵向紧密，横向稀疏，层层重叠，并列的和上下重叠的大原木，都用木栓固牢。随原木叠放越多，两墩的间距就越小；在叠木之上架设桁梁。桁梁也是大原木，横排纵排二至三层，然后铺设厚实的桥面木板。在桥面木板之上竖立干栏式排架桥廊。用粗大原木作承重墩架和横梁，这是区别于现代桥梁的古老木构桥梁基本营造方式。

桥廊每排架四根木柱穿枋抬梁，中间成廊道，排架用枋片连接成桥廊，廊道两边设置厚实木板长凳，长凳后设置仙人靠或直靠，桥廊南边设置干栏，北边装修杉木板，以遮挡北方刮来的风雨。屋面盖小青瓦，檐瓦修饰成白色扇形式样，屋脊修饰成白色线型，白色的屋脊与白色屋檐，配上青色瓦面，黑白分明。屋脊中央塑置尖顶宝葫芦，有的塑置二龙戏珠（横岭风雨桥），有的塑置太阳金鸟神像（高步廻福桥）等。侗族村寨风雨桥的桥廊两头歇山顶，四角翘檐，翘角式样各桥不一样，有的塑置鳌鱼形象，有的塑置龙头形象，有的塑置凤鸟形象等。风雨桥的桥廊之上，分别修建多座宝塔型鼓楼式装饰楼阁。这是毗邻地区汉族、土家族、苗族村寨风雨桥没有的独特之处。

侗族村寨长廊式的风雨桥，免去了涉水的烦恼，给人行走之便，又可挡风避雨，还可休闲娱乐，同时，风雨桥也是侗家人迎送宾客的礼仪社交之地、聚气纳财之地，是侗寨多功能的福桥。侗族村寨风雨桥的桥廊北面干栏是用木板装修的，既遮挡风雨，又彩绘各种寓意丰富的图案，娱人育人，使整座风雨桥文化氛围浓郁，因桥上五颜六色，风雨桥也被称为花桥。侗族村寨的风雨桥一般修建在聚落堪舆的风水节点上，有链接和关锁山脉走势、关紧风水、美化景观、拱卫侗寨的诸多作用，风雨桥也就是侗家人心目中的风水桥。

侗族村寨风雨桥长廊造型大体一致，但每一座桥的具体造型又不一样。

（1）龙津风雨桥。龙津风雨桥位于湖南省芷江县城，跨越流经县城的潕水河。明代万历十九年（1591年）名僧宽云带头捐款修建。430多年来，几经修复，一直是湘黔交通要塞，中原与西南官马必经之地，四海商贾云集之处，史称"三楚西南第一桥"。1999年，龙津桥再次重修，全长246.7米，宽12.3米，人行道宽5.8米。长廊修建了7处桥亭楼阁、94间桥廊；石礅以上全为木构营造，没用一枚铁钉铁栓。截止修复竣工之日，为侗族聚居地区第一长廊风雨桥。

（2）程阳永济桥。程阳永济桥位于三江侗族自治县林溪镇程阳八寨的林溪河上，始建于1912年，1924年竣工。桥长77.76米，桥道宽3.75米，桥面宽11.52米。为石礅伸臂式木结构楼阁型桥梁建筑，全桥两台三墩四孔，墩台上铺放伸臂式层层原木，承接大桥原木横梁。桥上建有5座鼓楼型塔式桥亭和19间桥廊。木构建筑榫卯衔接，结合缜密，不差分毫，浑然一体，十分坚固。此桥是全国重点文物保护单位，与我国赵州石拱桥、泸定铁索桥以及罗马尼亚诺娃沃钢梁桥并称世界四大历史名桥，是世界石礅木构桥梁建筑的杰出代表，也是全国非物质文化遗产侗族木构建筑营造技艺的运用典范，具有极高的工艺和艺术价值。

（3）三江风雨桥。三江风雨桥位于三江侗族自治县的县城古宜镇，桥长398米，宽18米，中间为双车道，两边为人行廊道，各宽4米。桥的下部分为钢筋水泥结构拱桥，一孔跨越浔江两岸，拱顶距水面35米，跨长300米，犹如彩虹飞架南北。桥的中间部分为木质结构廊桥，292座桥廊，排架穿斗结构，浑然一体，犹如长龙腾空，气势壮阔。桥的上部分为七座鼓楼型塔亭。七座塔亭中，中间一亭最高18.18米，八角十一层重檐，双叠层楼冠，钻尖顶；两头桥亭为四角九层重檐，歇山顶，高15.18米；桥头两侧廊道及其双层斗拱与三层重檐承托桥头上部六层重檐塔楼，稳固壮观；另有一亭四角九层钻尖顶，高17.18米，其余三座楼亭六角九层重檐，钻尖顶，高16.18米。每两座塔亭之间布列廊道，各34间，互相对称；亭廊高低错落起伏有序。在桥廊屋脊、塔亭翘檐、塔亭攒尖顶上，塑饰二龙戏珠24对、鳌鱼12对、宝葫芦17串、飞檐翘角666个、飞鸟666只；桥廊悬柱588根、落地柱888根、穿枋4288根；桥廊上福禄寿喜雕刻3568块。南北视角下，整座大桥如苍龙卧波；东西视角下远观桥头塔楼外形，酷似宝塔式宫殿，其他塔亭酷似座座鼓楼；大桥如链，把七座宫殿塔楼串连成举世奇观。

（4）金勾风雨桥。金勾风雨桥位于从江县往洞乡增盈村金勾寨脚，始建于清代光绪十年（1884年），1992年重建，重建后的风雨桥长33.60米，宽4.75米，桥屋中部抬升为五层密檐鼓楼楼冠，北端从第二间起、南端从第一间起抬升为歇山式五层密檐屋顶，其余部分廊道屋顶为单檐。长廊两端桥墩用片石和鹅卵石垒砌。中部梭形桥墩为毛石垒砌，墩上用原木作加长伸臂梁，一层比一层长，以此支撑桥的横梁和整个桥身。该桥2007年维修，保存完好，为全国重点文物保护单位。

（5）地扪风雨桥。地扪风雨桥位于黎平县地扪村，桥跨南江河，全长57米。桥上建有长廊，廊上建有三座亭子，中间一座酷似鼓楼，村里人称"花桥鼓楼"。这座桥的长廊内和桥亭上，绘有 20 多幅侗乡风俗画，诸如纺纱织锦、激流放排、吹笙比赛、双牛角斗、行歌坐月、南江小景等，被列为全国重点文物保护单位。

（6）岜团风雨桥。岜团风雨桥位于三江侗族自治县独洞乡岜团寨苗江上，是一座造型独特的人畜分道桥。该桥始建于清光绪二十二年（1896 年），建成于清宣统二年（1910 年）。一墩二台二孔三亭，属于原木伸臂抬梁式木构桥梁，粗大的木柱，厚实的枋片，榫卯衔接，紧密牢靠。桥长 50 米，台墩间距 30.4 米，营造技艺秉承侗族木构桥梁建筑传统，所不同的是岜团风雨桥人畜分道，在人行廊道的边上附建牲口专用道，畜道低于人行廊道 1.5 米，成为双层木桥，桥的南北两侧均为两层飞檐，桥的两头设置二层飞檐的凉亭，第二层靠近畜道的一边装有木板，既挡风雨，又隔绝臭味，构成一桥双层三亭干净整洁稳固的独特效用。该桥为全国重点文物保护单位。

（7）地坪风雨桥。地坪风雨桥位于黎平县城南 108 千米的地坪上寨，始建于清光绪八年（1882 年），2004 年毁于洪水，2006 年重修。桥长 56.6 米，面宽 4.5 米，离水面 8 米，为一墩二台二跨伸臂木梁廊桥。桥上宝塔式楼阁三座，中间楼阁高 11.6 米，五重檐四角攒尖顶；桥两端楼阁高 7.6 米，三重檐歇山顶。桥廊彩绘侗家人迎宾、拦门、踩堂、芦笙歌舞、弹琵琶等娱乐图画，以及侗族神话传说故事、花鸟山水等生态美景。2001 年 5 月，被列为全国重点文物保护单位。

（8）坪坦河风雨桥。坪坦河风雨桥从南部源头到汇入渠水，全长 27 千米，流经 23 座侗族村寨，有 17 座风雨桥。其中，8.2 千米河段，连续九座风雨桥被列入第六批全国重点文物保护单位。这批风雨桥是高步侗寨永福桥与廻福桥、高团侗寨永定桥、阳烂侗寨文星桥、中步侗寨头桥与二桥、路塘侗寨观月桥、坪坦侗寨普济桥、坪日侗寨回龙桥。

（9）永福桥。永福桥位于坪坦乡高步侗寨高上村边田中古井边 50 米处，高步河自东自西流到山边再拐弯北去，永福桥飞架南北。该桥始建于清代，重修于 1942 年，为二墩一跨伸臂叠梁穿斗式木构廊桥。桥的北端建有三檐四角楼亭，桥廊两边设置长条木凳，外置干栏风雨飘檐，是村民纳凉休闲的好去处。2006 年，列入全国重点文物保护单位。

（10）廻福桥。廻福桥位于坪坦乡高升村村郊 200 米处，始建于清道光二十年（1840 年），为三墩两孔，18 廊间，迭梁穿斗式木构架廊桥，全长 42.5 米，宽 3.86 米。几经修复，装饰精巧，彩绘精美是廻福桥的突出特色。桥的中部设神龛，供奉关帝。杉木板壁上彩绘关帝神像，骑战马，持大刀，双目炯炯，威风凛凛。其他廊间的彩绘，内容多为花草虫鱼、民间神话传说故事等。2006年，被列为全国重点文物保护单位。

（11）永定桥。永定桥位于坪坦乡高团村村口。始建于清乾隆五十年（1785年），为迭梁穿斗式木构架廊桥，全长19.32米，宽3.8米，11廊间，单孔净跨16.2米，后经几次复修。2006年，被列为全国重点文物保护单位。

（12）文星桥。文星桥位于坪坦乡阳烂村东，始建于清乾隆五十三年（1788年），为单孔迭梁穿斗式木构架廊桥，全长22.4米，宽3.5米。桥身采用"挑梁代柱外展法"建造。该桥于清光绪二十年（1894年）复修，民国五年（1916年）复修，民国三十五年（1946年）维修，1961年大修；又被毁，正在修复中。2006年，被列为全国重点文物保护单位。

（13）中步头桥。中步头桥又叫济众桥，位于坪坦乡中步村村东210米处，始建于清咸丰二年（1852年）。桥长28米，宽3.52米。桥建四柱三间穿斗木构架遮雨长廊，10廊间，披挂廊檐，两层双坡小青瓦屋面。清光绪二十年（1894年）复修，民国十二年（1923年）大修。2006年，列入全国重点文物保护单位。

（14）中步二桥。中步二桥，桥梁悬挂匾额名"文星桥"，位于坪坦乡中步村，始建于清嘉庆二年（1797年），后毁于大水，1921年修复，这座桥为伸臂迭梁穿斗排架式木构廊桥。桥下紫檀河系坪坦河东源支流，流量较小，河面不宽，二台一孔，在9座桥中最短，桥长仅14.20米，宽5.35米，共有5个廊间。桥辟有人行廊道和牲畜行道，是湖南唯一一座人畜分道的侗乡风雨桥，人行道宽4.01米，畜行道宽1.34米。人们赶牛进出山寨，到了桥头，牛都会自己走畜道，不用半声吆喝。2006年，列入全国重点文物保护单位。

（15）观月桥。观月桥位于坪坦乡路塘村口，始建于清乾隆二十年（1755年），为一墩二台两孔，迭梁穿斗式木构架廊桥。廊桥上建楼阁式塔亭三座，两端四角三层翘檐歇山顶楼亭，中间楼亭四角三层翘檐，楼盖攒尖顶，高于两端，庄重对称协调。桥长24.1米，宽5.38米。民国十年（1921年）重修，1985年大修。2006年，列入全国重点文物保护单位。

（16）普济桥。普济桥位于坪坦乡坪坦村，系单孔斜伸臂悬梁穿斗式木构架廊桥。始建于清乾隆二十五年（1760年），桥全长31.4米，宽3.8米，单孔拱券，净跨19.8米。清光绪二十一年（1895年）复修，民国三年（1914年）维修。桥的两岸各一个半空心石礅，伸臂梁斜插在石礅内，以大卵石弹压，然后叠梁再压卵石，直至两岸伸臂合拢，斜臂拱成圆弧形孔洞，拔高和扩大了桥梁离水空间，便于船只通航。用这种工艺修建木拱桥，极为罕见，被桥梁专家誉为"桥梁化石"。2002年,普济桥被湖南省政府列为重点文物保护单位,2006年被国务院列为全国重点文物保护单位。

(17)回龙桥。回龙桥位于坪坦乡平日村,桥体呈弧形横亘于坪坦河上。始建于清乾隆二十六年(1761年),原名龙皇桥。1931年复修,更名回龙桥,取"迂迴龙脉,环抱村庄"之意。桥体采用斜伸臂梁木排架和叠梁木排架式,始系伸臂悬梁式和迭梁式组合木构穿斗廊桥,科学地解决了桥体的净跨和分力荷载。桥全长63.01米,是坪坦河九座风雨桥中最长的风雨桥;桥面宽3.86米,为四柱三间排架,共设22廊间。原桥墩为木墩,采用侗族地区"木桩围栏固基法"修建而成。1964年维修改木桩围栏墩为清砌船形分水金刚墙石磉,两台两墩三孔。1974年维修时,改为石磉。桥背北面装修有齐檐柏枋板壁,以挡寒风侵袭。桥西南侧装修有齐胸栏板,并留出空间,以便人们欣赏风光。在桥廊两边设置板凳,供路人纳凉歇息。在桥东西两端和中部分别修建三座三层密檐六角攒尖葫芦顶亭阁。中阁略高,其间供奉关圣帝神位,外部面南用杉板封实,书写正楷"回龙桥"三字。桥西段用伸臂式木拱架承重桥体,桥拱净跨19.4米,拱架两端以30°斜升三排原枕木,逐层伸臂,齐桥面铺木板,形成上平下拱状。东段为悬臂枕梁式,两孔三墩,中墩以不规则长杉圆木作枕,成梯级迭坐,等分顺梁悬伸墩外,架木承重桥面。两种结构,不同造型,组合在一起,集中体现了侗族工匠别出心裁的桥梁建筑工艺水平。该桥于1959年被湖南省政府列为省级重点文物保护单位,2006年被国务院列为全国重点文物保护单位。

(18)普修桥。普修桥坐落于县治西南10千米的黄土乡坪坦河上。桥始建于清乾隆年间,后毁于洪水,清嘉庆八年(1813年)重修,1984年复修。桥全长57.7米,宽4.2米,等分成21廊间。桥廊两侧设置通长直棂窗,四柱三间排架。桥身为重檐长廊,分设三座桥亭,桥两端各设一座桥门。桥门为重檐歇山顶,屋脊和檐角泥塑龙、凤、鸡等动物形象。两边桥亭为三重檐,方形平面歇山顶式。中间桥亭有七重密檐,下三层为方形平面,上四层为八角攒尖葫芦顶,顶尖泥塑青鸟一只,能转动,迎风鸣响。桥亭檐角饰狮、凤、卷草等,檐角高翘,雕塑精致,曲线优美。桥廊脊泥塑两组双龙戏宝,宝珠用小块玻璃镜片组合镶嵌而成,装上风叶,风起叶动,声光交映,美不胜收。桥亭、头门封檐板上彩绘各式各样花草,桥廊柱、枋涂刷了油漆,五彩缤纷,艳丽多姿。三座桥亭内设神龛,中亭关圣殿,两端亭分设始祖祠和文昌宫。彩旗匾额挂满桥廊,显得珠光宝气,氛围热烈。采用三孔二墩二台支撑桥体,桥墩上架设两层等分枕木悬臂起挑承重桥面大梁。桥墩用青石砌成。南端桥头，因受地势影响，建有一座石砌三孔引桥。1988年，通道侗族自治县人民政府行文公布为县级文物保护单位。

鼓楼风雨桥是侗族村寨古建筑中的典型公共建筑，是侗寨聚落中标志性建筑物。侗寨聚落古建筑的主体还是古民居建筑。

8. 侗族村寨古民居建筑群

侗族居民聚寨而居，形成木构民居建筑群落，散布在聚居地区的群山平坝之中。这在侗族聚居的南部地区特别明显。通道、三江、黎平、从江、榕江等县，除了少量村寨是苗、瑶、水、壮等其他兄弟民族村寨外，大多是侗族村寨。如通道侗族自治县除了传素瑶族乡、大高坪苗族乡和为数不多的几个苗寨外，其他村寨全是侗族村寨；三江侗族自治县就有侗族村寨816座。

侗族村寨的传统民居，木构营造，一般为三层，三到五开间，穿斗排架，干栏吊脚，飞檐翘角。所用木材全是杉木，杉木柱头杉木枋，杉木楞条杉木椽，杉木地板杉木板壁。第二、三层的前面和左右设置干栏过道长廊，上置飘檐。排架有四柱五瓜，有五柱七瓜不等，榫卯衔接，枋片穿连，不用一钉一铁。二楼长廊宽敞，靠干栏设置长板仙人靠座椅。民居木楼一栋接一栋，依山就势，连排而立，或弯成弧形，或笔直成巷；每一排房屋前后一般没有坪场，而是又一排民居木楼；同排相邻木楼之间过道相连，前后排木楼之间有廊道和桥亭相接，把一排排木楼连接成一个整体，下雨天可以穿着布鞋走遍全寨不湿鞋。

侗族古村落都有极其珍贵的木构古民居建筑文化遗产，这是侗族村寨的物质类文化遗产瑰宝。大批侗族村寨中，如通道的芋头、横岭、坪坦、中步、阳烂与高步，绥宁的上堡、大团，三江的高秀、高友、平寨、高定与车寨，黎平黄岗、地坪上寨、堂安、夏格与述峒，从江的占里、高阡、银潭、朝利、增冲，榕江的大利与宰荡等侗族村寨，于2012年进入了申报世界文化遗产的预备名录，争取进入该预备名录的还有靖州的岩脚侗寨与新街侗寨。

列入申报世界文化遗产地预备名录的25座侗族村寨中，有23座侗族村寨被国家住建部列入中国传统村落名录，有14座侗族村寨被国家民委列为中国少数民族特色村寨，这14座侗族村寨同时又被列入中国传统村落名录，具有双重身份；芋头、坪坦、上堡、大利、增冲5座侗族村寨被文化和旅游部列入中国历史文化名村；芋头、大利、增冲三座侗族村寨古建筑群被国务院公布为全国重点文物保护单位。其中，增冲侗寨分别被列入中国传统村落名录、中国历史文化名村名录和古建筑群全国重点文物保护单位名单，坪坦侗寨分别被列入中国传统村落名录、中国历史文化名村名录和中国少数民族特色村寨名录，这两座侗寨分别具有三重身份；上堡侗寨既被列入中国传统村落名录，又被列入中国历史文化名村名录，具有双重身份；引人注目的是芋头侗寨和大利侗寨都列入了中国传统村落名录、中国历史文化名村名录、中国少数民族特色村寨名录和古建筑群全国重点文物保护单位名单。阳烂侗寨的文星风雨桥和地坪上寨的地坪风雨桥都被国务院公布为全国重点文物保护单位。靖州的新街侗寨和岩脚侗寨也被列入中国传统村落名录，岩脚侗寨还被列入中国少数民族特色村寨名录，具有双重身份。

侗族村寨中大批国家级传统村落、国家级少数民族特色村寨等，没有列入申报世界文化遗产地的预备名录，如黎平的肇兴侗寨和地扪侗寨、榕江的三宝侗寨和晚寨侗寨、新晃的天井侗寨和首冲侗寨，芷江的碧河侗寨等。应予以肯定的是，每一座侗族村寨都拥有极其珍贵的古建筑等多方面的文化遗产，都值得大书特书一番，至少都得编纂一部流传千古的村寨志。现择其中几座侗族村寨略述其古建筑文化遗产，由此窥见中国侗族村寨古建筑文化遗产之一斑。

（1）芋头侗寨。芋头侗寨位于通道侗族自治县双江镇东南方向9千米的芋头村。芋头侗寨始建于明洪武年间（1368—1398年），明嘉靖三年（1524年）形成较大的村寨规模，明万历年间修筑驿道，至今有650多年历史。清顺治年间遭火灾，民居建筑复建后形成以芋头溪流为轴线向两边分叉布局的7个聚居群。清乾隆四十二年（1777年）建芋头廻龙桥、牙上鼓楼、龙氏鼓楼，清道光、光绪年间分别修建芦笙古楼、龙门，维修古驿道等。古侗寨因山就势，形成牙上鼓楼以上的山脊型和两边沟谷型相连接的古建筑群落。为适应南方山区气候湿润且多蚊虫的生存环境，寨内民居采用干栏吊脚楼式木构建筑。屋顶悬山式，盖小青瓦或覆盖杉木皮，使得建筑物色彩朴实，凉爽宜人。

芋头侗寨古建筑群中的鼓楼最为耀眼：寨中鼓楼简朴地立于田中；龙氏鼓楼昂然立于山上最高处；芦笙鼓楼雕梁画栋五彩缤纷，为九层密檐攒尖芦笙顶木楼，下五层为四角，上四层为八角，翘檐上下都塑有龙凤花鸟翘首而立，金光闪亮；牙上鼓楼最为奇险，一半搭在山坡上，一半悬于山坡下，由17根梨木柱子支撑，最长的一根有9.1米高。

寨内古建筑中，风雨桥、门楼、鼓楼、芦笙场、戏台、凉亭、古井、萨坛、吊脚楼、水渠、水塘、禾架、粮仓、古道等一应俱全，总占地面积11.6万平方米。现有鼓楼4座、风雨桥4座、门楼1座、古井2口、萨坛2个、古驿道1.6千米、吊脚木楼民居建筑78栋，造型各异，且保存完好，具有很高的历史、人文和艺术价值。其中国家级重点文物保护单位23处,被专家称为侗族建筑的"实物博物馆",被人们称为侗乡的"小布达拉宫",2001年被国务院公布为第五批全国重点文物保护单位,被国家相关政府部门列为中国少数民族特色村寨、中国历史文化名村、中国传统村落、国家AAA级旅游景区等。

(2)大利侗寨。大利侗寨位于榕江县东栽麻镇的大利村,距离县城23千米。全村238户,1268人,全为侗族。

大利侗寨始建于清乾隆五十八年(1793年),民居木楼自南而北顺着山势沿着利洞溪两岸修建,民居多为三层干栏木楼,屋面覆盖小青瓦。很多民居自成三合院落或者四合院落。离进寨首座风雨桥右侧不远,就是古民居杨氏宅院,该宅院坐东北朝西南,面对河流,三层干栏木楼,青瓦屋面,占地231平方米,建筑面积585平方米,封闭型四合院,中间有天井,大门楣额"楼宇维新",正屋门额"年进期颐"。

全寨各栋木楼院落紧邻抱团,密密麻麻,整齐有序,鳞次栉比,形成沟谷型古建筑群落。寨中有萨坛、鼓楼、禾架、粮仓、水塘等。寨内青石板古道和五座大小不同、风格各异的风雨桥把河两岸民居建筑连成整体。古民居、石板古道、风雨桥、鼓楼历经数百年,见证了大利侗寨的历史沧桑。

进寨的第一建筑就是古老的廊亭式风雨桥,廊桥两侧设置有长条木凳,供人们休闲纳凉。廊桥中间可以行驶小轿车、小四轮农用车。风雨桥头的平台上就是萨坛和高耸的鼓楼。平台前端尖圆而后逐渐宽大,呈葫芦状。萨坛置于平台前端,处于平台的头部。萨坛之后10多米处,就是全寨的中心鼓楼。鼓楼的底层没有干栏遮挡,是敞开式的,视野开阔。六角八层翘檐,层层叠叠,撑托斗拱钻尖顶盖,使整座鼓楼恢宏大气。

进出大利侗寨的古道叫"三百磴",这是没有通公路之前人们出入大利的台阶式石板古道。建寨之初,侗家人就开始修筑石板古道了,经过数几百年完善。古道长2千米,宽2米,青石板,480级石磴台阶,人们习惯地称之为"三百磴"。古道旁有精美的石雕,为石板古道增光添彩,使大利古道闻名遐迩。这种既有精美石雕又很宽敞的石板古道在周边地区都很少见到。

大利侗寨古建筑群四周古木参天,使全寨身处大森林沟谷型环保之中,全村森林覆盖率高达80%以上。村内更有非常珍贵的古楠木林,林中有古楠木400余棵,树龄高达500年之长。利洞溪自南而北穿寨而过,在离大利侗寨1.5千米的悬崖峭壁上倾泻而下,形成40多米的三叠瀑布,气势壮观。

大利侗寨朴实的古建筑群、厚重的历史文化、原生态民族风情、优越的森林生态,引起各界人士广泛关注,被国务院列入全国重点文物保护单位,被国家相关政府部门列入中国历史文化名村名录、中国传统村落名录、中国少数民族特色村寨名录等。

（3）坪坦侗寨。坪坦侗寨位于通道侗族自治县南部，距县城双江镇21千米，始建于宋代。宋代以前，这里是一片茂密的原始森林。其先祖石、杨、吴、胡四公与坪日、横岭两个侗寨的先祖一同聚居在今务坪。当时人口繁衍缓慢，石姓先祖到40岁才生下一男婴，且体弱多病，其父为子治病，经常深入深山老林寻药。一天，他来到这片原始森林，因劳累，便靠在一棵大树下昏昏入睡了。睡梦中一老者对他说："你儿命弱，不是药能治好的，需拜祭大树当再生父母……"第二天，他依梦所言带其子来到这里拜祭大树为再生父母。后来，其子病痛渐消，健康成长。他将此奇遇与其他三公一说，都认为这是一块风水宝地，于是四公联袂迁入坪坦建寨。

坪坦侗寨现有民居239户，1164人，总面积6781亩，其中耕地面积571亩。现有干栏吊脚木楼236栋，古民居100栋，古水井4处，古水塘4口，鼓楼3座，寨门3座，古萨坛2处，古石板驿道1条，寨内石板路4条，古戏台1座，古飞山宫2座，古孔庙1座，古南岳庙1座，古城隍庙1座，李王庙遗址1处，雷祖庙遗址1处，石姓先祖祭台遗址一处、风雨桥1座（普济桥）、古码头1处、古碑文12通、古树群1处、古树11株，不可移动文物共221处。

坪坦侗寨有三座古寨门，都是穿斗排架与斗拱结合的楼阁式木结构。

坪坦侗寨的芦笙广场，坐北朝南，北端左（西）为寨中鼓楼，中间小坪场为寨中古款场，古戏台和孔庙、萨坛。右为民居木楼。

侗寨建寨必建萨坛，而且必须先建萨坛。坪坦侗寨有寨中和高坪两座萨坛。寨中萨坛位于古款场前端，芦笙广场北端中部。高坪萨坛位于高坪鼓楼靠古道一侧。

坪坦侗寨有吴氏和杨氏两座飞山宫。吴氏飞山宫始建年代不详，原为木质结构，清末，族人集资，在原木质基础上加封青砖外墙。杨氏飞山宫，始建年代不详，为木质结构。2011年修复，宫内牌位为历史文物。

城隍庙，位于普济桥东桥头，明洪武二十年（1387年），坪坦村村民集资修建。

坪坦孔庙位于寨中，始建于清代。坪坦侗寨经元、明两个朝代的建设，靠坪坦码头得天独厚的地理位置，成为南盐北输、北米南运的集散地，南北许多商贾纷纷落脚坪坦经商。其中有武汉一商贾到此经营盐运多年。有一年他的一船盐遇山洪暴发而血本无归，连回武汉的路费都没有了。坪坦村民见状，纷纷伸出援助之手。武汉商贾有感于坪坦侗族同胞的救命之恩，第二年再来经商时，带来一位私塾先生，并出资修建了这座孔庙，开办私塾，为当地无偿教化育人，培养出无数对当地、对社会有用的人才。这是侗族聚居地区少见的尊孔古建筑。

坪坦侗寨古戏台位于古款场北端，穿斗式木排架翘檐歇山顶，前后结构，前为戏台，后为休息化妆道具间，侧设楼梯上下。

南岳宫位于寨中鼓楼北侧，从寨中鼓楼大厅进出。大殿中供奉南岳大帝金身坐像。

坪坦侗寨还有全国重点文物保护单位普济桥等重要古建筑。

坪坦侗寨被国务院列入中国历史文化名村名录，被国家民委列入中国少数民族特色村寨名录，被国家住建部列入中国传统村落名录，被文化和旅游部列入2022—2023年度中国民间文化艺术之乡拟命名单位。

（4）增冲侗寨。增冲侗寨位于从江县西北部往洞乡增冲村，地处黔湘桂三省交界的九洞地区，距321国道25千米，距从江县城83千米，距榕江县城33千米；全村有20多个小寨，340户，1342人，其中侗族人口占98%，石姓为全村最大姓氏，石姓又分上祠堂和下祠堂两个"补拉"。全村国土面积22.55平方千米，耕地面积994亩，其中稻田968亩，旱地26亩，主要生产水稻、油菜、薯类、鱼类。

增冲侗寨，四周青山环抱，林木葱茏，古树参天，森林覆盖率超过68%，其中有珍贵的红豆杉古树10多棵。一条清澈见底的小溪三面环绕，缓缓而过，形成一座三面环水的"半岛"。

侗寨就建在这个三面环水的"半岛"上，村民早年在村头溪流上游筑了水坝，修了水渠，高水位的渠水沿着渠道流经全寨，栋栋吊脚楼都有洗涤之便。整个侗寨依山傍水，清溪环寨，水寨交融，至今已有600多年历史。

增冲侗寨的古建筑众多，侗寨民居干栏吊脚木楼依山沿溪而建，大多数是开放的穿斗式干栏吊脚排架木楼，二至三层，三层居多；其次有封火墙四合院40栋，四合院每宅仅留一大门供出入；封火院墙的主要功能是防火防盗，院内是1~3栋干栏吊脚木楼。大门两侧石坊、门楣雕刻花草图案，墙上部嵌有一米见方石质透雕花窗。花窗图案由花草伴"福、禄、寿、禧"字样构成，一窗一字，各具特色。

增冲侗寨木构古民居、鼓楼、风雨桥、寨门、凉亭、水坝、水渠、水塘、古井、古巷道、青石步道等一应俱全。其中增冲鼓楼是全国重点文物保护单位，有防盗防火型古建筑20座，四合院6座，石板古巷道1条20米，青石步道8条共650米，精致石雕花窗2处，精致木雕花窗8处，风雨桥3座，康熙井等古井群和古墓群2处共38座。

增冲鼓楼，位于增冲侗寨中央，是寨中鼓楼，建于康熙十一年（1672年），占地面积109平方米，通高21.5米。鼓楼为穿斗式十三层密檐、双层楼冠、八角攒尖葫芦宝顶，木结构宝塔形建筑，覆盖小青瓦。

鼓楼落地柱12根，其中通顶主承柱四根，高15米，下置鼓形石柱础；檐柱八根，各檐柱外置望柱；主承柱与檐柱间施穿枋呈辐射状衔接，穿枋上承8根瓜柱，瓜柱同檐柱、主承柱用穿枋连接，承上层瓜柱，逐层上叠收刹，直至第十一层重檐。第十一层重檐之上为两层下大上小的扇形八角攒尖顶楼冠。鼓楼外观为十三层密檐与双层楼冠式建筑。十一层密檐屋面覆盖小青瓦，白灰瓦头。两层楼冠外覆灰筒瓦，桐油糯米白石灰浆砌脊，牢固美观。

鼓楼一层平面呈正八边形，青石铺面；正中设有圆形火塘，直径2米；主承柱间置长凳四条；鼓楼设有三门，西面置一木架石板供桌。望柱间设置1米高栏杆仙人靠凳；鼓楼一至二层无固定楼梯，二到五层建有木梯相连，盘旋而上。二至四层金柱与瓜柱间铺设木楼板，五层木楼板满铺。金柱内形成空井直贯第五层楼底。南门门楣上有"二龙戏珠"灰塑，挂"万里和风"木匾。檐柱上挂有各个时期木刻楹联四幅；各檐口封檐板施矿物颜料彩绘花草及动物图案。

整座鼓楼造型优美、结构严谨，是侗族村寨修建最早、历时最长的木构鼓楼，是增冲侗寨最显著的标志性古建筑，被誉为"民族建筑奇葩"。1981年，被贵州省人民政府列为省级重点文物保护单位；1988年，国务院公布为全国重点文物保护单位。

增冲侗寨风雨桥3座，系伸臂叠梁式廊、桥、亭一体的木构桥梁，桥廊较长，两侧通透。

增冲侗寨的古建筑群被国务院列入全国重点文物保护单位，被国家相关政府部门列入中国历史文化名村名录和中国传统村落名录。

（5）黄岗侗寨。黄岗侗寨位于黎平县双江镇东南25千米，从黎平出发，乘车上黎从高速公路不到1小时就可抵达。处于山顶洼地，海拔780米，属于大山之巅的山窝型侗族聚落，东部和南部与从江县的洛香、贯洞、高增等乡镇接壤。

黄岗侗寨村前寨后都是茂密森林，林地面积28656.6亩，森林覆盖率68.4%，是大山托起、森林拱卫的山顶洼地侗寨。黄岗全村国土面积2970公顷，325户，1629人，全系侗族人口。全村共有耕地面积1607.06亩，其中稻田面积 1547.84 亩，旱地面积 59.22 亩。寨里的稻田旱地在寨子所在大山的缓坡上，大片梯田位于山下，离寨子比较远。

黄岗侗寨民居都是干栏式吊脚木楼，大多两层，也有许多三层的；第一层一般都装上了杉木板，作正屋使用，只有少量居民把第一层作为隔潮的杂物间。寨内大多数民居建筑都很古老，建房时间在百年以上，其中有 300 多年历史的侗族老宅。

整个侗寨干栏吊脚木楼建筑鳞次栉比，且成 11 个大方块，也就自然地形成了 11 个行政组，街巷分明。寨内吸引眼球的是高大耸立的鼓楼；寨内不显眼的边角地方，却有吸引人的古井、禾架、谷仓、水塘、水塘上的半敞式小厕所、屋檐下槌布石板、装满染料的大木桶、用来舂米的石碓码等。

黄岗侗寨古建筑众多，有鼓楼 5 座、风雨桥 2 座、公用水碾坊 1 座，禾架、水塘、谷仓等随处可见。民居、鼓楼、禾架、谷仓、古井、水坝、水塘、石板路、风雨桥等古建筑一应俱全，是目前侗族村寨古建筑文化遗产齐全且保护完好的侗寨之一。被国家住建部列入中国传统村落名录，被国家民委列入中国少数民族特色村寨名录。

（6）高定侗寨。高定侗寨地处湘黔桂三省交界处，距三江县城 60 千米，是山坡型和沟谷型浑然一体的侗族聚落。高定侗寨以吴姓为主，500 多户，2400 多人。

高定侗寨的寨门耸立在进寨的山口，地势险要，大有一夫当关、万夫莫开之势。寨门五层，顶上设亭，实际上是楼亭式的门楼，巍峨壮观。

高定侗寨民居建筑都是干栏吊脚木楼，二至三层，共有五百余座。一栋栋吊脚木楼，惜地如金，依傍山沟和山坡的地势层叠而建，横向一排排大体一致，上下一叠叠整齐有序，布满了整个沟谷和缓坡，使整个民居古建筑群落磅礴大气。

大大小小七座鼓楼高耸于古民居建筑群中。寨子正中间的大鼓楼由全村共同修建，其他小一点的由各姓各分支修建。七座鼓楼，翘角飞檐，争奇斗艳，各具特色，鹤立寨中，形成鼓楼群体。其中最著名的是"五通"吴姓修建的独柱鼓楼，此楼始建于 1921 年，1988 年重建，穿斗木结构，十三层重檐、攒尖顶，高 19 米，底面积 130 平方米。此楼只有一根主承柱，通过横枋与四周边柱相连，造型罕见，颇具匠心，工艺精良，气势宏伟，堪称奇美。美不在高，而在于奇。它的独柱特色之奇，被誉为三江鼓楼之最，可与黎平县述洞侗寨独柱鼓楼齐美。

高定侗寨远离大溪大河，仅有的小溪沟里水流量之少，是中国侗族村寨中少见的。所以，小水沟里的水是高定侗寨历代村民的至爱，筑水坝，修水渠，建水塘，掘水井，造太平缸等，世代沿袭，水利古建筑随处可见。

高定侗寨现在有了打米机，大小坪场边缘放置有昔日加工稻米的石碓码、石碾盘、石磨子。寨子里屋檐下，依然放有染缸、染料，只是塑料缸替代了往昔的大木桶，可见土办法染布，仍在传承。

高定侗寨古建筑群规模大，保存好，侗族特色浓郁，先后被国家相关政府部门列入中国首批少数民族特色村寨名录和中国传统村落名录。

（7）上堡侗寨。上堡侗寨位于绥宁县黄桑苗族乡南部，距离乡政府25千米，地处黄桑国家自然保护区南缘，一条古驿道，北至黄桑，南到城步长安营。四周大山，遍布原始森林。从乡政府出发到上堡侗寨，沿途就是在大森林中弯来拐去地穿行，凉风习习，见不着村寨（沿途为自然保护区核心区，原有村落居民已经外迁），看不见太阳。上堡侗寨就处于大山大森林中的洼地，寨子到周边山根不足1千米。这是中国侗族村寨中森林覆盖率最高、森林生态最好的一个侗寨。

上堡侗寨共179户，856人，民族构成以侗族为主，姓氏以杨姓为主，是苗族乡里面的侗族村寨。

据绥宁县志记载，明宣德年间，侗族人杨姓一支从诚州府城迁徙至较偏僻的黄桑营一带大山深处，在乌鸡山腰一块宽阔的缓坡地上聚族而居，并很快发展成为一个比较大的村寨。明代正统年间至天顺年间（1439—1464年），湘黔桂一带5万苗民起义，后来在李天保领导下，建立了苗族王国，年号"武烈"，李天保自称"武烈王"，定都上堡，攻城略地，远近震动。起义被明军镇压，上堡村武烈王城堡被明军焚毁。此后，经过近三百年发展，周边侗族居民迁居此地，形成新的聚落。清雍正六年（1728年）和乾隆五年（1740年），当地少数民族又先后发生了两次起义，仍然以上堡等地为根据地，很快被清军镇压。清王朝在上堡等村寨旧址安营设堡，安民垦田，上堡逐渐恢复建寨，历经二百多年，形成如今规模。

上堡村中，界溪河自南向北流过谷地，河上有风雨桥1座，沿河岸修筑有石板铺面的古驿道。古驿道设分道入寨，并设立主寨门，即下寨门。该寨门修筑于穿寨的两条溪流汇聚的水潭旁边，为上下两层，是一个兼有鼓楼作用的门楼；门楼前道旁有一棵高大的青钱柳树，垒砌有圆形萨坛，门楼左侧则是横跨溪流的风雨桥。一个不到200平方米的地方，萨坛、主寨门、大门鼓楼、大门风雨桥聚此一处，真是古建筑荟萃之地。

上堡侗寨民居建筑，大多单栋布置，有的用砾石砌成墙，将房屋围成半封闭外观，院内自成庭院，干栏式吊脚木楼，二至三层，二层居多。各门户之间用石墙隔离，形成巷道。全寨巷道三纵七横，横向成排，纵向梯级上升，错落有致，抱团紧凑，街巷分明，青石板路连通各家各户，高大鼓楼矗立于寨子中间。全寨有古民居建筑116处，是大山窝里一个比较大的古建筑群落。

大山脚下森林边缘至村落之间的缓坡是历代村民开垦的梯田旱地。盛夏时节，这里森林与稻浪一色，名山与古寨齐辉。

上堡侗寨除了一般侗寨的古建筑外，还有明清时期"武烈王"古城堡遗址遗迹，有金銮殿、忠勇祠、古宫门等遗址，有将军柱、上马石、拴马桩、旗杆石、古驿道等遗存，有"天高地厚"和"天王"摩崖石刻，以及一批碑刻和古墓葬等文物，历史文化遗产厚重。上堡侗寨先后被国家有关部门列入中国历史文化名村名录和中国传统村落名录。

侗族村寨上述鼓楼、风雨桥和古民居等古建筑类物质文化遗产，得到了国务院、国家住建部、国家民委、文化和旅游部的高度重视，把一批批侗族村寨古建筑列入全国重点文物保护单位，把一批批侗族古村落列入中国传统村落名录，把一批批侗族村寨列入中国少数民族特色村寨，把一批批历史文化厚重的侗族村寨列入中国历史文化名村名录。这是对这些侗族村寨及其物质文化遗产的高度肯定和无限期待。应予指出的是，许多列入相关名录的侗族村寨，没有进入申报世界文化遗产的预备名录，下面仅就申报世界文化遗产预备名录的侗族村寨（以下简称"申遗侗寨"），被列入国家级名录数情况，进行分类统计，如表1-2所示，以显示这些侗族村寨文化遗产品级之高。

表1-2 各县申报世界文化遗产侗族村寨列入国家级名录数统计表（单位：座或处）

项目	县（市）							
	通道	绥宁	三江	黎平	从江	榕江	靖州	合计
传统村落	5	2	5	98	5	2	2	119
特色村寨	3	1		3		2	1	10
历史名村	2	1		2	1	1		7
国保文物	5	1	4	8	1	1		20

注：上述数据截止时间为2022年5月，是根据国务院、国家住建部、国家民委、国家文旅局公布的相关名录统计而得。

（二）侗族村寨传统农耕类物质文化遗产

1. 侗族村寨劳作对象类物质文化遗产

稻田系列与灌溉系列：稻田或梯田、溪流堤坝水渠水塘系列，山林山溪山泉沟渠系列，筒车、龙骨车提水系列，旱地系列等。

2. 侗族村寨传统农具类物质文化遗产

侗族村寨传统农具系列：木犁木耙、铁犁铁耙、驾担、锄、抓耙、锹、铲、刀、绳索、篓、筐、扁担、禾架、谷桶（扮斗）、风车、竹垫等，还有更重要的活态动力工具——耕牛。

侗族村寨居民的雨具主要有斗笠、蓑衣。

侗族传统稻种植及其种子系列：糯稻种植及其谷种系列（早熟的传统百日糯稻种子、中熟糯稻种子和迟熟糯稻种子等）、侗藏红米稻谷种植及其种子、籼米稻谷种植及其种子系列等。

侗族传统旱粮种植体系和种子系列：玉米、粟谷、黄豆、红豆、绿豆、豌豆、蚕豆、饭豆、杂豆、高粱、薯类（红薯、白薯、凉薯、马铃薯）、荞（甜荞和苦荞）、麦（大麦、小麦、燕麦）、油菜、油茶、花生、芝麻等种植体系及其种子系列等。

侗族传统蔬菜种植体系和种子系列：葱、蒜、韭、芹、苋、茄、芋、辣椒、冬瓜、黄瓜、扁豆、苦瓜、丝瓜、南瓜、葫芦、西红柿、青菜、白菜、萝卜、菜豌豆、豇豆、刀豆、莴苣、菠菜、牛皮菜、包菜等不同蔬菜种植体系和相应种子。

侗族村寨还有独具特色的塘上谷仓等。

（三）侗族村寨传统加工类物质文化遗产

1. 侗族村寨传统加工类专用文化空间遗产

木作坊、油榨坊、碾坊、磨坊、篾器作坊、裁缝铺、铁匠铺、银器作坊、铜器作坊、船埠等。

2. 侗族村寨劳动工具类物质文化遗产

传统加工工具：杵臼、碓碢、磨子、筛箩、簸箕等。

传统斧类工具：中钢斧与边钢斧、劈斧、啄斧、雕斧等。

传统锯类工具：腰锯、钉锯、铬锯、横拉锯、竖拉锯、牛尾锯、蓑衣锯、钢丝锯、索锯等。

传统凿类工具：平凿、圆凿、宽凿（边口凿与档头凿、2.4寸凿、寸凿、五分凿）、窄凿（二分凿、一分凿）；圆凿有内边钢凿和外边钢凿；厚凿与薄凿（雕刻用，宽窄不一）等。

传统刨类工具：刨床，平刨、槽刨（枋槽刨与公母槽刨）、线刨（单线刨、双线刨与花线刨）、圆刨（内圆刨与外圆刨）、刮刨等。

传统尺类工具：丈杆（香杆）、曲尺（角尺）、斗尺、活动尺、对角尺、量度尺等。

传统锉类工具：平锉、圆锉、三角锉，以及磨刀石等。

传统钻类工具：横钻与竖钻，扯钻与踩钻等。

传统量准工具：墨斗、墨角、墨签（竹签笔）等。

传统锤杩板钉类工具：钉锤、木槌、大小板钉等。

传统篾工工具：篾刀、刮刀、平尺、锯子等。

传统石匠工具：大锤、手锤、钢钎、錾子、锲子、平凿、圆凿，墨斗、墨角、墨签、墨线、尺子等。

传统铁匠工具：铁砧、炼铁炉、风箱或鼓风机、大锤、小锤、铁钳、淬水缸、铲、锹等。

传统泥瓦工具：砖胎模、瓦坯模、模盘转子、泥刀、平刀、钉锤、木槌、水平尺、墨斗、墨签、尺子、钢锥等。

传统弹花匠工具：弹花背弓、弹花槌、碾盘等。

纺纱传统工具：纺车、纱轮、纱筒、纱篓等。

印染传统工具：染缸、染料、木槌、石板等。

（四）侗族村寨传统生活类物质文化遗产

侗族村寨居民日常生活空间文化遗产：侗寨内部及邻近村寨公共场所等文化空间；民居建筑中的廊道、火塘、厨房、卧室等私人空间。

侗族家庭传统生活用具：桌椅板凳，厨房的柴火锅灶、大小蒸笼饭甑、盛水工具、炊具、餐具、茶具、酒具等。

（五）侗族村寨传统商贸类物质文化遗产

1. 陆路、驿道、驿站文化遗产

陆路设置驿道和亭铺驿站，十里一亭，三十里一铺，六十里一驿，供人们休息、换乘。沿途的县城或大多集镇，一般都设有驿站或者铺、亭。这与水路节点基本一致，文化遗产基本一致。

2. 水路及码头文化遗产

侗族聚居地区水运河道密布，有沅水、清水江、潕水—舞阳河、锦江、巫水、渠水—坪坦河、县溪—播阳—洪州河、亮江（清水江支流）、林溪—浔江、融水—都柳江等。大小河流有航运河道、拦水河坝、纤夫纤道、陡滩险滩、沿岸水神庙等建筑。

沅水—潕水是域内众多河道中最重要的水路通道，是中原通往黔、滇、缅、印的商贸水运物流大通道，沿这条水道开辟有陆路大驿道。所以，这条大通道沿线既设水驿，又设马驿。现在，这条大通道及其他水陆通道上的众多古建筑大多被各级水坝蓄水淹没，没被淹没的就成为少见的千百年来商贸水运物流文物了。

水路沿岸自然形成码头，较大的码头设水驿。水道顺水较快，大水更快，不一定按照节点码头停泊。上行船只一般到节点码头停泊，既供水上劳作人员休息购物，又供货物装卸交易流通。大的码头、驿站，往往形成商贸物流的热闹商埠。

域内大小码头特别多。林溪河流域有林溪、冠洞、平寨（马鞍）、古宜、丹洲等码头，融水—都柳江水运河道有融水、宾梅（丙妹）、古州、车江等码头；沅水主河道有安江、洪江、黔城、江市、沿河、托口等码头；清水江河道有罗岩、大龙、翁洞、江东、白市、远口、三门塘、清浪、垒处、茅坪、王寨、卦治、剑河等码头；潕水—舞阳河道有黔城、牌楼、荆坪、鹤城（三角坪）、公坪、罗旧、芷江、新店坪、波州、（龙溪口）晃城、玉屏（平溪）、岑巩、镇远、施秉等码头；渠水河道有托口、郎江、会同、连山、太阳坪、渠阳（靖州）、县溪、青潕州等码头；坪坦河道有双江、黄土、横岭、坪坦等码头；巫水河道有洪江、若水、高椅、长寨、河口、长铺（绥宁）、城步等码头；亮江河道有大同、铜鼓、中黄、高屯、黎平等码头。

众多码头中有洪江、黔城、托口、芷江、新晃、平溪、镇远、靖州、黎平、丙妹、古州、丹州、坪坦、林溪等大小商埠，这些大小码头、商埠是侗族聚居地区经济文化的明珠。许多大商埠，非常繁荣，被称为当地小南京。

码头、商埠工商服务行业的建筑物、文物级的遗址遗迹众多，如钱庄、木作坊、银器作坊、油作坊、染坊、篾器作坊、医馆、药铺、木牙行、油行、商铺、当铺、镖局、厘金局、会馆、仓库、货栈、旅店、酒楼、餐馆、船埠、排埠等建筑类文化遗产、商贸物流类文化遗产、遗址遗迹类文物等多层面物质文化遗产。

这些大小码头积淀有丰厚的码头文化，码头本身就是丰厚的文化遗产。

侗族聚居区内，一条条河道，把大小码头、商埠连接成带状的文化遗产链条，把侗族聚居区装扮成中国南方山区银光闪闪的串串珍珠。

3. 侗族聚居地区商贸物流业文化遗产

水运河道体系：沅水河道体系、巫水河道体系、潕水河道体系、渠水河道体系、坪坦河河道体系、播阳—洪州河道体系、浔江—林溪河道体系、融水—都柳江河道体系、清水江河道体系、亮江河道体系。

河道体系中包括河流中的水槽、水坝、帮纤设施，船只上滩绞站、纤道、码头等。

商贸物流行业制约的文物体系：政府法规碑刻、侗族款规碑刻、行业行规碑刻、帮会帮规碑刻、行江的江规碑刻，商家契约文书、水神庙等。

商贸水运行业体系：上水帮纤体系（青浪滩、郎江），水路马帮肩挑背驮交替运输系统，水运传统救助体系，河道传统疏浚体系。

侗族村寨商贸物流业的制约体系与技术体系中，有许多属于非物质文化遗产。

（六）侗族村寨自然生态类文化遗产

自然生态类文化遗产包括自然文化遗产和自然遗产。自然文化遗产是前人改造过并遗留给后人的自然物，具有自然特质与文化特质双重特征。自然遗产，实际上是人化自然物遗产，虽然没有经过人们的改造加工，但却是人们世代持续利用的自然物，是大自然馈赠给人类的遗产。侗族村寨自然生态类文化遗产是指自然界馈赠给侗族村寨居民的生态文化遗产，由侗族村寨所在地的山地生态系统、森林生态系统、水体生态系统和聚落生态系统等组成。这些自然生态系统，是侗族聚居地人们生存发展必不可少的自然生态环境，是经过历代侗族居民改造和利用过的社会化了的自然生态环境。所以，它本质上属于自然生态类物质文化遗产，是侗族村寨所在地自然生态系统馈赠给侗寨居民的生态类物质文化遗产。

1. 山地类

侗族聚居地区处于中国南方湘、黔、桂、鄂四省毗邻的武陵山脉、雪峰山脉、八十里大南山和苗岭山脉，侗族居民聚居在这些山脉的中低山区，山地生态是域内侗家居民的基本生存条件和基本生存环境。山地生态类文化遗产就是指侗寨居民赖以生存发展的山脉土地类的自然生态文化遗产。

侗族聚居的山地之所以是侗家人的自然生态类文化遗产，一是因为侗家先祖依据山脉的一定走向，选择其中特定地理位置建寨而居。一旦定居，侗族村寨所在的山脉、山坡、山脊、沟壑及其土地等,就成为侗族村寨的自然生态环境,是侗家人的龙脉山体,是侗家人环境化了的自然生态资源,是一种生存环境型的物质文化遗产。风水龙脉意识浓郁的侗家人对村寨山脉、山体生态文化遗产是非常看重的。二是因为这些自然生态资源基本上都被侗家人利用、改造过,如山顶蓄林蓄水,山坡宜林则林,宜粮则粮,陡坡蓄林,山石不裸露,山不荒坡不废等,打上了侗家人本质力量的深刻烙印,是一种侗家人本质力量对象化的自然生态山地文化,是一种事实性的自然生态物质文化遗产。三是因为侗家人世代继替地利用所居地的山地资源,为大山生态文化添光加彩,是一种世代继承性的自然生态类物质文化遗产。现今社会,这种遗产侧重山体外在的山地,属于侗族村寨集体所有,山体内的矿藏则属于国家。

侗族聚居的中国南方山区,按照山体体量大小高低等的不同,分为高山、中山、低山与丘陵平坝,同一座山不同位置有山顶、山腰、沟谷与平坝,不同区域不同地质构造有缓坡、断崖、峭壁、天坑、溶洞、峰林、湿地等,呈现一处处地质奇观,或被叫作地质公园,如万佛山国家地质公园、黔东南苗岭国家地质公园(舞阳河园区)等。

山地附着的植物、动物、稻田、坡地等,呈现人化的多彩世界,是侗家人不可或缺的自然生态条件和自然生存环境,是侗家人世代承袭的立足之地、生息宝地、繁衍福地,是山地类自然生态系统馈赠给侗家人的珍贵自然生态遗产。

2. 森林类

森林生态类自然生态遗产是指侗族村寨所在地的森林、树木、花草、飞禽、走兽等自然遗产。

首先,侗族村寨所在地的森林生态系统是自然环境馈赠给侗族居民的珍贵生态遗产。一是侗族村寨蓄水的水源森林。二是侗寨居民的生命树、人生树、婚姻树、风景林等。侗家人视树为生命树、保命树等。侗家人把古树大树认作保护自己生命的神树,给它披红挂绿,燃香烧纸祭拜。侗寨居民一出生就必须栽种杉木,如"十八杉"等。男女青年婚配要栽种婚姻树;有护佑侗寨的风水古木、风水林、景观林,如车江侗寨视为三宝之一的大榕树等。三是大量直接惠及民生的用材林、果木林、药材林等经济林,以及国家保护的珍贵植物,如高阡、银潭等侗寨的古树红豆杉,榕江大利侗寨的古楠木林等。四是侗族村寨所在地被国家划定的自然保护区,如会同鹰嘴界国家自然保护区、绥宁黄桑国家自然保护区等。五是侗族村寨所在地被国家命名为森林公园,如万佛山国家森林公园、靖州国家森林公园、黎平国家森林公园、雷公山国家森林公园、舞阳湖国家森林公园等。这些风水林、蓄水林、经济林、用材林、景观林和其他大片森林等构成了侗族村寨林木生态类自然生态遗产体系。湘、黔、桂、鄂毗邻的侗族聚居地区，整体森林覆盖率高达68%～74%。这不只是侗族村寨的森林生态遗产，更是中华民族的自然生态遗产瑰宝。

其次，林中花草是大自然馈赠给侗族村寨居民极其重要的自然生态遗产。侗族村寨所在地森林中奇花异草多种多样，有的是珍贵的中草药材，如灵芝、茯苓、何首乌等；有的是中国南方山地才生长的名花名草，如兰花、杜鹃花等。

最后，林中动物是大自然馈赠给侗族村寨居民的又一重要自然生态遗产。中国侗族村寨所在地森林密布，林中飞禽走兽种类多样，一是栖息林中的各种飞禽，如红腹雉、野鸡、鹦鹉、喜鹊等，不胜枚举；二是林中走兽，如狐狸、竹鼠等；三是林中虫类，如蜜蜂、蝴蝶、蚱蜢等；四是林中爬行动物，如五步蛇、蟒蛇等。

3. 水体类

水体生态类自然遗产是指侗族村寨赖以生存发展的水利系统遗产、水中生物和水体自然景观遗产等组成的水体生态遗产。

水利系统遗产是指侗族村寨蓄水生态系统、灌溉水体系统、防汛生态系统、居民生活用水防火用水体系等水体生态遗产。蓄水生态系统包括森林蓄水系统、水坝水塘水库等蓄水体系。灌溉水体系统是指溪流—水坝（水库）—水渠—水塘—稻田组成的自流化灌溉系统，以及筒车提水系统、龙骨车提水系统等。用水体系包括溪流—水库—水渠、水塘、水井等组成的居民洗涤用水、防火用水、饮用水的生活用水体系；由排水沟渠、山塘、滚水坝、防洪大堤等组成的生态防洪体系等。这些用水体系构成侗族村寨蓄水、惜水、用水与防洪、防火综合性多功能的水利生态文化遗产。

侗族村寨的水体生物系统是水体生态遗产的重要组成部分。一是水中生长的植物，如浮萍、水葫芦、莲藕、荸荠等；二是水系动物，如鱼、鳖、虾等；三是水中养殖种植系统，包括利用水库、水塘、水田等水体，养殖鱼、鳝、泥鳅、鳖、虾、蚌等，种植芋头、莲藕、荸荠、菱角等。水体动植物是大自然馈赠给侗寨居民的瑰宝，水体种植养殖技术是一种综合性水产文化遗产和农业文化遗产。

侗族聚居地区还有大量诱人的水体景观遗产。一是河流（溪流）—水库—塘坝水体景观遗产。二是湿地遗产，侗族聚居地区有不少湿地，有的湿地被设置为湿地公园，如会同渠水国家湿地公园、托口大坝至天柱一带的（洪江—会同—芷江—天柱毗邻地带）清江湖湿地公园、绥宁花园阁国家湿地公园、黎平八舟河国家湿地公园等。三是瀑布遗产，如通道阳洞滩瀑布、中方黄溪瀑布群，大利侗寨利洞溪瀑布、榕江十里百瀑群、芷江三道坑百米瀑布等。这些都是极为珍贵的水体自然生态遗产。

4. 山水林组合型

山水林组合的自然生态物质文化遗产，遍布侗族聚居的各个县市，如通道万佛山一带丹霞山玉带河与山间森林组成的山水林自然生态系统，这不只是国家级地质公园与森林公园，更是名山胜水与大片森林组成的自然生态遗产；通道龙底河与周边恩科沟谷雨林组成的山水林系统自然生态遗产；绥宁黄桑自然保护区森林山水体系的自然生态遗产；黎平从江榕江三县山水森林连片整体的苗山侗水自然生态遗产；三江与融水、龙胜、桂林等县市连片的桂北山水林整体自然生态遗产；通道、绥宁、靖州、会同、天柱、锦屏连片的广木、苗木、巫木主产地山水林整体自然生态遗产。纵观中国侗族聚居地区，尤其是湘、黔、桂毗邻的侗族聚居地区，山水林的整体化自然生态遗产，不仅是长江与珠江两大水系的重要水源保护地，也是卫星地图上中华大地的珍贵肺叶，是弥足珍贵的世界性自然遗产，如果把域内侗、苗、瑶等民族多姿多彩的文化遗产综合审视，这一带是地地道道的自然与文化双遗产胜地。

5. 聚落生态类

聚落生态类文化遗产是指由山、水、林、田、路、寨组成的侗族聚落生态文化遗产体系。侗族村寨依山傍水而建，都有自己的山、水、林、田、路、寨结构，构成一个聚落型生态文化体系，为侗寨居民世代传递继承。所不同的是，有的聚落建在平坝，周围是阡陌稻田，稻田外围群山拱卫，林木葱茏，清溪绕寨而过，属于坪坝型聚落生态文化遗产，如车江侗寨、坪坦侗寨等。与此相应，有的属于山窝型聚落生态文化遗产，有的属于山坡型或山脊型聚落生态文化遗产，有的属于沟谷型聚落生态文化遗产等。

三、中国侗族村寨的非物质文化遗产

中国侗族村寨的非物质文化遗产，既有现今实行的十大类别，也有十大类未能涵盖的内容。

（一）侗族村寨优秀的传统意识

侗族村寨的传统意识：侗族人的根源意识、神灵意识、"补拉"意识、团寨意识、和谐意识等。

侗族村寨的传统观念：宗族观念、雾生万物观念、天人合一观念、自然为主人为客观念、和谐观念等。

侗族村寨的传统美德：尊老爱幼、互帮互助、帮贫扶弱、解危解难、救灾抢险、见义勇为等。

侗族村寨朴素的和谐价值观念：和为贵的价值观念、物与物和谐的价值观念、人与自然和谐的价值观念、人与人和谐的价值观念、"补拉"是和谐之基的价值观念、行善是和谐之本的价值观念、多元文化交往交流培育和谐的价值观念、音乐舞蹈促进和谐的价值观念、人与社会和谐的价值观念、人神和谐的价值观念等。

和谐意识、和谐观念、和谐价值观念，是侗族村寨优秀传统文化的精华。

（二）侗族村寨社区治理类文化遗产

信仰信念自控模式，娱乐欢悦自信模式，教育熏陶自觉模式，侗款群体自为模式，家庭（家长）—"补拉"（族长）—屯寨（寨老）的村寨治理模式，州—峒—塘—铺区域行政管控模式，多途径多层面综合治理模式。

（三）侗族村寨六大类非物质文化遗产

1. 侗族村寨传统民间文学

侗族神话：萨玛（萨岁）神话、姜郎姜妹神话、土地神话、雷神神话、吴勉王赶石山神话、石敢当神话、南岳大帝神话、飞山神话、水神神话、树神神话等。

侗族传说：族源传说，如梧州祖源传说、江西族源传说等；地域传说，如古州传说、诚州传说、丹州传说等；人物传说，如杨公传说、勉王传说等。

侗族故事：爱情故事，如蛙精变人故事、毛红玉英故事、邱霞与相郎故事等；人物故事，如卜宽的故事、李天保的故事、洪卫的故事、南亥的故事等；名称类故事，每个地方某一地名，每一座侗寨的名称，都有特定的来由，都有相应的故事，如独坡"燕子岩"的故事等。

侗族村寨的神话传说故事很多，流传的地域性很强。侗族聚居的各个地方，既有共同的神话传说故事，也有各自区域的神话传说故事。

谚语：侗家人气候谚语、农时谚语、农事谚语等。

侗族村寨的民间文学还有童话、儿歌词、多耶词、侗歌词、款词等。

2. 侗族村寨传统音乐、舞蹈、戏剧、曲艺类非物质文化遗产

（1）侗族传统音乐。侗歌，多声部侗歌有侗族大歌（混声大歌、声音大歌、童声大歌、戏曲大歌、叙事大歌、鼓楼大歌、礼俗大歌）、喉路歌（花歌、俏歌、讲歌）；领合类侗歌有耶歌（祭祀耶歌、祝福耶歌、赞颂耶歌、礼俗耶歌、对答耶歌）和款歌；乐器伴唱类侗歌有琵琶歌、可吉歌（牛腿琴歌）、侗笛歌和戏歌（平腔、悲腔、歌腔）；齐唱类侗歌有双歌（开堂歌、换段歌、花歌）、拦路歌、酒歌（赞酒歌、敬酒歌）、茶歌（茶源歌与敬茶歌），有乐器伴奏的琵琶歌、牛腿琴歌、侗笛歌；独唱类侗歌有情歌（日歌与夜歌）、儿歌（诓儿歌、智能歌与游戏歌）和哭歌等。与大歌对应，有侗族小歌、侗族细声歌等。侗族大歌是国家级非物质文化遗产代表性项目，也是世界非物质文化遗产代表性项目。

侗琵琶，丝弦乐器，木制，四弦，边弹边唱，有单人演奏、多人合奏等；曲牌多种。侗琵琶是国家级非物质文化遗产代表性项目。

侗笛，侗族管弦乐器，竖吹，类似汉族的箫，有独奏、合奏与伴奏；吹奏侗歌，也可吹奏有曲谱的各民族歌曲。侗笛盛行于三江等地。

侗箫，侗族管弦乐器，竖吹，吹奏形式和功能与侗笛基本一样。侗箫盛行于玉屏等地。

侗芦笙，自吹自舞，有单人吹奏，一般是多人吹奏；一边吹奏一边舞蹈；曲牌主要有迎宾芦笙、送宾芦笙、过寨芦笙、春耕芦笙、喜庆芦笙等多种。侗芦笙制作技艺是国家级非物质文化遗产代表性项目。

侗族吹奏乐器还有角和海螺。

侗族打击乐器有锣鼓钵，曲牌有多种。

（2）侗族传统舞蹈。比较突出的侗族舞蹈有芦笙舞、多耶舞、款舞、舞龙、傩堂舞。芦笙舞是自吹自舞的大型群舞。一般在正月行年、八月十五、侗寨互访行月举行大型赛芦笙活动；还有专门的芦笙节；日常重大活动也会表演芦笙舞。芦笙舞有双人舞、踩堂群舞等。多耶舞也是群体性大型舞蹈，有耶老舞（即转堂舞）和耶台舞两种。耶老舞是传统的女内圈立于原地表演动作，男外圈双手搭在前面人的肩上围绕内圈集体边走边跳的舞蹈。耶台舞有赞颂舞和时事舞，前者用于喜庆赞颂，后者用于时事宣传。款舞是在宽敞

讲款时的群舞。舞龙在许多侗寨流行，如三江独洞乡等。傩堂舞是流行于傩堂傩事活动中的舞蹈，如天井寨的傩堂舞等。

（3）侗族传统戏剧。侗族聚居地区盛行的戏剧主要有侗戏、侗族傩戏、杠菩萨。侗戏是侗家人吴文彩等人于1830年创造的新剧种，是侗族村寨自己的戏剧；主要剧目有"珠郎娘美""卜宽""门龙绍女"等。侗族傩戏是傩戏的侗族地方性剧种，流传与保存于新晃天井寨等地。侗族傩戏的角色行当、行腔、剧目等都不同于辰州傩戏，显得更古朴和原生态一些。主要剧目有三国戏、土地戏等。杠菩萨流行于会同等地。侗戏和侗族傩戏都是国家级非物质文化遗产代表性项目。

（4）侗族传统曲艺。侗族传统曲艺主要有"讲款"和"嘎经"。这里的讲款，就是款词宣传讲解的曲艺形式，自弹自唱，有吟唱的腔调，中间有道白。这里的"嘎经"，一人多角，自弹自唱，间插道白，是典型的侗族曲艺。

3.侗族体育游艺竞技与传统美术类文化遗产

（1）侗族传统体育游艺。侗族村寨的体育游艺类非遗比较多，如掰手腕、斗鸟、猪母棋、三三棋、炮棋、牛角棋、掷石片、抢花炮等。

（2）侗族传统竞技。侗族传统竞技项目有武术、高脚马、摔跤、抽陀螺、顶木牛角、划龙舟、南瓜仗等。

（3）侗族传统美术。侗族传统美术种类有农民画、彩绘、剪纸、泥塑、石刻、木雕、服饰图纹等。侗族村寨的农民画，画山水花草，画侗家民俗，画心中所想。侗族村寨的彩绘大量展示在鼓楼花桥等公共建筑上，描绘的大多是侗族神话传说故事、侗寨敬奉的神像、侗族民间习俗活动、农事活动、山水花鸟等。

侗族剪纸，表现形式多种多样，如喜庆门窗剪纸、服饰式样剪纸等。

侗族泥塑，侗族泥塑形象大多是鼓楼和风雨桥上的人物、神像、腾龙、飞凤、鳌鱼、金乌、牛角、金猴等塑像。

侗族石刻，有石雕，如沅州石雕，是国家级非物质文化遗产代表性项目；还有大量遗存的修桥铺路功德碑碑刻、摩崖石刻等。侗族村寨的木刻木雕主要展示在窗雕、鼓楼斗拱、吊脚楼瓜柱、根雕等方面。

侗族村寨最精彩的美术作品在侗族女性身上，从头到脚的一身装饰，精美多彩的头饰、银光闪闪的胸饰、五彩缤纷的服饰，腰缠的花带、简洁的绑腿、绣花的布鞋等无一不是精美的美术作品，有许多还是精美的艺术品。

4.侗族传统医药

侗族村寨传统医药是一个遗产宝库，它有侗医和侗药两大部分。

侗医部分有人体解剖名称、人体各部位的解说、症状术语、疾病命名、疾病分类等基础医理部分；有看、摸、闻、问、划、算、测等成套的疾病诊断方法；把疾病归结为风、寒、痢、惊、痧、淋、疹、痛八大类；每一大类又分为多种疾病，如风类72种、伤寒28种、妇科30种、小儿科36种、外科19种、黄疸5种、产科13种、风湿病19种，疑难杂症"二十二症"，其他杂症92种；疾病治疗有内服法和外疗法等药物治疗方法，其中的外疗法又有外敷法、熏洗法、外涂法、外洗法、烘烤法、吹沫法、吮吸法、热烫法等不同办法。非药物治疗有推捏法、灯火爆法、艾烧法等21种方法。有儿科、内科、外科、伤科、五官科、妇科等常见疾病的诊疗科类和治疗药方、药膳；有数十种成套的侗医医疗器械，博大精深❶。

侗药部分，有采药、制药的数十种成套工具；利用的药物，仅仅是当地生长的植物类药物有七百多种，还有动物类、矿物类药物，不胜枚举。有各种药物的名称、药性药味、主治功能、临床应用、用法用量等扼要说明。

侗医、侗药在清代逐渐趋向集成，先后有手抄本问世。有康熙年间的《本草医方》《玉历医方》，有乾隆年间的《医方济世》《药品总薄》，嘉庆年间的《医宗后记》，光绪年间的《灵丹草药》，20世纪初的《民药传书》《民间秘方》《小儿推拿》《世传医理妙方》《二十四惊风图解》《救世医书》《救世药方》《小儿痘诊治疗方药》《家用草药》《回春医药》等手抄本医药著述。这些著述中，收集药物资源1680种，常用侗草药1210种，收集民间单方、验方200多个，侗医药方剂2456个，侗医病名1454个，侗药药名2161个❷。

5. 侗族村寨传统技艺

（1）传统石器凿造技术。其中包括石磨凿造技术、磨盘凿造技术、石臼凿造技术、石质土地庙建造技术（岩脚、桥寨）、太平缸打造技术、风雨桥石礅砌造技术，传统石拱桥砌造技术等。

（2）侗族土木石工程营造技术。其中包括萨坛安殿技术、木构干栏吊脚木楼营造技术、鼓楼营造技术、寨门营造技术、风雨桥营造技术；传统打井技术，传统水渠水塘筑造技术，传统水坝筑造技术、土墙夯筑技术、石墙石堤砌造技术，传统油榨坊营造技术，传统水碾坊营造技术等。

（3）侗族传统器具打造（编织）技术。

侗族木质器具传统制作技术：传统木帆船制造技术，传统木排扎排技

---

❶ 吴国生.侗族传统医药鉴·侗族医药简介[M].北京：中医古籍出版社，2017：8.
❷ 陆中午，吴炳升.侗药大观[M].北京：民族出版社，2006：10.

术、传统粮仓制造技术、传统龙骨水车制造技术、传统风车制造技艺、传统木桶木盆木盘制造技艺、传统木板车独轮车制造技术，传统木构榫卯合缝技艺，传统木质工艺品制造技艺等。

侗族棉麻纺织印染技术：棉花传统扎花弹花技术、传统纺纱织布技术，侗锦传统织造技艺，侗绣传统挑花技艺，侗族花带传统编织技艺，侗布传统印染技术，侗族蓝靛生产技术等。

侗族竹编技艺：传统筒车织造技艺，传统竹垫编织技艺、传统筛箩簸箕编织技艺、传统斗笠编织技艺、竹工艺品编织技艺。

侗族传统藤编技艺：传统藤筐藤篮编织技艺，传统藤椅编织技术，传统藤工艺品编织技艺。

侗族传统综丝编织技术：传统蓑衣编织技艺，传统综丝工艺品编织技艺。

侗族乐器制作技艺：侗族芦笙制作技艺、侗族琵琶制作技艺、侗笛制作技艺、侗萧制作技艺。

侗药加工制作技术：侗草药采挖采摘技术、侗药烘焙技术、侗药储藏技术、侗医非药物治疗技术等。

侗族陶器制造技术：侗族黑陶烧制技术、侗族瓷器制作技艺、侗族砖瓦烧制技术等。

侗族传统金属器物打造技术：侗族传统金饰品打造技艺，侗族传统银饰品打造技艺，侗族传统铜器打造技术、侗族传统铁具打（铸）造技术等。

商贸物流行业制约体系：政府法规、侗族款规、行业行规、帮会帮规、行江江规，商家契约，违规违约罚则等。

商贸水运行业技术体系：码头商铺传统字码体系、商场传统袖语体系、商用传统运筹体系、竹缆竹纤绳传统编织技艺、船帆传统制造技术、油桶油篓制作技术、货物传统包装技术、码头传统装卸技术、仓储传统堆码技术、货物储藏技术、纤夫拉纤技术、木帆船传统驾驶技术、木排竹排传统编排技术、放排技术等。

（4）侗族饮食制作与烹调技艺。侗族饮食制作与烹调技艺分为以下几种：

侗族主食系列制作技艺：糯米饭蒸煮技艺、乌饭制作技艺。

侗族副食与小吃系列制作技艺：油茶制作技艺，糍粑制作技艺，蒿叶粑制作技艺，粽粑制作技艺，血粑制作技艺，葛粉葛粑制作技艺，蕨粉蕨粑制作技艺，薯粉与薯粉丝加工技艺，米粉制作技艺。

侗族菜肴系列：酸菜制作技艺，腌鱼腌肉制作技艺，辣味菜制作技艺，腊味菜系制作技艺等。

侗族特色菜肴烹调技艺：牛瘪羊瘪烹调技艺、油炸蚱蜢烹调技艺等。

酒文化系列：苦酒酿造技术，甜酒酿造技术，敬酒赞酒劝酒等酒文化。

茶文化系列：青钱柳茶制作技艺，油茶制作技艺，清茶绿茶红茶制作技艺，泡茶与饮茶仪礼等。

侗族特色食品制作技艺：茯苓糕点等食品制作技艺，茯苓茶制作技艺，茯苓酒制作技艺。

雕花蜜饯制作技艺，杨梅保鲜技术，杨梅食品制作技艺，杨梅酒酿造技术；灵芝保健品制作技艺；百合加工技艺；黑老虎保鲜技术，黑老虎加工技艺等。

6. 侗族民俗

（1）侗族生产习俗。侗族是稻作民族，以栽种水稻为主，旱地杂粮为辅。水稻又以糯稻为主，籼稻为辅。稻作习俗主要有挖田过冬，冬灌水泡田；割青肥田，农家肥施田，烧骨头灰、草木灰、火头灰施田，烧田坎（灭病虫害），烧养牛坡草；祭萨、祭土地神、五谷神、农神，惊蛰撒灰，选日子下谷种，开秧门，稻田养鱼，舞稻草龙（防病虫害），拦溪筑坝蓄水，"喊天"降雨，薅秧田，晒田壮禾；吃新；摘稻穗，稻把上禾架，庆丰收。其他生产习俗主要有挖油茶山，收摘桐茶，榨油；种棉花、扎棉花，纺棉纱，织侗布，泡蓝靛，染侗布；打草鞋；赶山捕猎等。

（2）侗族传统生活习俗。其中包括传统礼仪、社交习俗等。

侗族传统礼仪：出生植树"十八杉"，打"三朝"吃红蛋，满月酒，拜长辈、古树等为干爹；"月地瓦"，"为也"，行歌坐夜，不落夫家等。

社交习俗：芦笙迎宾、送宾礼仪、合拢宴款待礼仪、"月地瓦"青年男女交往礼仪，"为也"互访礼仪、歌会交往礼仪等。

（3）侗族传统岁时节会习俗。有相应习俗的节会包括祭祀类节会、生产习俗类节会、传统农产品节会等。

祭祀类节会：立春舞春牛，萨玛节祭萨，正月接春雷，正月初七八抬官人；二月二接龙节、社节；三月三土王节、杨公庙会；四月八牛神节；五月五采菖蒲，五月十三关公庙会；六月六敬牛栏菩萨、杨公庙会、天赐节，六月第一个辰日为林王节（祭奠林宽），六月十五祭天节（喊天节、求雨节）；八月二十三至二十四吃瘪米；十月至十一月祖宗节，冬至祭祖节等。

生产习俗类节会：正月初一接滩水，立春日舞春牛，正月做竹篮、砍新年柴、采竹节；二月禾歌节；三月三插秧节（开秧门）、播种节，谷雨采茶节；四月八采桑节、种棉节、耕牛节；宰荡侗寨六月六洗牛节、尝新节，黄岗六月十五喊天节等。

传统农产品节会：高秀红薯节、高友韭菜节、丹洲柚子节、高山稻鱼节、高露油茶节、高基竹笋节、和平薯粉节等土特产节会等。

生活习俗类节会：春节，二月二牯脏节、吃甜藤粑，三月三燕菜粑节，三月第一个卯日虾子节，四月八乌饭节，五月五吃众菜，六月六尝新节，七月初四杀龙节（抓泥鳅捉黄鳝），七月十三十四鱼羹节，七月十四黄节，八月十五淹牛节，十月十三鱼冻节，冬至过侗年，十二月二十六至二十八打年粑，过年等。

歌舞娱乐活动类节会：正月、二月、八月、十月抢花炮节、歌会节、芦笙节；立夏前十八天大雾梁歌会，六月六斗牛节，七月十五圣德山歌会节，七月二十坪歌节、高坝歌会，八月十五芦笙节、八月十八斗牛节、泥人节，侗寨互访的"月也"，榕江四十八寨赶歌会（每月都有的歌会（节），天柱、锦屏、靖州四十八寨歌节赶歌场（每月都有））等。

情爱婚姻节会：正月初一至初三"月地瓦"，正月初三至初六"为也""为嗨""为顶"，二月二社日赶社，三月三讨葱蒜节，八月十五送饼约会，十月第一个卯日娶亲节等。

体育竞技节会：三月三抢花炮节；三月摔跤节，五月二十四至二十七赛龙舟节等。

时令习俗类节会：立春日舞春牛；谷雨节采茶，冬至节过冬节；过侗年（冬月初一至十一等）等。

四、中国侗族村寨文化遗产的显著特点

（一）底蕴深厚，源远流长

侗族村寨文化遗产历史久远，除了近现代纪念地、纪念物，特别是红色文化遗产之外，其他的文化遗产传承历史都在百年以上，可以上溯到距今十万年前的新晃远古人类遗址、遗迹、遗存，十万年以来的各个历史时期，没有中断。尤其是距今7400年的高庙文化遗存、荆坪文化遗存、高坎垄文化遗存、斗篷坡文化遗存等，表明侗族聚居地区文化遗产历史源流清晰，文化遗产传承久远，物质文化遗产与精神文化遗产融合在一起，各个历史时期文物出现频率高，连续性强。

（二）恢宏大气，种类齐全

侗族村寨文化遗产的恢宏大气，既表现在单个文化遗产上，也表现在整体文化遗产上。侗族村寨的文化遗产，如侗族木构建筑等，无论单个，还是整体，都恢宏大气。侗族木构建筑中的鼓楼，高耸于侗寨聚落中，单一鼓楼就已经恢宏大气，一座侗寨往往有几座鼓楼，形成鼓楼集群，如黄岗侗寨鼓楼群、高定侗寨鼓楼群、芷江万和鼓楼群。侗族民居木楼建筑，二至三层，开放式干栏吊脚，一栋几十间，单一的一栋民居木楼，规模很大，几百栋民居建筑整齐抱团，更显得恢宏大气。整个侗族聚居地区文化遗产种类齐全，既有各种自然生态遗产，又有种类齐全的文物遗存；从森林到林中动植物，从自然生态林到人造景观林，从溪流到湿地，从森林公园到湿地公园，从十万年前的古代人类遗址遗迹到近现代纪念地，从鼓楼、风雨桥到整体的传统木构建筑群，从农业文化遗产到商贸物流业文化遗产，从口传民间文学到民俗的十类非物质文化遗产，种类十分齐全。

（三）存量巨大，密度极大

侗族村寨文化遗产的存量巨大，侗族聚居地区森林覆盖率平均在74%左右，大批侗族村寨就处于森林之中，就此而论，侗族村寨拥有的森林生态遗产，尤其是活立木遗产存量相当大。侗族村寨的文物存量相当可观，仅以黎平县侗族村寨为例，不可移动木构建筑文物中，鼓楼432座，寨门90座，风雨桥197座，古戏台161座，古凉亭226座；大部分居民住宅都还是传统吊脚木楼，申遗的侗寨民居建筑全是传统吊脚木楼。侗族村寨的农业文化遗产和商贸物流文化遗产存量也相当大，而且还是活态存量；侗族聚居地区都在保持稻鱼鸭复合共生的种养模式，加上其他传统农业生产模式，可以想见这种活态存量之大了。侗族村寨的非物质文化遗产的存量也特别大。特别突出的是节会习俗、传统音乐、传统舞蹈，无寨不有，存量巨大。侗家人每个月都有节会，一月几次节会，侗族聚居地区素有"百节之乡"的称谓，可见节会习俗的存量之大；侗族村寨凡"会"必歌舞，无会也歌舞，相见时歌别亦歌，聚在一起就对歌，侗族村寨就是歌的海洋，舞的天堂。每月如此，每寨如此，其时间密度和空间密度都非常大。非物质文化遗产与传统木构古民居是传统村落遗产极为重要的组成部分，侗族聚居地区文化遗产的高密度，在国家级传统村落方面，表现得特别鲜明。据前四批中国传统村落分布情况看，国家级传统村落集中在黔东南、滇西北、大湘西、皖南、浙西一带，湘、黔、桂毗邻地区的民族传统古村落密集度最高,其中包括侗族聚居地区及侗族古村寨,每万平方千米存量达35.128~75.613座,而其他地区每万平方千米只有11.908~35.127座。由传统村落的密度,可以看出相关村落文化遗产的存量及其密度之大。由古村落及其文化遗产的大存量、高密度,可见其高丰度。可以说,侗族聚居地区是我国文化遗产的高富集地区。每一座侗寨就是我国侗族文化遗产的一座宝库。

(四)内容丰富,形式独特

侗族村寨文化遗产的内容非常丰富,一是多种多样文化遗产承载的内容非常丰富。二是同一种文化遗产承载的内容也非常丰富,如侗族传统音乐中的侗族大歌,有模仿大自然优美生态内容的蝉鸣之歌,有缅怀先祖迁徙的祖源之歌,有牢记族规寨规的侗款之歌,有欢迎客人的迎宾之歌,有农耕生产的春耕之歌等,其内容覆盖侗族村寨生产生活、信仰娱乐等各个方面。三是同一侗族村寨各种文化遗产承载的是侗家人的全部生活,内容也必然非常丰富。丰富的内容通过各自不同的形式表现出来,使侗族村寨文化遗产的形式具有鲜明的独特性。一是同处湘、黔、桂三省毗邻地区,侗族村寨文化遗产不同于域内苗族、瑶族等民族。如侗族传统服装就不同于苗族传统服装和瑶族传统服装,侗语也不同于苗语与瑶话等。二是侗族村寨文化遗产呈现地域的独特性,特别是风俗习惯,同样是侗族村寨,十里不同风,百里不同俗,各地侗族村寨的风俗习惯会有某些差异,如居住在南北片区的侗族村寨,侗话的语音语调等方面存在某些差异,各具特色;又如侗族南部方言区传统木楼的一楼,不设中堂,而北部方言区一般都设中堂、设神龛。三是同一地域的不同侗族村寨,某些文化遗产具有各自的独特性。如侗族村寨祭祀的建寨始祖是不一样的,通道横岭侗寨祭祀莫祖,坪坦侗寨祭祀石祖等。四是不同"补拉"之间某些文化遗产的差异。如同样过侗年,但是过侗年的具体时间却不一定相同,有的过十四,有的过初四等。

(五)真实性强,价值突出

侗族村寨文化遗产是中国南方山区千百年来积淀下来的文化瑰宝,是域内居民适应南方山区的原生态文化遗产,保护完好,原生性强,属于原生瑰宝,真实性强。侗族村寨文化遗产不同于其他区域古村落的文化遗产,如二三层开放式干栏吊脚木楼民居建筑群,属于区域独有的木楼建筑群。同地域的民族性强,如侗寨鼓楼等,是侗族村寨木构建筑群的独特标志,属于侗族特有木构建筑，独特性强。世界级、国家级文化遗产众多，如世界非物质文化遗产侗族大歌，世界农业文化遗产侗族稻鱼鸭复合种养系统等；侗族村寨中一批批中国传统村落、中国少数民族特色村寨、中国历史文化名村、中国文化之乡、全国重点文物保护单位、全国非物质文化遗产代表性项目等，不仅证明了侗族村寨文化遗产的真实性，还表明侗族村寨文化遗产在中华文化乃至全人类文化中的独特性价值。

第二章 中国侗族村寨文化遗产的核心价值——和谐

第一节 中国侗族村寨文化遗产的价值构成

这里的价值,不是经济学概念,而是哲学术语。从价值哲学的角度看,所谓价值,是指客体及其属性对于满足主体生存发展需要的效应。文化遗产的价值,就是把文化遗产视为客体,满足主体生存发展的效应。主体及其需要不同,评价因素不同,文化遗产的价值就会有所不同,撇开主体及其需要的差异性,撇开评价因素的差异性,就其共同性、一般性、普遍性而言,侗族村寨文化遗产的价值是非常突出、极其巨大的。

一、中国侗族村寨文化遗产价值的本质

(一)侗族村寨文化遗产价值的要素

要审视侗族村寨文化遗产的价值,首先就得弄清它的要素。价值的要素,一是主体及其需要,二是客体及其属性功能,三是客体功能对于主体需要的实际效应。主体及其需要,有广义和狭义之分,有泛指和特指的区别。主体有宏观的人类主体、国家主体、社会主体,有中观的民族主体和区域主体,有微观的村寨主体、家庭主体、个人主体。这里的主体特指人类、国家、社会、民族背景下的侗族村寨主体以及侗族村寨中家庭主体和个人主体。主体需要多种多样,有物质需要,也有精神需要;有生存的需要,也有发展的需要,总体上是主体生存与发展的物质需要与精神需要的统一。这里的主体需要,是指人类、国家、社会、民族等宏观主体生存发展需要与微观主体侗族村寨及其成员生存发展的物质需要与精神需要的统一。客体多种多样,可以代指一切对象,包括主体的客体化。客体的属性和功能也多种多样,包括作为客体的主体属性及其功能。这里的客体特指中国侗族村寨的文化遗产;客体的属性与功能,特指中国侗族村寨文化遗产的属性与功能。这里的效应是指客体对于主体需要已经起到的实际作用、实际意义、实际效果,也就是已经实现了的价值。价值具有现实性,如果只是一种潜在的作

用、可能的效果,那就只是功能,而不是价值,或者叫潜在价值。价值是实现了的功能,功能是潜在的、是可能实现的价值。在价值比较、价值评价与价值预测中,人们常常把客体的功能视为价值,并且得到公众的理解、认可与接受。

(二)侗族村寨文化遗产价值的本质

价值本质上是一种效应层面的关系,是客体属性功能同主体需要的效应关系。侗族村寨文化遗产的价值,就是侗族村寨文化遗产这个客体同人类社会、国家与民族、侗族村寨及其成员需要的效应关系,本质上就是侗族村寨文化遗产对于满足人类社会、满足国家和民族、满足侗族村寨及其成员生存发展需要的效应关系。就主体的三大层次,可以把侗族村寨文化遗产的价值分为三大层面:对于侗族村寨及其成员的价值、对于国家和中华民族的价值、对于人类社会的价值。这里就是讨论侗族村寨文化遗产对于侗族村寨及其成员的价值、对于国家和中华民族的价值,进而探讨它在世界文化遗产中的独特地位和重要作用,探讨它对于人类社会的普遍价值,并且侧重探讨它对于人类社会普遍价值中的核心价值。

(三)侗族村寨文化遗产价值的实质

价值是客体满足主体生存发展需要的效应关系。客体在什么情况下如何满足主体的需要,属于什么性质的效应关系,可能有多种情况:一是双方自愿的和谐效应关系,二是客体自愿的和谐效应关系,三是客体被强迫的效应关系。在侗族聚居地区,侗族村寨的人们把自然当作主人,把人当作客人,有"自然为主,人为客"的款训。所以,在侗族村寨,文化遗产这个客体是同自然一样具有主体性地位,它满足人们需要的效应关系,不是被强迫的,而是物尽其用,侗家人会保护客体,保护自然,保护侗族村寨的文化遗产。侗族村寨文化遗产满足人们需要的价值关系,实质上是一种和谐的效应关系。侗族村寨文化遗产的价值,实质上就是侗族村寨文化遗产满足侗族村寨及其成员需要、满足祖国和中华民族需要、满足人类社会需要的和谐效应,就是满足上述三大层面主体生存发展物质需要与精神需要的和谐效应。和谐,是侗族村寨文化遗产价值的特质,是侗族村寨文化遗产同主体需要之间效应关系的实质与核心。

二、中国侗族村寨文化遗产价值的分类

侗族村寨文化遗产的价值多种多样，从不同的角度，按照不同的标准，可以区分为不同的类型。

（一）自然科学视野下侗族村寨文化遗产价值的分类

自然科学是关于自然界的本质和发展规律的科学，与侗族村寨文化遗产相关的自然科学主要有理学、工学、农学、林学、生态学、建筑学、地理学、医学与药学等。从自然科学这些具体学科的角度审视，侗族村寨文化遗产的价值，可以区分为理学价值、工学价值、农学价值、林学价值、生态学价值、技术学价值、建筑学价值、地理学价值、医学价值与药学价值等。

（二）人文科学视野下侗族村寨文化遗产价值的分类

人文科学是关于人的本质及其生存发展规律的科学，与侗族村寨文化遗产相关的人文科学主要有历史学、文化学、伦理学、美学、人类学、民族学、民俗学、艺术学（音乐学、舞蹈学、工艺学）、文学、宗教学和教育学等。侗族村寨文化遗产的价值，可以区分为历史学价值、文化学价值、伦理学价值、美学价值、人类学价值、民族学价值、民俗学价值、艺术学价值（音乐学价值、舞蹈学价值、工艺学价值）、文学价值、宗教学价值和教育学价值等。

从文化学的角度看，可以分为物质文化、精神文化、行为文化和制度文化四大方面，这可以把中国侗族村寨文化遗产的价值分为物质价值、精神价值、行为价值和社会价值。

（三）思维科学视野下侗族村寨文化遗产价值的分类

思维科学是关于思维的本质及其发展规律的科学，与侗族村寨文化遗产相关的思维科学主要有心理学、逻辑学和运筹学等。侗族村寨文化遗产的价值，可以区分为心理学价值、逻辑学价值和运筹学价值等。

（四）社会科学视野下侗族村寨文化遗产价值的分类

社会科学是关于社会的本质及其发展规律的科学，与侗族村寨文化遗产相关的社会科学主要有经济学、旅游学、社会学、法学和管理学等。侗族村寨文化遗产的价值，可以区分为经济学价值、旅游学价值、社会学价值、法学价值和管理学价值等。

上述分类价值,是某学科视野下某一领域客体的价值,用某一学科的立场、观点、方法看待客体对于主体的价值,都可以归结为客体对于主体的某一学科的价值。

(五)哲学和价值哲学视野下侗族村寨文化遗产价值的分类

哲学是关于整个世界的本质及其发展规律的科学,价值哲学是关于主客体效应关系的本质及其发展规律的科学。从价值哲学的角度看,整个世界只有两大类现象,即物质现象和精神现象;主体的需要,分为物质需要和精神需要。侗族村寨文化遗产满足主体生存发展物质需要的价值,或者说,对于主体生存发展物质需要的效应,可以归类为它的物质价值。侗族村寨文化遗产满足主体生存发展精神需要的价值,可以归类为它的精神价值。侗族村寨文化遗产的价值就是它的物质价值和精神价值的统一。

三、中国侗族村寨文化遗产独特的普遍价值

价值有个别价值和一般价值之分,有特殊价值与普遍价值之别。个别与特殊是两个平行序列的同等概念,个别侧重于某个、单一、少数等,特殊侧重于差异、差别、独特、个性、条件、相对、有限等;一般与普遍是与前者对应的同等概念,一般侧重于许多、大部分、多数、共同等,普遍侧重于相同性、一致性、共性、无条件性、绝对性、无限性等。侗族村寨某一或者某些文化遗产满足微观主体(村寨、家庭、个人)某一层面特殊需要的效应,称为个别价值、特殊价值,这里用独特价值代指此类价值。侗族村寨文化遗产满足宏观主体(中国、中华民族、人类社会)生存发展一般需要的效应,称为一般价值、普遍价值。这里,用普遍价值作为此类价值的代表性概念。

侗族村寨文化遗产的独特价值与普遍价值是相互渗透、相互转换的。侗族村寨文化遗产普遍价值渗透在独特价值之中,独特价值之中包含普遍价值的因素和成分,是独特的普遍价值,可以上升为普遍价值。侗族村寨文化遗产普遍价值中包含独特价值,是对独特价值的提升、抽象和概括,是具有普遍意义的独特价值。

人们习惯用不同学科的观点方法审视侗族村寨文化遗产的价值,得出它的不同类型的独特价值与普遍价值。

这些普遍价值具有独特性,是中国侗族村寨文化遗产独特的普遍价值。从学科角度审视中国侗族村寨文化遗产的普遍价值,就可以看到它独特而普遍的历史价值、独特而普遍的科学价值、独特而普遍的文化价值等。

第二节　和谐与核心价值

和谐有自身的规定性，是一个完整的系统，蕴藏在侗族村寨文化遗产之中，是侗族村寨文化遗产的应有之义，是侗族村寨文化遗产的内核和精华。和谐是中国侗族村寨文化遗产各种价值的核心，和谐价值是侗族村寨文化遗产的核心价值。

一、和谐概念的界定

和谐有其内在的和外在的系列规定性。

和谐是事物诸要素协调一致、融洽相处、共生共存共荣的关系、过程与状态，是侗族村寨及其文化遗产诸要素协调一致、和睦相处、共生共存共荣的信念、追求、关系、过程与状态。

和谐是侗家人心中核心的信念、观念、心态和信仰。侗家人的信念多种多样，但无论什么信念，都是要使自己、家人和村寨生活更美好，关系更和谐，日子更幸福。生活美好在于关系和谐，日子幸福也在于关系和谐，和谐关系是人们创造物质财富和精神财富的前提和基本要求。和谐状态也是侗家人创造物质财富和精神财富过程的本质特征。所以，侗家人始终把和谐信念作为本质性信念、根本信念。由此形成和谐的处世心态和做事心态，形成和谐的心灵信仰，由和谐的心灵信仰支配心中的神灵信仰，并支配自己的行为，处理各种复杂的关系，确立和实现心中的和谐目标。

和谐是侗家人行为的核心目标、价值的终极取向、执着的本质追求。侗家人的行为多种多样，各种行为的具体目标也纷繁复杂，具体的价值取向也复杂多变，执着追求的制约因素也复杂多变，和谐往往不是侗家人独立的行为目标、单一的价值取向和唯一的追求动因。但是，和谐却总是渗透于其他行为目标之中，渗透于行为的直接目标之中，成为其中的核心目标、终极目标，渗透于人们活动的具体价值取向之中，成为人们行为的核心价值取向和终极价值取向。

和谐是侗族村寨本质性的相互关系。侗族村寨人与人之间、寨与寨之间关系错综复杂，既有血缘关系、业缘关系，也有地缘关系、生态关系、款缘关系等。但无论哪种关系，侗家人追求的都是和谐关系，和谐的血缘关系、和谐的业缘关系、和谐的地缘关系、和谐的款缘关系、和谐的人际关系、和谐的村寨关系、和谐的地域关系等，可见和谐关系是侗族村寨各种关系中追求的共同关系与本质关系。人们结成和谐的关系，在和谐的氛围中开展各种和谐活动，所以和谐体现在侗家人共同的、根本的行为方式和行为过程中。

和谐是一种动态过程，具有层次性与递进性、渐进性与跃迁性、阶段性与连续性、提升性与趋近性、时空差异和愉悦共享等动态特点。

侗族村寨的和谐，是层次分明的递进过程。侗族村寨的和谐是分层次的，大体上呈现为：表层和谐，深层和谐；对立中统一的并存型和谐，差异、差别中协调共荣型和谐，一体化融合型和谐等不同层次。和谐是相对的，又是绝对的，是一个由表层和谐向深层和谐递进发展的过程，是一个由共存型和谐向共荣型和谐强化推进的过程，是一个由相对走向绝对的过程。

侗族村寨的和谐是一个渐进与跃迁相统一的过程。千百年来，侗族村寨的农业生产经历了一个漫长的渐进式发展过程，由刀耕火种的粗放式农耕生产方式，发展到木犁木耙的糯稻—鱼—鸭复合共生系统的和谐型生产方式，这是一个漫长的渐进过程；到了当代，跃迁性发展为机械耕种收割的半机械化杂交稻种的高产型和谐生产方式。侗族村寨农业生产的渐进与跃迁是比较明显的。这是历史的选择。

侗族村寨的和谐是一个阶段性与连续性相一致的过程。侗族村寨的和谐进程大体上与侗族聚居地区社会发展的历史进程基本一致。羁縻制背景下自治型和谐状态历经几百年渐进发展，大体上由唐至五代、五代至宋元，再由明到清，期间经历过相对安宁，对立统一，繁荣安逸，战乱殃及等阶段，连续900余年，可谓相当不易。侗族村寨某一文化遗产的内在和谐，也大体一样，一般要经历初期、成型期、稳定期到停滞期，再到跃迁期的阶段性与连续性相统一的发展过程。

侗族村寨的和谐是提升性与趋近性同在的过程。和谐是社会关系发展的一种状态，无论是某种单一的和谐，还是侗族村寨整体的和谐，都是一个不断提升的过程。侗族聚居地区大体上仍保有原住民原初的和谐状态、部落或家族迁徙中的和谐状态、迁入者与原住民并存融合的和谐状态等，这是一个不断提升的历史过程。侗族村寨的状态会随着这一历史进程而不断提升、不断完善。

侗族村寨的和谐是时空差异并存的动态过程。应当看到的是，侗族村寨的和谐作为一个复杂系统，内部、外部都存在时空的差异，是多层面和谐、多样式和谐在空间中并存、在时间上继起的动态过程。它是人们创造的，也是人们共享的和谐过程。

和谐是侗族村寨历代居民共同的核心信念、核心追求、核心宗旨。侗族村寨人们创造和传承的文化遗产及其价值，也必然拥有和谐核心。

二、侗族村寨文化遗产价值的和谐核心

和谐是文化的应有之义、本质内涵和核心内涵。古汉语中，文与化分开使用，文有多种用法，表示纹理、花纹、修饰、修养、美德、教化和天象等含义。文之为纹理与花纹，其中包括线条关系的和谐在内；文之为修饰，出自庄子称越人文身的说法，文身修饰，除了纹理花纹的和谐含义外，更包含所饰之文与身体的和谐关系，与主人的性格气质心理追求的和谐关系，与其身份地位的和谐关系等。文之为修养、美德，出自《国语》中的"夫敬，文之恭也"，文表现为恭敬等人与人之间和谐的修养与美德。文对应武，文治武功之文，是一种和谐型治国方略。文之为教化，指教育、熏陶与感化，是一种使人不断社会化的和谐过程。古汉语中的化，有教化、变化、融化、消化等多种含义。化之为教，在和风细雨的和谐氛围中感化成俗，融合为一，避免武装冲突，避免流血事件。可见，这种教化引起的变化，含有和谐缓慢的意蕴。化之为融化，更是一种和谐状态。化由和起，和为化因。《礼记·乐记》云："乐者，天地之和也……和，万物皆化。"从音乐和声的角度，揭示天地之和谐，是万物皆化的原因。文与化连用，是近现代汉语的常用词语，有狭义与广义之分。狭义的文化，泛指知识，特指社会意识形态。文化作为知识，是一个包含和谐因子的体系；作为社会意识形态，是与社会存在相和谐的思想上层建筑。广义的文化是指人类生存发展的方式、过程和创造的财富，人类生存发展方式与过程本质上就有和谐的一面，是人与人和谐、人与工具和谐、人与劳动对象和谐的劳作过程，财富就是和谐劳作的结晶。总之，古往今来，和谐是文化的应有之义，是文化涵盖的主要内容，是文化构成的重要因素。

和谐是文化遗产的应有之义、核心内容和本质特征。无论是物质文化遗产，还是非物质文化遗产，首先，文化遗产都是前人创造的财富，是和谐劳作的产物，凝聚着人与人、人与物等层面复杂的和谐关系。其次，文化遗产体现前人馈赠与后人继承的和谐关系。这种关系的主体意志是自觉自愿的，实质上是自愿馈赠与自愿接受的和谐行为，双方的关系本质上是一种和谐关系。和谐关系是文化遗产中不同于其他关系的本质特征，是文化遗产丰富内容中的精华与核心。

和谐是文化遗产价值的本质特征和核心内容。价值，实际是主客体之间的效应关系。文化遗产多种多样，主体需要也多种多样，两者形成的效应关系也必然多种多样，但无论哪种效应关系，本质上都是一种和谐关系，是满

足与被满足的和谐关系。文化遗产的价值，本质上就是文化遗产这个客体满足主体需要的和谐效应。

和谐是侗族村寨文化遗产价值的特质和共同内核，是侗族村寨文化遗产价值的核心。如前所述，和谐是侗族村寨人们的共同信念、共同观念、共同意志、共同目标、共同行为和共同追求，和谐的信念、观念、意志、目标、行为和追求，必然凝聚在行为结果之中，必然凝聚在侗族村寨文化遗产之中，成为侗族村寨文化遗产的和谐内涵、和谐特质，也必然成为侗族村寨文化遗产满足各层面主体需要的和谐底蕴、和谐根据。这种底蕴与根据，在侗族村寨文化遗产满足各层面主体需要的过程中发挥导向和引领作用，实现实际的和谐效果，形成实际的和谐效应。即便有不和谐的时候、不和谐的方面，那也是某一时段、某一局部的不和谐，从长远和整体看，整个过程是一个和谐的过程，最终结果是和谐的结果。

三、侗族村寨文化遗产的核心价值

和谐是侗族村寨文化遗产各层面价值的核心。侗族村寨文化遗产对于主体需要的价值分为两大类，一类是物质价值，一类是精神价值。就其物质价值而言，无论侗族村寨文化遗产满足主体何种物质需要，都是客体以特定方式在特定层面上满足主体特定物质需要的实际效果。对于侗寨居民这个主体而言，这种效果的常态是生态的风调雨顺、农业的五谷丰登、生活的丰衣足食、村寨的和睦团结等。这些效果的背后，体现的是侗族村寨人与自然的和谐、人与人的和谐，共同点是和谐，特质是和谐，核心是和谐。同样，侗族村寨文化遗产各层面的精神价值，带给主体的常态效应是歌舞的欢乐、节会的欢闹、生活的舒适、心情的愉悦等精神效应。这些效应的实质与核心是精神层面的和谐。侗族村寨文化遗产物质价值与精神价值的共同核心是和谐，两大类价值共同的核心效应是和谐效应，和谐价值就是侗族村寨文化遗产的核心价值。

第三节　核心价值的特殊规定性

侗族村寨文化遗产的核心价值不同于该遗产的其他特殊价值与普遍价值，有其自身的规定性。它是各特殊价值与普遍价值的共同主旨、共同实质、共同核心、共同精髓；它是价值主体的核心利益，属于核心效应；在价值体系中起着核心的支配与主导作用；它是该遗产各价值的共同价值，是各价值的核心，具有共同性、唯一性和统率性等显著特征。

一、核心价值的内涵与外延

核心价值有双重含义，一是核心因素具有的价值，即要素体系中核心要素的价值；二是各种价值中处于核心地位的价值，即价值体系中的核心价值。侗族村寨文化遗产的核心价值具备这两重规定性。和谐价值既是侗族村寨文化遗产中核心要素的价值，又是侗族村寨文化遗产价值体系中的核心价值。应予指出的是和谐虽然不是侗族村寨文化遗产及其价值的独立要素，但却是侗族村寨各项文化遗产内蕴的核心因素，是界定侗族村寨文化遗产对于主体需要正效应性质的关键因素、核心因素。鉴于此，侗族村寨文化遗产的核心价值就是该遗产内蕴中核心要素价值，就是和谐价值。

侗族村寨文化遗产的核心价值具有内在规定性。第一，和谐既是侗族村寨文化遗产内涵的核心，渗透于各遗产之中；也是侗族村寨文化遗产价值的核心，即各种价值中共同的和谐效应，渗透于各遗产价值之中。第二，和谐在侗族村寨文化遗产价值体系中无处不在，但却没有自己独立的物质实体形态。它呈现在现象、关系、效应、观念之中。第三，和谐具有共性。它有共同的主体，从微观个人，到宏观人类；共同的核心指向，即共同的价值取向。和谐是侗族村寨文化遗产各种价值的共同主旨、共同实质、共同精髓、共同核心。和谐与和谐价值是相关主体的共同价值追求。第四，核心价值的认知与评价，以主体需要、主体利益，主体作用为主体性尺度，以侗族村寨文化遗产的具体状况为客体依据，以和谐效应的实际状况为客观依据。

侗族村寨文化遗产的核心价值具有外在规定性。第一，数量的唯一性。即便处于双核或者多核之中，也属主核。第二，种类、形态与式样的多样性。第三，范围宽度的广泛性，凡有侗族村寨文化遗产的价值活动，都有其和谐的宗旨与意图，都有其和谐的过程与结果，总有其和谐的效应。第四，深度的多层性，有表层、中层、深层等层次之分。

侗族村寨文化遗产核心价值有其动态规定性。一是和谐层次的深入性与递进性；二是价值运行的过程性与上升性；三是价值实现的阶段性与连续性；四是价值运行过程中对和谐目标的趋近性等。

二、核心价值的构成

侗族村寨文化遗产的核心价值有要素构成、类型构成、层次构成、动态构成等。

要素构成：侗族村寨文化遗产核心价值由和谐价值主体、和谐价值客体、和谐价值活动的中介、和谐价值活动的文化空间等组成。要素也是系统，就要素系统而言，侗族村寨文化遗产的核心价值就是一个大系统，就是一个由和谐主体系统、和谐客体系统、和谐中介系统、和谐文化空间系统组成的侗族村寨文化遗产核心价值体系。

类型构成：侗族村寨文化遗产核心价值由生态和谐效应类、劳作和谐效应类、歌舞和谐效应类、互访和谐效应类、节会活动和谐效应类等不同的类型构成。其中，生态、劳作、歌舞、互访、节会等就是侗族村寨文化遗产核心价值的活态载体。就活态载体而言，侗族村寨文化遗产的核心价值，就是由生态、劳作、歌舞、互访、节会等形式组成的活态和谐价值体系。

层次构成：侗族村寨文化遗产核心价值由不同的层次构成。按照内隐到外显的顺序，有心理的和谐价值、情感的和谐价值和行为的和谐价值等不同层次。按照主体组织的大小范围，有满足个人、家庭、"补拉"、村寨、民族、国家和人类社会等不同层次主体需要的和谐价值等。按照层次深浅高低的不同，有表层、中层和深层等核心价值层次；有低层、中层、高层（或下层、中层、上层）等核心价值层次。按照位置的不同，有内层与外层等不同的核心价值层次，整体与部分等不同的核心价值层次。侗族村寨文化遗产核心价值就是由这些不同层次分别组成的分层型和谐价值体系。

动态构成：侗族村寨文化遗产核心价值由若干方面与若干环节等动态构成。有核心价值的指向、目标、运行过程的若干阶段、运行结果等方面；有对立中的统一、差异中的一致、分歧中的认同、交叠中的重合、并存中的交融等运行中的和谐状态。侗族村寨文化遗产核心价值就是一个由和谐引导的动态实现过程、动态发挥过程。

和谐是侗族村寨文化遗产核心价值体系的灵魂，追求和谐是侗族村寨文化遗产核心价值体系的精髓。一是追求人与自然的天人和谐；二是追求人与人的人际和谐，村寨之间的和谐；三是追求民族和谐和人类社会的和谐。这一精髓还在于在追求和谐的过程中实现和谐，使和谐效应最大化。

三、核心价值的基本特点

侗族村寨文化遗产核心价值有下列基本特点，一是和谐内涵的共同性；二是和谐表现的渗透性和依托性；三是核心归属的唯一性；四是和谐指向的主体性；五是和谐地位的内核性；六是核心作用的统率性；七是和谐差异中的一致性。和谐的价值与和谐一样，是具体与抽象的统一，是个别与一般的统一，是特殊与普遍的统一，是有限性与无限性的统一，是相对性与绝对性的统一，是有条件性与无条件性的统一。

第四节 核心价值的地位及作用

一、地位

和谐是侗族村寨文化遗产价值体系的灵魂，和谐价值在侗族村寨文化遗产的价值体系中居于支配地位、主导地位、核心地位和统率地位。

侗族村寨文化遗产的核心价值在该遗产价值体系中处于支配地位与主导地位。千百年来，在侗族村寨文化遗产的物质价值与精神价值中，和谐制约着文化遗产满足主体需要的客观效果，不是一些人暴富极富，而另一些人赤贫极贫，侗族村寨贫富不太悬殊。从居住条件看，都住在二三层的吊脚木楼中，悬殊不太大；从衣服着装看，都穿着自织侗装，差距不大；从粮食收成看，侗族聚居地区气候湿润，物产丰富，只要勤劳节俭，一年可以收获两季及以上的粮食作物，蔬菜收获期更短，种下去 1～2 个月，即可食用，容易谋生。同时，侗族村寨历史上有客人来了大家接待，红白会事大家帮的和谐习俗，更有公田等一整套帮贫护弱、救灾解难的和谐机制，当一家有难或一方有难，八方支援，很少有活不下去的情况出现，穷人和富户的关系还比较和谐，不是一些人高兴，而另一些人悲痛忧愁，更不是少数人的高兴愉悦以多数人的悲痛忧愁为代价。和谐的价值追求促使侗族村寨居民物质财富和精神财富的享受关系平等，这就使和谐实际上处于文化遗产物质价值和精神价值体系的支配地位和主导地位。同样，和谐在侗族村寨文化遗产的独特价值和普遍价值体系中，也处于支配地位与主导地位。

侗族村寨文化遗产的核心价值在该遗产价值体系中处于核心地位。表面上看，价值的核心应当是客体对主体需要的满足，但要进一步追问客体是以什么方式满足主体需要，形成什么样的效应，这才是问题的关键、要害与核心。和谐居于价值体系的核心地位，这是侗家人千百年来追求的客观效应。因此，和谐是侗族村寨文化遗产各类型价值的核心、各层面价值的核心；是侗族村寨文化遗产整体价值的核心及各部分价值的核心；是侗族村寨文化遗产价值实现初始的核心、过程的核心、结局的核心、全程的核心。

侗族村寨文化遗产的核心价值在该遗产价值体系中居于统率地位。和谐在侗族村寨文化遗产价值体系中的核心地位、支配地位、主导地位，决定了它的统率地位。支配侗族村寨文化遗产价值实现的方向、方式、过程、结果；统率侗族村寨文化遗产价值实现的各方力量，强化和谐意识，增强凝聚力，提高凝聚程度，扩大和谐效应。

二、作用

核心价值在侗族村寨文化遗产价值体系中起着导向与引领作用、统率与促进作用、规范与激励作用。

导向与引领作用：侗族村寨文化遗产核心价值将主客体之间的价值关系朝着和谐的大方向运行。首先，引导人们拟定和谐的价值目标；其次，促使价值实现诸要素和谐；最后，引领价值运行朝着和谐的总目标前行。

统率与促进作用：侗族村寨文化遗产核心价值的精髓在于和谐，其中的主体和谐，能够促使主体结成统一战线，协调内部关系，凝聚主体力量。客体的和谐与主客体的和谐，能够促使客体效应最大化。在价值实现过程中，各层面各环节的和谐，手段方法措施的和谐，能够加快价值实现的速度；能够扩大效应影响的空间范围，加深效应影响的层次，延长效应的持续时间，强化效应的强度。

规范与激励作用：侗族村寨文化遗产核心价值规定价值运行的和谐动机与和谐方向，提供价值运行的和谐规范；兼顾各层面主体的利益，协调各层面的关系，激发各层面主体的和谐动因，调动其主动性与积极性，加大价值实现的和谐动力。

中国侗族是一个相当和谐的民族，中国侗族村寨是多层面和谐的村寨，侗族村寨人们追求的既是人与人之间的和谐，也有人与自然之间的和谐等。既有和谐的目标和价值取向，也有信念意志、方案蓝图，更有心理向往、行为追求、精神境界和社会效果。和谐是统率侗族村寨文化遗产价值的核心，这一核心具有多方面的功能作用。

和谐信念、和谐精神、和谐追求是直接支配和统率侗家人心灵和行为的灵魂，和谐的价值观念是直接制约和支配侗家人生产方式、生活方式、交往方式、思维方式的核心观念。

和谐的价值观念、心理向往和行为追求直接制约和支配侗族人们的信仰文化、款文化、农耕文化和诸多习俗，使侗族人民诚信、善良、厚道、宽容，敬祖、孝亲、爱幼、睦邻、心灵相通、美美与共；使侗族人家聚寨而居、辛勤劳作，张弛相济、节事频频、集体祭祀、集体歌舞，和睦相处，其乐融融，形成典型的和谐人际关系和典型的优秀传统文化。

和谐的价值观念、心理向往和行为追求直接制约和支配侗寨人们凭借家庭,依托"补拉",利用侗款,互相帮扶,无巨富、无赤贫、少口角、少诉讼,积淀成"家庭—'补拉'—团寨—款组织""家长—族长—寨老—款首""家规—族规—寨规—款规""信仰—节会—歌舞—休闲"等多层面的杰出而独特的和谐型社会治理模式典范。

和谐的价值观念、心理向往和行为追求直接支配侗族人们合理利用村寨资源,造林护林,珍惜用地,循环用水,稻鱼鸭循环共生种养,积淀成杰出的农耕生态智慧,创造出独特、典型的糯稻文明和共生循环经济的传统农业文明。

和谐的价值观念、心理向往和行为追求直接使侗寨人们与自然相通,珍爱生态环境,珍爱山水林木,匠心独运,世代传承,积淀成人与自然和谐共生的独特生态美景和杰出的生态文明,展现出侗寨"山—水—林—田—寨—路"仙境般的卓越聚落生态景观。

和谐的价值观念、心理向往和行为追求直接制约和支配侗寨聚落建筑,使侗寨不同于北方屯庄风格、江南徽派村落风格、江浙水乡村镇风格、福建永定围楼(土楼)风格、藏区碉楼风格,形成举世独特而稀有的自身风格:以鼓楼为标志,集庙宇、街巷、干栏木楼、民居、水塘、寨门、风雨桥等抱团紧凑的木构建筑群的和谐型团寨聚落,以及"山—水—林—田—路—寨"的生态和谐景观聚落。这是中国南方山区聚落奇观,是中华聚落奇观,是世界聚落奇观。

三、核心价值与其他价值的关系

(一)核心价值与个别价值、一般价值的关系

核心价值既是个别价值,又是一般价值,同个别价值、一般价值具有一致性、同一性。侗族村寨文化遗产的个别价值是就某一文化遗产满足特定主体的某一需要而言的具体价值,如糯米饭对于侗族村寨居民而言具有便于存放的价值、便于携带的价值、便于食用的价值,以及消化慢、耐饥饿的饱腹价值等个别价值。渗透其中的一般价值,是从这些个别价值中抽象出来的共性、一般性和普遍性。糯米饭主食不是侗族村寨某一户人家的某一种主食,而是各个侗寨居民的共同习惯、是一种普遍现象,它是侗族村寨的主食文化,体现的是侗家人适应中国南方山区居家食用、外出劳作食用等主食需要的一般价值。其中,渗透着侗家人的主食适应中国南方山区多变气候的和谐效应,体现的是侗家人主食与中国南方山区糯稻种植的和谐关系,体现的是侗家人

主食与自然环境的和谐关系，体现的是侗家人主食与糯稻种植农耕方式的和谐关系，体现的是侗家人待客、共享、馈赠糯米饭的人与人的和谐关系。侗族村寨文化遗产的和谐价值渗透在个别价值之中，本身就是一种一般价值。

核心价值同个别价值、一般价值有不一致性、差异性。个别价值只注重客体满足主体需要的效应；一般价值注重一般客体满足普通主体通常需要的一般效应。核心价值在客体满足主体需要效应的基础上，更强调效应各方关系的和谐，强调效应实现方式的和谐、实现过程的和谐、实现手段的和谐、实现方法与措施的和谐、实现结果的和谐，是一种比个别价值层次更高、抽象程度更高、范围更广、作用更大、时间更持久的一般价值。

核心价值规定个别价值与一般价值。核心价值规定个别价值与一般价值的和谐取向、和谐目的、和谐目标与和谐效果；规定个别价值与一般价值中效应实现的方式方法、措施手段、环节机制等的和谐性；规定其效应实现全程与结局的和谐性，即规定其效应的和谐内核与和谐特质，使个别价值成为和谐型个别价值，使一般价值成为和谐型一般价值。

（二）核心价值与独特价值、普遍价值的关系

核心价值与个别价值、一般价值的关系，适用于其与独特价值、普遍价值的关系。独特价值即特殊价值，是侗族村寨某一领域文化遗产对于主体特定需要的价值，是与个别价值同等意义的概念，是具有普遍意义的价值，因此，独特价值既是个别价值，也是一般价值。普遍价值与一般价值是同等意义的概念。

核心价值渗透于独特价值、普遍价值之中，制约和规定独特价值与普遍价值，规定二者效应的和谐取向、和谐目的、和谐目标与和谐效果；规定二者效应实现的方式方法、措施手段、环节机制等；规定其效应实现的全程与结局，即规定其效应的和谐内核与和谐特质，使独特价值成为和谐的独特价值，使普遍价值成为和谐型普遍价值。

第三章 生产智慧的和谐内核

中国侗族村寨文化遗产的核心价值表现在生产方面,就是侗族村寨居民千百年来传承弘扬的生产智慧的核心内核,表现在千百年来侗寨聚落构建过程中的和谐内核、传统农耕生产要素的复合共生的和谐典范、传统加工制作过程中的模式、商贸物流过程中的杰出范式等。

第一节 传统聚落文化遗产

一、传统木构建筑

鼓楼、风雨桥、寨门和木构民居是侗族村寨木构建筑智慧的结晶,是木构建筑的典范。

(一)鼓楼

鼓楼是侗族村寨区别于周边苗寨、瑶寨、壮寨、土家山寨而独有的标志性木构建筑,也是中华民族乃至全世界古村落中独有的标志性木构建筑。其造型独特,匠心独运,没有图纸,不用铁钉,长短尺寸,所有榫卯、内部结构和外在形象等皆在木匠师傅心中。鼓楼展示和凝聚着侗族工匠的精湛技艺和杰出智慧。

鼓楼木构建筑的形态:鼓楼的穿斗排架呈扇形结构的对称,木柱和枋片上下层承接,左右衔接,内部呈现四角、六角、八角的排架结构,排架穿斗与斗拱撑托配套,减柱法瓜柱下中空,瓜柱中空省料减重实现空间最大化,榫卯无缝结合,密檐翘角与翘檐塑像造型搭配,单数密檐与偶数角柱和谐对接。

鼓楼拥有多层面的外部形象:一层中间是大型火塘,周边长条木凳与杆栏,密檐翘角外观和谐,翘檐塑像、宝塔式楼身、伞形楼冠、葫芦宝顶组成雄伟壮观的外形。

鼓楼的多功能:鼓楼的上部楼亭是鼓亭,安放牛皮大鼓,击鼓示警、击鼓集会,闻鼓即至,有实至名归的和谐效应。鼓楼是侗族村寨祭祀、议事、讲款、对歌、芦笙、迎送宾客、宴饮、休闲、教育的场所，具有多方面的功能。

鼓楼是侗族村寨的神圣场所，有其丰富的和谐内涵。许多鼓楼正中供有神像，体现祈神佑人等人神寓意；鼓楼大厅中的火塘周边长条木凳有长幼序列的差异；鼓楼墙壁的彩绘人物、侗俗、祖源、典故等绘画，蕴含着侗寨优秀的传统文化。此外还有讲款、讲古等育人的代际和谐、同辈和谐、人际和谐，有歌舞娱乐、饮宴、休闲聊天下、迎宾送宾、全寨聚会等多种内涵和功能。

许多侗寨干脆就把本寨的鼓楼叫作和谐楼，如林略侗寨第一座鼓楼就叫和谐楼，庚辰侗寨群中双斗鼓楼也叫和谐楼，芷江镇的鼓楼群叫作万和楼等。和、和谐、万和，是侗族村寨修建鼓楼、使用鼓楼的终极追求。鼓楼是木构建筑史上的奇葩，是侗族人民建筑智慧的物化典范，是侗族村寨的和谐之楼，是侗家人孕育和谐、传承和谐、弘扬和谐的民族宝楼，是各民族和谐交往、交流、交融的中华宝楼。

（二）风雨桥

风雨桥是侗族村寨聚落的又一标志性木构建筑，是中华民族桥梁史上的奇迹，是侗族传统桥梁建筑工匠杰出智慧的物化典范，是侗族村寨又一和谐内核的建筑景观载体。

侗族村寨风雨桥是侗族传统木构桥梁建筑技艺和杰出智慧的凝聚。工匠师傅在建造风雨桥时要运用大量的传统木构建筑绝技，如生松木埋桩技术、藤篓垒石技术、糯米石灰砂浆砌造技术、悬木伸臂叠梁技术、斜插起拱技术、人畜分道技术等。侗族风雨桥是这些传统木构桥梁建筑技术的集成，是这些杰出智慧的荟萃。

侗族村寨风雨桥一般是桥廊亭一体式的，桥廊上建有鼓楼式的楼阁、楼亭，或者三座楼亭（金勾风雨桥、地坪风雨桥），或者五座楼亭（程阳永济桥），多至七座楼亭（龙津风雨桥、三江风雨桥）。这使侗族风雨桥具有鼓楼特色，成为举世木构桥梁奇葩，与国内外著名桥梁齐美。如三江程阳永济桥就成为世界四大名桥之一。

侗族村寨风雨桥的和谐特质：桥廊亭阁一体化、主廊楼亭宫殿式歇山顶与四角翘檐搭配、宝塔式楼冠与钻尖葫芦顶和谐搭配；彩绘人文图案的花桥内涵、拱卫村寨与关锁风水等信俗的福桥内涵、迎宾送宾的礼仪文化等；纳凉、休闲和遮风挡雨的功能；花桥内涵教育与传承等。

侗族村寨风雨桥是接龙桥、风水桥、花桥、福桥、休闲桥，是山水人文桥。和谐是侗族村寨风雨桥的文化内核。

（三）寨门

侗族村寨的传统寨门，都是木构建筑。

侗寨聚落规模都比较大，一般有南北东西四座寨门，其中至少一座是主寨门。主寨门式样多：有廊道楼亭式寨门，如黎平肇兴侗寨西大门（门票大门）两层门楼，百米廊道之上三座楼亭，有双向四道行车大门，两边人行步道大门，南边廊道供游人漫步观赏。整个大门高大巍峨，恢宏大气；有门楼式寨门，如三江高定侗寨东大门，犹如门神，矗立进村山坳关口，三层密檐翘角，巍峨壮观，山口两边古树拱卫、绿枝掩映，生机盎然之中更显神秘；也有门亭式寨门，如通道中步侗寨东大门，八字形敞开，穿斗排架，斗拱撑托，庄重美观；有廊桥式寨门，如通道芋头侗寨北大门，东桥西门，桥门一体，一廊三亭，飞角翘檐，古朴典雅。

寨门的和谐集成：寨门是安全之门（防匪、防盗）、风水之门、礼仪之门、标志之门、景观之门，具有木构建筑和谐（自身结构），寨门与聚落和谐，寨门文化内涵和谐等体现。

（四）木构民居

传统木构民居建筑，因地就势，排架穿斗，减柱瓜柱，榫卯结构的和谐，干栏吊脚多层面的和谐（适应气候，上下左右对称），东西飘檐和翘檐飞角的对称和谐。

传统木构民居建筑内部的功能布局：一楼架空隔潮；二楼宽敞廊道与大厅一体布局，集休闲、劳作、饮宴等功能，时间利用继替和谐；火塘、厨房、祖辈卧室一体化和谐布局；二楼三楼卧室、客房、粮仓和谐布局。

侗族村寨民居木楼是传统木构民居建筑，是因地制宜的地利和谐之楼，是侗族居民适应中国南方山区多雨、潮湿、炎热气候的产物，是侗家人饮食、劳作、休闲、娱乐、住宿的和谐居所，是侗家人生存发展的智慧集成。它不同于羌族碉楼、北方四合院、陕北窑洞、中原封闭砖房、徽派青黛白墙封火小院、江南水乡砖木小院、闽南永定围楼、岭南竹楼等，是恢宏大气的景观和谐之楼。

二、街巷布局

(一) 抱团聚居

侗族村寨民居建筑的布局以血缘关系为纽带,以"补拉"或姓氏为单位,抱团结寨而居。如黎平黄岗侗寨,五个"补拉"各自抱团,形成大团寨中的五大部分,一个"补拉"一座鼓楼。通道高步侗寨以姓氏为单位,六大姓氏六座鼓楼六片小团寨,组成大团寨。小团寨抱团的纽带,首先是血缘关系,然后是认同并加入本"补拉"的权利义务关系,有的甚至通过改姓,获得"补拉"成员的认可。这种关系使侗寨内部团结和谐。这种小团寨的建筑标志,就是建立自己的鼓楼。形成自己独立的聚会场所、固定的物化文化空间。各个小团寨之间,有一定的区域界线,有的区域界线比较明显,如街巷隔开、溪流隔开、水渠水塘隔开、稻田隔开等,有的空间界线不太明显,甚至犬牙交错,但大家心中都有数。

(二) 围绕中心布局

侗族村寨都有本寨的中心建筑,一般是中心鼓楼、中心戏台、中心款坪、中心芦笙坪等。这是侗寨成员聚会活动的中心。在这个中心,鼓楼高耸,款坪与芦笙坪开阔,大体上是整座侗寨的地理中心,如坪坦侗寨的寨中鼓楼戏台、款坪等。或者是整个侗寨位置比较突出的地方,如冠小侗寨的中心鼓楼、款坪、戏台建在聚落地势较高的小山冈上。人们乐意拾级而上,步步高升,登高望远,参加聚会,还可北观冠大侗寨与林溪河水,南看全寨,一览无余。侗寨中心建筑布局,既有地理中心之势,也有活动中心之便,鼓楼高耸之威,款坪开阔之地,布局合理和谐。

(三) 公共建筑布局和谐

侗族村寨除了中心鼓楼、戏台、款坪、芦笙坪外,还有其他公共建筑,如一般鼓楼、萨坛、城隍庙、南岳宫、飞山宫、建寨始祖祭坛、水渠、水塘、水井、寨门、风雨桥等。这些公共建筑,或者建在中心附近,或者建在各个次中心,分开但不散不乱。萨坛、南岳宫等一般建在中心地带,非中心鼓楼是各个"补拉"的活动中心,是整座侗寨的次中心,飞山宫、各建寨始祖祭坛等则建在次中心及其附近。寨门各居一方,整个侗寨一盘棋,布局有序和谐。

（四）民居建筑街巷布局和谐

侗族村寨民居干栏吊脚木楼，远望黑压压一大片，鳞次栉比；步入寨中，星罗棋布，街巷纵横，错落有致。民居木楼，一般二至三层，围在鼓楼周边，因地因势而建，横向成排成街，纵向成行成巷，因平而直，因弯而曲，因坡而成层成台，街巷石板铺就，与地势和谐。水渠贯穿全寨，水井因泉而掘。水塘古树、竹丛点缀其间，增添和谐点睛之美。

三、人林生态

侗族村寨敬林、爱林、造林、护林、用林意识浓郁，形成传统的"敬、爱、造、护、用"的人林生态和谐模式。

（一）敬树为神

敬奉树神，首先表现在把古树敬为生命树、生命保护神。坪坦侗寨的石姓先祖，原先住在横岭侗寨对面，中年得子，儿子自小孱弱多病，于是到处寻找草药。一天来到坪坦寻药，那个时候坪坦还没人居住，有大片原始森林，因为劳累，石老爹到大树下休息，不知不觉迷迷糊糊睡着了。一位白胡子老人对他说："你不用为儿子找药了，只要带你儿子拜大树为干爹，你儿子的病就会慢慢好起来的。"说完，老人就不见了。石老爹惊喜醒来，原来是梦。石老爹按照白胡子老人的吩咐，带着儿子到坪坦大森林中拜古树为干爹，不久，儿子的病竟然慢慢地好了。这个传说表明侗家人尊崇树神的习俗由来已久。这种崇敬树神的习俗至今仍然存在，许多小孩出生后拜古树为干爹，年年祭拜，为古树披红挂绿。现在的侗寨，随处可见大树、古树的树干上挂满了层层红绸布，这是人们对大树、古树虔诚敬奉的标志。其次表现在敬奉村寨的古树，认为古树佑寨，古树枝繁叶茂，村寨就繁荣昌盛。每年祭祀古树，给古树披红挂绿，祈望古树保佑村寨平安昌盛。最后表现在敬奉村寨的风水林，把风水林敬为村寨的龙脉，任何人不得砍伐。在神灵信仰的氛围中，神灵的神秘性促使人们敬林爱林，珍惜和营造森林生态，这是利用神灵文化促使人林共存共荣的智慧。

（二）择林而居

石老爹把儿子拜坪坦古树为干爹然后疾病就好了的事情，告诉了几位异性好友，他们都感到很神秘，认为坪坦古树佑人，是适宜居住的风水宝地，于是，联袂迁到坪坦定居下来。石老爹就成为坪坦侗寨的建寨始祖，至今，坪坦侗寨还有石姓先祖的祭坛。中国南方山高林深，侗族先祖选择建寨的条件之一，就是依山傍水、依傍山林。占里、大利、银潭、增冲、高阡、述洞等一大批侗寨现今都在大森林之中，可以想见，几百年前建寨的时候，原址周围都是原始大森林。择林而居，爱之深矣；以林为邻，共生共荣。这是先民的生态智慧。

（三）造林俗规

侗族村寨有系列造林护林的传统习俗，人一出生，就栽种杉木，子女成年的时候，所栽杉木成材，可以用作房屋修造，或者作为嫁妆，名为"十八杉"。还有子女成年栽种婚姻杉，年满三十岁或者三十六岁时栽种养老杉，三十年后就可以用来作棺材了。侗族村寨还有伐木造林的规矩。伐木之后，不能让山地荒芜，必须由砍伐者栽种树木，这是保证森林生态的铁律。这些造林俗规是人林和谐的基本保证。

（四）护林常态

侗族村寨有一系列护林规约，一是村寨有专门守护山林的寨老或护林员；二是每个侗族村寨有保护森林的寨规村约；三是每个款组织有护林款规。这就从习惯法的角度有效保护着森林，使人林生态良性循环、恒久和谐。

侗家人爱林造林护林，是因为森林为侗家人提供了优越的绿色环保的生存环境，为侗族村寨提供了清新的空气和人体需要的大量负氧离子，调节侗族村寨区域性气候，减轻炎夏酷热程度，使侗族村寨盛夏凉爽，夏无酷暑。

侗家人爱林造林护林，是因为森林是侗族村寨居民生产生活的重要资源。茂密的森林之中，有丰厚的木材、林果、林药、猎物等丰富的动植物资源，使居住此地的居民易猎、易林、易牧、易农，是人地和谐、人林和谐的宜居之地。

侗家人爱林、造林、护林、用林，形成以林蓄水的林—水—人共生共荣系统。侗族村寨周边森林就像一个蓄水的大水库，把大量降水蓄积林下土壤之中，大雨之后，带着林下土壤中的矿物质微量元素慢慢渗出，给侗寨居民提供源源不断的优质水源，供人们饮用而健康长寿；供人们洗涤，不用洁净皂剂而荡涤污垢，使人清爽、洁净、美丽；供人们利用富含矿物质的泉水灌溉农田，使庄稼生长茂盛，获得优质谷物食品。

侗家人爱林、造林、护林、用林，形成林下复合种养系统。一是林菇复合种植共生系统，侗族聚居地区森林密布，采摘天然蘑菇，利用森林培育准天然优质蘑菇；二是林药复合种植共生系统，如林下种植、培育珍贵的石斛、灵芝、茯苓、党参、百合等；三是林茶一体化共生共荣系统，如三江等地侗族村寨千百年来的大片茶园，生产出大量优质绿茶，三江通道等地侗族村寨培植青钱柳，生产优质的传统青钱柳名茶等；四是林下养羊、养牛等复合共生系统，森林给牲畜提供丰富鲜嫩的草料，牲畜给森林除草施肥；五是林猎共生系统，侗家人有围猎习俗，为使林中野生动物科学繁衍，春夏放生、禁猎，秋季休猎，冬季有限围猎。

千百年来，侗族历代先民创造传承的敬林、爱林、造林、护林、用林的做法，形成侗家人特有的人林共生共荣的和谐模式。该模式充分利用了中国南方山区雨量充沛、气候湿润、易于林木生长的气候条件，并使侗寨居民世代继替地敬林、爱林、造林、护林，使森林茂盛，成为中国南方动植物多样性发展的胜地、林海茫茫的山区森林景观、中华民族的绿色肺叶，成为侗族村寨永不枯竭的金山银山。侗寨居民世世代代能够从森林生态中获取清新空气、充足水源等宝贵的生存资源，获取源源不断的林果资源、木材资源、药材资源及野生动物资源，成为当地社会经济可持续发展的生态依托，成为侗族居民宜居宜业的绿色家园和绿色康养胜地。

人林共生、共荣的和谐模式，是侗族村寨居民长期动态适应中国南方森林生态自然环境而育林、用林的杰出智慧，是侗家人谋求绿色多样性永续发展的杰出典范。

侗族村寨人林共生、共荣和谐模式的核心是和谐，前提是共生，在共生中共荣，在共荣中不断和谐发展。

四、聚落生态

侗族村寨聚落的突出景观特点是"山—水—林—田—路—寨"生态和谐。

人林共生、共荣形成了侗族村寨重要的生态屏障，尤其是重要的水源保障。大片的森林不仅是侗寨居民宜居宜业的绿色生态资源，也是侗族村寨无形的蓄水宝库。中国南方充沛的降水，被森林储存于林下地表，既减弱了暴雨对山地的急剧冲刷，减少山洪流量，有效防止水土流失，同时也把大量降水截留在了大山林下地表，慢慢渗出，汇集成山间溪流，成为侗族村寨的基本水源。现在的侗族村寨，或者处于森林之中，或者置于大片森林之下，利用大山和森林中流出的溪水，灌溉农田，穿绕侗寨。森林就成为侗族村寨看不见的水库，源源不断的优质水源地。

千百年来，侗族村寨利用水往低处流的基本规律，筑水坝、修水渠、筑山塘，把大山森林中流来的溪水引入山塘、引入稻田、引入侗寨聚落；地势稍高一些的稻田，则利用水流冲击筒车，利用水力自动提水，灌溉农田。

溪流、水坝、水渠、山塘、筒车、水田等水系环境，也在一定程度上调节了中国南方山区的小区域气候，调节了小区域空气的湿度与温度，保养了侗寨居民和山林，形成了小区域良性循环可持续发展的侗寨森林水系和谐生态系统。这是侗族村寨居民长期动态适应中国南方森林生态，蕴含着人—山—水—林—田—寨共存共荣的杰出智慧。

溪流—水坝—水渠，水渠—山塘—水渠，溪流—水坝—水流—筒车提水—水渠等构成了侗族村寨利用溪流的水网系统。这是千百年来侗族村寨居民适应中国南方山区森林与水源的生态循环资源的结果。大山、森林、溪流、水坝、水渠、山塘、农田、村寨聚落，浑然一体。这个生态系统由大大小小的道路连接，围绕村寨，形成"山—水—林—田—路—寨"的绿色生态和谐系统。

这个绿色生态系统是侗族村寨的聚落生态景观特色。这个特色的核心是"山—水—林—田—路—寨"共存共荣的高度和谐。这一特色因南方山区及其森林状况的差异，使各个侗族村寨"山—水—林—田—路—寨"的和谐景观又各不一样，呈现多样并存的和谐景观。

在共存共荣的自然生态和谐系统中，侗寨居民辛勤劳作、共同饮宴、共同娱乐，频繁交往，共居共荣，形成和谐的人文生态系统，这不只是中国南方典型的和谐生态景观特色，更是中国南方山区典型的绿色宜居乐园。

第二节 传统农耕文化遗产

侗族是中国南方山区传统的糯稻农耕民族，积淀了丰厚的糯稻农耕文明的文化遗产，展示出各生产要素复合共生的立体和谐特质。

一、稻鱼鸭复合种养共生系统

中国侗乡稻鱼鸭复合种养共生系统是中国农业文化遗产项目，已经被联合国粮农组织列入世界农业文化遗产名录。该项目的申请地虽然是从江县的侗族村寨，但侗族聚居地区普遍实行糯稻鱼鸭复合共生种养模式。

该模式利用中国南方山区水稻生长期与鱼鸭生长期的耦合互补，复合种养。在稻田里设置鱼汪、鱼棚和汪道，在没有插秧之前在鱼汪、鱼棚中培育鱼苗，或者将小鱼养成大鱼，待秧苗定根分蘖时，让鱼沿汪道进入大田。待稻花时节或秋后，将幼小的鸭仔放入稻田，让鸭仔与鱼一起在稻田里生长。稻田里禾苗生长较快，插秧后三五天便定兜生长，一周左右新的叶片逐渐生长起来。半个月之后，逐渐分蘖，鱼鸭在稻田里不仅不会破坏稻苗的生长，反而会捕食稻田里的害虫杂草，在田里排便，有松兜、耙田、中耕、除草、施肥等综合功效，有利于水稻的生长。鱼鸭在稻田里吃到鲜嫩的杂草和昆虫、田螺、蚯蚓、泥鳅等活食，生长速度较快。在稻谷扬花、灌浆、凝籽、橙黄时节，将长大了许多的鸭子放在溪流里或者鸭圈里，待稻谷收割后，再将鸭子赶到田里放养。该系统采用时间、空间上错开生长的相克期，充分利用时间、空间上的互惠期，使稻、鱼、鸭错峰共生同长，实现稻鱼鸭和谐共生共荣，使单位面积的稻田稻谷产量不减，又获鱼鸭的丰收，大幅度增加农家收益，使人们愉悦享受嫩鸭肥鱼的美味。

稻鱼鸭复合共生种养系统的关键，就是稻鱼鸭三者时间上继起有序，空间上并存相容，功用上长短互补，实现三者时空交替、功效互补的和谐共生。

二、仓厕与水系的共存

以水塘为中心，以水渠为纽带的多因素立体共存模式是侗族村寨的水体典范。

侗族村寨普遍采用"渠—塘—仓—厕—鱼—田"共存环保生态系统。"渠"指水渠，通过水渠把溪流的水引入水塘，使水塘处于长流水的活水状态。"塘"指寨中房屋边的水塘、池塘和山塘，寨中水塘多而且比较宽大。水塘有多种功能：一是蓄水消防；二是养鱼植莲种藕；三是塘上修造粮仓；四是塘上搭建简易厕所；五是水塘水面水体增加侗寨湿地面积；六是塘泥肥田等。"仓"指在水塘上修建的谷仓，离岸三五米，搭一跳板至谷仓，既防盗，又防火。"厕"指厕所，是搭建在水塘上的简易厕所，离岸5～8米，固定跳板通达，粪便养鱼肥莲。"鱼"指水塘养鱼。"田"指稻田，水渠的水流经水塘，水塘的水再流到稻田，便于种植水稻。水塘底的塘泥很肥，冬季放水后，将塘泥运到稻田，胜似农家肥料。"渠—塘—仓—厕—鱼—田"一体化生态环保系统，是侗族村寨居民千百年来创造、积淀、传承的水体农耕环保智慧；是侗寨居民充分而永续利用有限土地的经典范式；是侗寨居民促使消防、仓储、养鱼、植藕、净身、水稻种植和谐并存，是立体、循环、生态、环保，安全、卫生、适用、经济的传统农耕文明的杰出范式。

该范式以水塘为中心,实现"渠—塘—仓—厕—鱼—田"的和谐共存,六要素、五环节,空间立体并存、时间接替高效、绿色环境保护、生态链条畅行、动态环节衔接、变废为宝功能互补,形成"溪—渠—塘"水利自流和谐系统,形成以水体为纽带的"渠—塘—仓—厕—鱼—田"生态循环立体和谐范式。

侗族村寨的"渠—塘—仓—厕—鱼—田"的立体范式,依托的是侗寨的水体系统,是侗寨水体系统的组成部分。侗寨的水体系统由溪流、水渠、水塘(池塘、山塘)、水田、水井等组成。

侗族村寨一般都是依山傍水而建,溪流大多以"S"形绕寨而过,成为侗寨的玉带河,扩大水域面积,滋润侗寨。溪水流经侗寨的上游河段,必筑河坝,抬高水位,蓄积水量,修建水渠,引水灌溉,引水入寨。寨头水坝,水质清澈,洁净度高,可以作为饮用水;盛夏时节,水坝敞亮处,儿童可以戏水;水坝隐蔽处,成人傍晚沐浴;水坝上下水面,人们养鱼养鸭养鹅。

水坝斜向一边,引水至岸边水槽成径流,形成冲击力水能,冲击筒车转动,筒车上的水筒带水,随筒车转动把水提到高处水枧里,流入水渠,流向稻田,昼夜不息。筒车直径大体就是提水高程。扬程越高,筒车直径越长,筒车越大。这是中国南方山区溪流边比较普遍的筒车提水技术,是中国南方山区传统农耕文明提水灌溉的杰出典范,是当今引人瞩目的传统筒车提水景观。

水渠把溪水引入侗寨,沿着渠道在侗寨的大街小巷边穿行,再流入沿途各个院落大大小小的水塘。侗寨中、侗寨边的水塘有大有小,水面有宽有窄,大的水塘几百上千平方米,小的水塘几十平方米,分散布局在侗寨各处。各院落住户把谷仓、厕所建在水塘上面,水塘里的水流入一丘丘水田,水田里种植糯稻和养鱼养鸭。

侗族村寨连片梯田的水头,往往建有山塘,以便蓄水灌溉塘下农田。山塘有大有小,因地因需而定。山塘扩大了侗族村寨的蓄水面积,提高了农田灌溉用水保障能力,还可以用来养鱼、养鳖、养虾,或者培育鱼苗。

侗族村寨传统饮用水主要靠掘井供水。侗寨人户多,古井也多。古井一般在建寨之初,就已掘定,后世不断修筑完善。平坝型侗寨的吊井一般布局在寨内大街小巷的中心和次中心(如肇兴侗寨)。侗寨周边山大、林深、泉水多,水井因水源而掘,因泉水而建,有的在寨子中央(如高阡侗寨),有的在寨头(如堂安侗寨),有的在溪流岸边(如坪坦侗寨普济桥东头岸边城隍庙旁),有的利用山根泉水(如占里侗寨阴阳泉)等。大清早,各家各户的青壮年男女担着水桶取水,形成一道道亮丽的取水、担水景观。如果水井的水流量大,水井外边修筑有洗菜池、洗衣池,方便人们就近洗涤。

当今之世,侗寨古井仍在,井水仍然清澈,但很难再见到担水的队伍,人们已经用水管把井水引到各家各户,形成现代侗寨自来水。

侗族村寨的水体系统,经过千百年来的不断修缮,已经相当完善。一是溪流—水渠—水塘(山塘)—稻田自流水系;二是筒车提水水系;三是井水等饮用水系。这些水系各有优长。井水主要用于饮用,水井及其周边十分干净整洁。周边没有污染物,没有脏物垃圾,人们也不在井边倾倒污水。筒车提水主要用来灌溉、抗旱。溪流、河坝、水渠、水塘、水田等水体功能极多,除了洗涤、灌溉、消防、养鱼养鸭养鹅、种植莲藕等,还大幅度扩大了侗族村寨的水域面积、湿地面积,具有调节侗族村寨及其周边小区域温度、湿度等气候因素的重要作用。寨边溪河流水潺潺,寨中水渠流水淙淙,流水带着阵阵凉风,也带给侗寨炎夏的凉爽,使侗寨夏无酷暑。溪流与水渠、水塘、山塘、森林一道,使侗族村寨的空气与水体更加洁净,具有净化、美化侗寨生态环境的重要作用,使侗族村寨变得更加舒适宜居,成为康养胜地。

侗族村寨的水体系统功能巨大、效应突出。一是充分利用周边的水资源,使水源得到经常性有效保养而不缩小,更不枯竭,能够永续利用和可持续发展。二是水体诸要素布局有序和谐。溪流、河坝、水渠、水井、水塘(山塘)、水田,全寨一盘棋,不偏不废,整体布局。三是多环节链式衔接。四是水态动静和谐。环寨溪流与穿寨渠水的流动、塘水静中有动,清新气态动静相宜。五是水利多功能综合发挥和谐:饮用、洗涤、种养、灌溉、消防、净化、美化、养生等多种功能在人们不经意间、时时刻刻、悄悄地发挥作用。

侗族村寨的水体系统是千百年来侗家人护水、用水杰出智慧的结晶,是中国南方山区少数民族爱水、惜水、用水的典范。

三、地利智慧

侗族村寨的人们拥有地势活用、地尽其用、地利限用、合理施肥等地利和谐的杰出智慧。

(一)地势活用

侗族村寨居民地势活用的杰出智慧,表现在择地势而居、因地势而开田辟地、因地势蓄林造林、因地势筑坝开渠等方面。

择地势聚寨而居，是侗家人建寨的基本生存智慧。侗族村寨在建寨之初，就因山脉走向而选址修建侗寨，大体设定今后因地就势扩大寨容的基本框架。选址建寨的重要一环就是因地就势择址修建鼓楼、寨门和风雨桥。如大利侗寨选址于大山深处的沟谷之中，鼓楼选址在较高的台地，民居依沟依山就势，集中连片修建。增冲侗寨中心鼓楼选址寨中，旁边修筑水塘，然后围绕鼓楼连片修建干栏吊脚木楼民居。

1. 因地势开田辟地

农耕民族在选址建寨之后的一大工程，就是开田开地，种植庄稼。千百年来，侗族村寨的居民首选村寨附近的平地山坡，开垦田坝或者梯田。依地就势，平坝里阡陌一片；山坡上，顺弯拐弯，依坡而上，梯田层层。这就是侗家人因地势开田造地的传统心智，充分展现了田地与地势和谐的人地智慧。

2. 因地势筑坝开渠

稻作民族依靠水利种植水稻，就得把山间溪水引入农田，实现水利灌溉效应。中国南方稻作民族引水的传统智慧，就是修筑拦河坝，拦截水流，开渠引水入田。筑坝开渠，就得因地势而行。从溪流上游高处筑坝截水，按照水位高低和地势平缓而开辟渠道，使渠水平缓前行。有的水坝长达数十米上百米，有的水渠长达几千米，都是不小的工程。因水势筑坝，因地势开渠，这是侗族村寨地势活用的杰出智慧。

3. 因地势蓄林造林

侗族村寨的一大资源优势就是森林资源。侗家人善于因地就势蓄林造林。向阳山坡蓄植秋冬落叶栗木林，背阳阴山蓄植长青林，四季青山。瘠薄的土地栽种抗干旱的小叶林、针叶林，土壤肥厚的土地栽种阔叶林。因地植树，各得其所。这是千百年来侗家人因地蓄林、造林杰出智慧的典范。

（二）地尽其用

侗族村寨居民十分珍惜土地，力求地尽其用，具体做法多种多样。一是稻田稻油套种，稻肥套种等。稻谷油菜一年两收，时间刚好套起来。稻谷收割后犁田整田栽种油菜，夏初收割油菜后栽种水稻，都能高产丰收。稻肥套种是指稻谷收割之后，种植紫云英等绿色草肥，插秧前把紫云英沤在田里，浸泡腐烂，作为肥料。二是旱粮间作套种，如早玉米与迟豆类间作，芝麻与花生间作，早玉米与迟红薯间作等。三是同地换种。侗语云，种粮需要勤换种，同一块土地，换一种种子，产量要高得多，使同样的土地产出更高，农家受益更多。四是林下复合共生种养。这是指在树林中种养，如林下种植药材、林下养蜂、茶园养蜂、林下养鸡等，使土地尽其所用。

（三）地利限用

侗族村寨从来不主张过度农耕，相反，历来采取休耕、轮耕等地利限用的措施。土地在休耕的时段，使地力得到恢复。

（四）合理施肥

侗族村寨传统稻作农耕，实行多方式综合施肥，提高土地肥力。一是冬春浸泡水田，杀死病虫害，使田泥柔软肥沃；二是种植绿肥，稻肥套种，如秋冬种植紫云英；三是采取沤泡树叶杂草等绿肥；四是施放猪牛粪等农家有机肥料，以及塘泥等；五是施放草木灰、石灰，杀死病虫害，中和土壤酸性；六是适量施放骨灰，增加土壤中的钾、磷含量。侗族村寨农田施肥充分注重肥料的有机构成、施肥方式，没有毒副危害。

四、侗藏红米生产要素的共生

侗藏红米，米粒呈红褐色，细长；口感带糯，具有浓郁的豆味清香。侗藏红米含有丰富的硒、铁、锌、钙、镁等微量元素以及植物性蛋白质、植物性脂肪，还富含 B_1、B_2、B_6 等多种维生素和 18 种人体必需的氨基酸。

侗藏红米种植系统，千百年来传承于新晃等地侗族村寨，已被列入中国农业文化遗产名录。侗藏红米种植系统体现了生态农业和循环农业的和谐理念。山上封山育林，山下引水灌溉，林、水、田相辅相成；稻肥套种、水旱轮作的循环系统，既丰富了农作物的种植结构，又改善了土壤的营养成分；种植系统与养鱼养鸭系统的有机结合，无形中建立了一套良性循环的农业生态体系。

侗藏红米种植系统是侗族村寨适应中国南方山区水稻耕作的稻作文化，是和谐型农业稻作文化遗产，是林—水—田和谐共生，是稻肥套种、水旱轮作、稻鱼鸭复合共生种养等多层面的综合结果。

从侗藏红米种植系统可以看出，侗族村寨居民在中国南方山区独特环境中，形成了独特的土地利用系统和土地使用农业景观。这种系统与景观具有丰富的生物多样性。其中的核心就是人地和谐，因地制宜、因时制宜、因势制宜，地尽其用、地限其用，合理施肥、不施化肥、不打农药、绿色环保，有利于土地永续利用，促进区域土地可持续发展。这在中华大地和世界各地都有其独特性，是人类土地使用的杰出智慧。

侗族村寨稻鱼鸭复合种养共生系统、溪流—水坝—水渠—水塘—谷仓—水田和谐共存系统、土地使用范式与人地和谐系统、侗藏红米种植系统等突出典范,可与联合国粮农组织确定的多项农业文化遗产媲美,与秘鲁的安第斯高原农业系统、智利的智鲁岛屿农业系统、中国浙江的青田稻鱼共生系统、云南红河哈尼稻作梯田系统、江西万年稻作文化系统、云南普洱古茶园与茶文化系统和内蒙古敖汉旱作农业系统等一样,闪耀于世界农业文化遗产之林。

第三节 传统制作文化遗产

侗族村寨拥有多种多样的传统手工制作技艺类文化遗产,尤其是传统银饰打造技艺、传统服饰制作技艺、传统侗锦织造技艺、传统竹器编织技艺等。

一、侗寨传统银饰

侗族传统银饰主要有头饰、项饰、胸饰、首饰、脚饰等。头饰主要有银簪、银冠、银耳环、银耳坠等。项饰主要有银项链、银项圈等。胸饰主要有银吊坠、银饰上衣等。首饰主要有银手镯、银手链、银戒指、银扳指等。脚饰主要有婴幼儿的银脚链、银脚镯等。

侗族银饰品制作工艺精湛。银饰品制作要经过铸形、打造、精炼、细磨等复杂工序。巧工出慢匠,一件精致的银饰品,需要银匠师傅花费大量时间、精力和心智。一般的银饰品制作,没有图纸,有的有样品,大量的没有样品;没有样品的,打造式样、怎么打造,全在银匠师傅头脑之中。银匠师傅的技术娴熟程度、技艺精湛程度、心灵智慧和艺术造诣,决定了银饰品的精致程度和艺术价值。侗族传统银饰文化遗产的价值,以银质和工匠加工费用为基准,以银饰的艺术价值为参照,但艺术无价,银饰艺术品远超其银质的基准价。许多银饰品文物价值连城。

侗族银饰文化内涵极其丰富。银饰造型是其文化内涵的载体。造型比较突出的有银冠造型与吊坠造型、耳环造型、银项链造型、银项圈造型、银手镯造型等各有千秋。侗族银冠,不同于苗族银冠的一对牛角造型,展示水牛的图腾崇拜,侗族银冠展示的是凤鸟图腾。银冠的典型造型是百鸟朝凤,凤立正中、目视前方、百鸟百态、仰视中央、仪态万千。百鸟朝凤寓意吉祥和谐、凤佑侗寨、凤佑人类、凤佑银冠佩戴者,寓意人与自然和谐。侗族银冠文化内涵的核心是和谐,追求的是侗族人与自然的和谐之美。

侗族吊坠的造型多为萨岁神像、长命银锁等，现今吊坠造型观音菩萨神像、弥勒菩萨神像，祈求的是神佑宿主，展示的是人神和谐的祈愿。

侗族村寨银饰品的盛产地有许多。阳烂侗寨的银器制作，传承数百年而不衰，驰名远近侗乡。

二、侗寨传统服饰

服饰有广义与狭义之分。狭义的服饰只指上衣与裤子等服装及其装饰。广义的服饰除了上衣、裤子及其装饰外，还有头巾、帽子、腰带、鞋子等配套着装。

侗族村寨的头巾有男女之别。男性头巾由一匹专用头巾布交叉缠绕多圈而成，收尾时呈现射雕状态，英姿飒爽。女性头巾则多用蓝色布料折叠成前披后扎式，便于劳作。青少年女性多戴银冠头饰，中老年女性多用头巾银簪头饰。

侗族村寨的腰带，作为装饰，是很讲究的，多数是专门编织的束身腰带，费时数月甚至数年编织而成。腰带上编织有各式图案，较多的是水波图纹、花草图纹、太阳图纹、鼓楼图纹、侗家劳作图纹等，通过线条和谐与色彩和谐之美，编织大自然和谐之美，编织人与自然之美，记载人与人的和谐之美，侗家人把寓意和谐的吉祥图纹穿在身上，寄托侗家对天地人和谐的执着追求与无限向往。

侗族村寨人们穿的传统鞋子各式各样，但一般都是布鞋，女性布鞋绣上花纹图案，绣花鞋与周身服饰之花协调一致，达到着装和谐的审美效果。男性除了穿布鞋外，还穿用糯稻草、麻、布片编织的草鞋。侗族村寨中老年人都会编织草鞋，老太太坐在家里，闲着无事就编织草鞋。按照材质分类，有糯稻草鞋、麻片草鞋、布片草鞋等。按照用途分类，有劳作草鞋、休闲草鞋，居家拖板草鞋等。有的草鞋甚至是手工艺品。20世纪80年代之前，风雨桥、凉亭、井亭的柱子上挂有草鞋，供人们选用，这是侗家人不收费、无记名的善行。

侗族村寨的传统服装有男装与女装，有老、中、青、少、幼等不同年龄的服装，有日常服装和节日盛装等。

侗族传统服装有一个共同特点，布料是传统的微微发光的紫铜色侗布。侗布是用侗家传统木质织布机织造的，经过侗族传统蓝靛染料印染成紫铜色侗布，再量体裁衣，制作成侗装。要经过纺纱、织布、印染、裁缝等工序。每一工序又有若干小的环节。如纺纱之前，要种植棉花，这本身就是一个复杂的过程。收摘棉花之后,有晒花、轧花去籽、弹花、拈花成条、纺纱等工序。织布之前有牵纱、绞纱、经线上机、纬线倒成纱轮等环节,织布的时候,手脚并用,脚踩经线踏板,让经线上下换挡。手执梭子,使纬线横穿如飞,再用按尺压紧成布。印染程序,首先要将草本蓝靛材料采摘回家,将其浸泡,待其汁液渗出成蓝紫色,用大锅将蓝靛与侗布蒸煮着色;着色的侗布还须捶打,让着色与布料融合一体而不褪色;洗净晾晒,发出微微银光。

  侗族服装裁缝的过程也很复杂,先把侗布裁剪成女式右衽大件、男式布扣对襟上装,然后缝纫、镶边、缝裁布扣。男性裤子为大腰大裤筒;女性裤子束腰,白底黑带绑腿至膝。

  侗族衣服,有花边装饰,或有花纹绣饰。边饰较多。衣领边、袖口边、对襟边、裙摆边等,花边的花纹图案与腰带的花纹图案大体一样。

  侗族服装追求大方简洁,对称和谐。侗族服饰不同于周边的瑶族服饰、土家族服饰、苗族服饰、壮族服饰等。瑶族服饰喜白底红色花边,束腰,头戴彩色大盘瑶帽;土家族尚蓝,穿戴蓝靛染成的家机布服装,男式对襟布扣,头缠蓝色专用头巾,女式右衽大襟;苗族、壮族尚黑,尤其是青衣苗和黑衣壮,黑头巾、黑上衣、黑裤子。侗家人服饰的布料是自家专门纺织的侗布,颜色喜欢天然染成的紫铜色,"赤橙黄绿青蓝紫",紫为上,集七色精华,闪闪发光,寓意吉祥珍贵和谐;铜质通用钱币,能易万物,紫铜色侗装,金贵和谐,别具一格,与瑶族服饰、土家族服饰、苗族服饰、壮族服饰齐美,是中华民族服饰之林的奇葩。

三、侗寨传统织造技艺

  侗族盛装还有侗锦侗绣质料的精致服饰,侗锦织造技艺早已入选国家级非物质文化遗产代表性项目名录。通道侗寨成为国家首批非物质文化遗产(侗锦织造技艺)生产性保护传承示范基地。

  侗锦有多种,按照颜色不同有素锦和彩锦之分,素锦是用黑白两种颜色的纱线织出的侗锦;彩锦是用多种颜色的纱线织出的侗锦。按照用途不同有日常用锦与法锦之分,日常用锦有被面、床罩、枕巾、披肩、盖布、手袋、提包、头帕、背带、锦垫、锦带、花边、腰带、衣服布料、寿锦等,寿锦是老人寿终穿的侗锦;法锦是祭祀用的侗锦。按照织机不同有斜架式织锦和腰架式织锦之分,斜架式织锦是指用木质斜架织锦机织造的侗锦,斜架式织锦机可以织造侗布。腰架式织锦因织机不同,分为穿综式织机和木梳式织机。二者的区别在于工具不同,前者用的是综与打刀,后者用的是木梳。共同点在于将纱线一端系牢于临时木桩或者蹬腿上，另一端系于织锦者腰上，织锦者运用腰部力量把纱线绷紧拉匀，手执工具织造。织造花带、花边、腰带等小而窄或者长而窄的侗锦。腰架式织锦携带方便，随时随地坐下来就可以织造，是侗族村寨常见的织锦方式。

侗锦传统织造过程工序多重，技艺复杂，不仅需要织造者工艺娴熟、心灵手巧，更需要织造者的聪明智慧、创意才华，是侗族村寨传统手工技艺的瑰宝之一。

侗锦织造的工序主要有棉花加工、线纱整理、经线挑穿整理和上机织锦四大工序，每一大工序中又有许多小工序。棉花加工整理过程有选棉、轧棉、弹花、搓棉条等工艺；线纱整理过程有纺纱、盘纱、煮纱、染纱、浆纱、绕纱、挽纱、络纱、梳纱等工艺；经线挑穿整理过程有绞经、牵经、穿笁、排经、卷经、挑穿花竹签等工艺；上机织锦过程有集织、提纱、挑纱、压纱、梳纱、打纱等工艺。

侗锦传统织造之前的一道隐形工序是选定图案、确定针法与"挑压"经线数量。侗锦织造没有图纸，有的有样品，全靠织造者自己构图、筛选针法，设定针数与挑压经线数量及顺序。这一切，全凭织造者的心灵智慧和编织才华。

在侗锦织造过程中，每一个环节都很重要，都有其突出的技艺，每一环节、每一技艺都不能忽略，如搓棉条，看似简单，大小长短都容易做，但做起来，做到真正大小粗细长短一样，还是比较困难的。再如纺纱，如果技艺不熟练，纺出来的纱就会粗细不匀，时不时出现疙瘩，只能是不合格的废品。还有几个关键性的环节和技艺值得一提，一是纺纱技艺，二是染纱技艺，三是牵纱技艺，四是数纱技艺。

上机织造过程中的数纱技艺，既是重点，又是难点，更是关键。侗锦是在织机上编织出来的，一切图案都变成不同颜色经纱纬线的编织组合。这种编织组合又是依靠纬线飞梭时对不同数量经线"挑"与"压"而形成的。这就是侗锦织造一针针的"挑几压几"的技艺。这与编织花纹图案复杂的毛衣有些类似。初习者，可能就得死记硬背，机械别扭；脑子灵活的就看样织样，随机应变。飞梭往来，使侗锦五彩缤纷，出现一幅幅栩栩如生的侗锦花纹图案，使侗锦织造具有技艺型数理特质。这种特质，在云计算背景下，为侗锦的数字化编织、3D打印奠定了基础，提供了自动化编织的可能。

侗锦的花纹图案多种多样，侗族织锦传承较多的是萨岁神像图案、珠郎娘美图案、智人卜宽图案、八角太阳图案、百鸟朝凤图案、山水波纹图案、侗家人物故事图案、鼓楼风雨桥图案、侗族围猎捕捞图案、侗家插秧割稻图案、花草虫鱼图案等。这些不同色彩经纬线编织组合而成的花纹图案，是一件件手工艺术珍品，简约式地展示了侗家人厚重的历史记忆，折叠式地呈现了侗家人今日的辉煌现状，艺术性地抒发了侗家人多层面的追求与美好向往。

四、侗寨传统竹编技艺

传统竹编技艺是侗族村寨的又一重要文化遗产。竹编分为日用竹器和竹编工艺品。

日用竹器：筛子（面粉筛、大米筛、碳筛）、簸箕、撮箕、篾箩、箩筐、竹筐、竹篓、竹垫、竹席、竹篮、斗笠；竹凳、竹椅、竹桌、竹制砧板、竹制刷把；竹制扫把，竹篱笆，竹夹芯板，竹跳板，竹枧，竹尖担，竹篙、竹缆、竹绳、竹筏；竹制包装、竹制渔具，竹筒量具（如升子）；竹制蒸笼、竹碗、竹杯、竹盅、竹筒酒壶、竹筒水壶、竹筒茶壶、竹碟、竹筷、竹夹等。

竹制乐器：侗笛、侗箫、侗芦笙；竹制工艺品：花篮、花篓、花筐、竹编提篮，竹编手袋、竹编手包，竹烟袋杆，竹编枕头、竹编睡垫、竹制折叠睡垫等；竹制玩具：竹编蚂蚱、竹编蜻蜓、竹编小鸟、竹编小蛇等；竹编艺术品：竹编人物肖像、竹编山水画、竹编诗词书法，竹编花鸟画等。

编制竹制器具，需要不同的竹子。竹子有兰竹、水竹、桂竹、金竹、山竹、罗汉竹、紫竹；实心竹、四方竹、棚竹等。兰竹篾结实抗重，用来编织农具等工具类器物。水竹篾水滑光洁，用来编织小巧型器具和工艺品。紫竹篾等色彩竹篾用来编织艺术品。罗汉竹、实心竹、四方竹用来制作工艺品。桂竹、金竹耐用，用来制作日用器具等。棚竹篾柔软结实，用来锁扣、绞边。山竹产量大，价格便宜，用来制作易耗器物，如编织撮箕等。

侗族村寨传统竹编工序大体上有选竹、伐竹、去枝、泡竹、刮节、劈竹、去弃篾、取青篾、取黄篾、取片、抽丝、刮篾、匀篾、蒸篾、着色、编织等基本工序。编织之前的各道工序，是为编织备料的，都非常重要，材料准备得好，粗细厚薄匀称圆滑，编织出的篾器物就结实漂亮。如果篾料粗细不一，厚薄不匀，表面粗糙，织出的篾货质量就差，又不美观。哪怕是比较粗糙的日常篾货器具，也要看起来漂亮，用起来顺手耐用。编织工艺品与艺术品，对备料的要求就更严格、更苛刻了。

侗族村寨竹编的重要环节是编织过程中的图案设计，编织出什么样的图案花纹，在编织前就已经设计好。与侗锦编织一样，有经纬之分，依据图案确定编织过程中"挑"与"压"经篾的片数。篾工在编织过程中，用手捡起要"挑"的经篾，然后依据图案编入适当颜色的纬篾，用竹尺打紧。

　　侗族村寨竹编过程的关键技艺，就是"挑压"纬篾的颜色、顺序与篾片的数量。颜色、顺序、挑起的篾片数量，三者不能出现一点差错，既要记忆准确，又要手法娴熟。其中，颜色选取法、检篾顺序法、挑压经篾法，是侗族竹篾编织的核心技术，是篾工编织的绝活。篾工在竹编过程中，颜色的选取、检篾顺序的推演、挑压篾片的检数，一切都在心中，心中有图，按图索骥，边检边数；一目一排，眼快手快，检一排，按照图形顺序，下推一排，推移性检篾，图案就在手下检篾中随纬篾的添加而渐渐形成。

　　侗族村寨竹编织图案花纹有着丰富的文化内涵。日常用的篾具，有的没有特织的花纹图案，只有常规图案、常规花纹，很少着色，只是利用青篾、黄篾的交替，纬篾进入顺序的变化，形成比较简单的人字形、正四方形、菱形花纹图案。编织工艺品、艺术品的图案花纹，非常讲究，追求精致精美。常见的图案花纹有百莲图、福寿图、松鹤图、龙凤呈祥图等，展示浓郁的民间信俗，寓意健康长寿、平安吉祥等。

　　侗族村寨传统竹编器物有多方面的和谐体现。一是追求图形花纹与经篾纬篾及其颜色搭配组合的和谐，使图形花纹格式化、程序化、数据化，便于编织操作，并使图形鲜活起来。二是器物与竹材的和谐，使竹篾与器物相宜，美观耐用。三是因竹制宜，看重什么竹子，什么颜色，做什么用，用在什么位置，恰到好处。四是追求人与竹具编织过程、编织物的和谐，展示人与竹、人与物、人与自然、人与人的和谐关系；篾工的编织物在集市上销售，为社会所用，显示人与社会的关系。侗族村寨的竹编器物，除了得到侗族同胞的喜爱，还得到周边兄弟民族的喜爱，甚至还远销东南亚各国，得到国际社会的青睐与好评。

　　侗族村寨编织技艺还有比较普遍的草鞋编织技艺。

　　侗族村寨还有其他传统加工技艺，如传统芦笙制作技艺、传统侗绣技艺、传统榨油技艺、传统金饰品制作技艺、传统铜器打造技艺、传统铁器打造技艺、传统泥瓦技艺、传统石器打造技艺、传统土漆制作技艺、传统蜡染技艺、传统白蜡制作技艺等。

　　侗族村寨这些生产类文化遗产，都体现出生产过程的劳作本质，都渗透着人与劳动对象、劳动工具及创造物共生共荣的智慧。

第四节 传统商贸文化遗产

侗族聚居地区的商贸物流,既是一个缓慢发展的历史过程,也是一个逐步扩散的通达过程,更是一个诚信勤勉的和谐过程。这个过程积淀的文化遗产多种多样,有商贸物流节点文化,如码头文化、集市文化等;有大宗商品交易物流文化遗产,如桐油、木材、药材、大米等的交易与物流;有与之关联的牙行、镖局、会馆、旅馆、酒楼、餐馆、茶馆、戏院等文化遗产;有渗透其中的诚信、勤勉、合作等传统商道文化遗产。

一、集场货物交易

侗族聚居地区在历史上是一个封闭式山区,尤其是湘、黔、桂三省毗邻地区,封闭性更突出,是典型的自给自足的自然经济,商品意识淡薄,货物交易以物易物,偶尔进行,交易的货物少、次数少。货郎走村串寨,送来针线等小件物品,换来侗家侗锦、侗绣等物品。商品意识比较强的汉族商人,也走村串寨收购货物,捎带给侗寨居民销售一些日用小商品。这是最初的侗族村寨交易方式。

后来,洞塘乡镇所在地的大型侗寨或者码头慢慢地形成集市,周边侗寨居民定期来此赶集。侗乡赶集,是人们辛苦但又乐意的交往活动。20世纪中期以前,离乡镇较远的人们为了到乡镇赶集,凌晨两三点钟就得出发,翻山越岭步行七八个小时,匆匆忙忙把自己的货物卖掉,选购自己需要的东西,又急急忙忙地往回赶,到了晚上十一点左右,才能回到家,同家人共享换回货物的喜悦。

乡镇赶集交易,多年来都是以物易物,后来才用一般等价物的货币。往来靠步行,买卖的东西靠肩挑背驮。经常赶集经商的人,才用驴、马、骡子驮运货物。久而久之,居民在集场所在地开设店铺经商、开办作坊,如铁匠铺、银匠铺、日用杂货店、百货店、茶馆、餐馆、旅店等。这些作坊店铺,平常冷清,逢集(场)忙碌,季节性强、时效性明显。后来,集场地街巷化,发展成为一定规模的市场。

侗家人赶集卖掉的是中药材、皮毛货等土特产品,换回的是糕点等时兴食品以及铁制农具、银质饰品等自己不能生产的货物。赶集式货物交易,愿买愿卖,钱货两清,互不相欺,古朴自然,平等自在。

二、码头货物集散

千百年来，侗族聚居地区集市之中的码头集市，辐射面宽，往往涉及周边百里以上；交易的货物品种多，主要有木材、桐油（桐籽）、药材、稻谷（大米）、日用百货等；交易的数量大，尤其是木材，排满了码头上下几千米河面；货物运输也比较繁忙，靠近水路的货物运输，以水运为主；远离水路的货物，只能靠人力、畜力驮运。唐宋以后，侗族聚居的码头逐渐成为周边货物的集散地、转运地。明清时期，域内码头商贸物流日益繁荣。沅水—清水江流域的洪江、黔城、江市、沿河、托口、东乡、垄处，沅水—渠水—坪坦河流域的郎江、渠阳、县溪、菁芜洲、双江、坪坦，林溪河—浔江流域的林溪、丹洲，榕江—都柳江流域的融水、丙妹、古州、车江，清水江—亮江流域的锦屏、黎平，沅水—巫水流域的若水、高椅、绥宁，沅水—潕水—舞阳河流域的荆坪、鹤州、罗旧、芷江、龙溪口、平铺、镇远等码头，发展成为域内商贸物流的串串"明珠"。

码头商贸物流较之集市赶集的货物交易，发生了质与量的变化。以物易物的货物调换，变成了货币媒介的商品交易；交易次数不是偶尔为之，而是经常性行为；商人日渐增多，商人职业化，与之相关的人员也开始职业化、行业化。码头成为商品经济的一个个小枢纽。以商品贸易和运输为中心的网链行业逐渐形成、逐渐扩大。木材行业、桐油行业、药材行业、船帮、排帮等越做越大，越做越强。码头城镇化，码头的商品经济、商品意识，货物传统水运，冲击千家万户，波及越来越多的侗族村寨，波及天下各地。天下各地的会馆在大的码头拔地而起，林立于世。

从宏观角度审视，域内码头是本地货物收集的集结点，是货物分拣、包装的加工地，是本地货物外运的起点，是外来货物抵达的终点，是百货分散的始发站，是连接城镇与侗族村寨的枢纽，是连接湘西、黔东、桂北、渝东、鄂西各族人民的枢纽，是各地客商与本地商家一起连接千家万户的商贸物流平台。

从微观角度透视，商品的每一次交易大都在讨价还价的"甜言蜜语"中和谐进行；货物的收集、分拣、包装、装卸，在热闹吆喝声中运转；天南地北的客商在交往中云集。码头经济作为持续发展的永续经济，它的本质之一在于等价交换，顺畅地完成集货和散货、包装加工、装卸储存、运输配送、商贸往来等。侗族聚集地区的码头经济是自然经济与商品经济环境下商品交易与货物集散的和谐的经济模式。

三、货物水陆联运

侗族聚居地区处于沅水中上游及其支流一带、珠江中上游北部地区,水运可以通达侗族聚居地区的大部分村寨,水陆联运可以连接域内所有侗族村寨。域内居民借助水陆联运,北达中原大地和大西北,南至岭南与东南亚,东至大海,西至缅甸印度。水陆联运是域内自古以来的重要商贸物流模式。

水陆联运模式是指以水路船运为主,在码头卸货后,由马帮、骡队和人力运输抵达终点。一是抵达附近的侗族村寨和兄弟民族村寨,距离较近,日程较短。二是连续运作,抵达远距离目的地。

(一)侗族聚居地区——中国中部东西茶马丝绸之路

侗族聚居地区的居民通过水陆联运,东可通江达海,西可通达黔、滇、藏等省区,出境抵达缅甸、印度、尼泊尔。这条水陆联运的茶马丝绸之路,秦代初创,汉代延伸,唐至宋元成型,明清完善。这是我国历史上实际运行过的中国中部的茶马丝绸之路。这条茶马丝绸之路,东起扬州(近现代东起上海),西至印度,中经长江,上行过洞庭湖,入沅水—潕水—舞阳河至镇远,乃至黄平旧州;或者由沅水—清水江至都匀码头,再换成马帮骡队,西出贵州,经云南楚雄、大理、迪庆,抵达西藏、尼泊尔,或者经腾冲、瑞丽等地抵达缅甸、(孟加拉国)印度。中国东中部的精致百货,尤其是茶叶、丝绸等货物,经此线路,抵达国内大西南,抵达缅印诸邦。印度的香料、缅甸的翡翠珠宝等货物,沿这条茶马古道驮运至都匀码头,船运至沅水一带、长江中下游。

历史上,这条线路有多种运行模式,一是官府、巨商东西直达模式,如抗战时期的军需物流等;二是水运直达与马帮直达的两段式衔接商贸物流模式;三是码头与集市节点买卖分段东进西出的接力模式。

这条水陆联运线路,总里程最短,水路水势相对平缓,绕过了原长江三峡、乌江、岷江、大渡河、金沙江、澜沧江、怒江等江河天险,是一条相对平缓的大道。这条水陆联运的茶马丝绸古道对于促进中国中西部商贸物流、沟通中国中东部与缅甸印度的商贸物流发挥了重要作用。

这条水陆联运的茶马丝绸古道,与北方丝绸之路、南方海上丝绸之路齐美,是中国古代至近代商贸物流线路的历史创举,是域内人们适应中国中部和西南地区高山大川河流气候,进行跨境商贸物流的杰出典范,是中国乃至全世界商贸物流方式与线路多样性的杰出模式。

（二）侗族聚居地区——中国中部南北通衢商贸物流大通道

沅水—渠水—坪坦河—林溪河—浔江—珠江的商贸物流，是域内水陆联运的又一经典范式。

这条南北线路，南部的林溪河与浔江、榕江水势比较平缓，是珠江水系的宜航水道。北部坪坦河—双江河—渠水—沅水，水势较乌江平缓，比原长江三峡水势也平缓多了。珠江水系浔江支流北上至林溪终点码头，长江水系沅水—渠水南至坪坦终点码头，两大水系支流的终点码头之间隔着一座分水岭，直线距离不到15千米，驿道不过20千米。这段驿道靠人力肩挑背驮，速度快的一天两个往返，慢的一天一个往返，有的两天三趟，或者马帮骡队驮运，效率高得多。这段驿道是长江水系与珠江水系商贸物流的重要通道，通道的县名也由此而来。

这条线路，南到林溪河，沿河而下到三江、柳州，南去南宁、北部湾，再出境至越南和东南亚；西南去云南，再去缅印诸邦；西去河池等地，东顺珠江而下，经梧州，直达广州与粤港澳大湾区。北经坪坦河，顺水北下，经双江、县溪、靖州、会同、托口，再沿江而下，经黔城、洪江而去常德、汉口；沿汉水至汉中，再去大西北；陆路至中原大地；沿长江而下直达东海。

这条线路把洞庭湖周边的大米与中原、华东地区的百货南运广西，把广西的蔗糖及东南亚的橡胶等特产运至洪江、常德、汉口、西安、洛阳、开封、九江、芜湖、南京、镇江、扬州等地。这条线路是可与湘江—漓江比肩的中国古代南北重要大通道，是一条中国中部南北通衢商贸物流大通道。

这条线路使中国中部南北物产大交流，南北各地人们分享异地美味，同用异地物产，实现了南北物产共享。

这条线路，也带动了沿线码头的经济、文化与社会的发展，使托口、朗江、连山、太阳坪、渠阳镇、县溪、菁芜洲、双江镇、坪坦侗寨成为沿线珍珠式的码头。如托口古镇沿江的18码头和大小街巷，刘同庆油号、大规模桐油加工基地、排满河面的大小帆船和大量木排。再如坪坦侗寨原本是一个不起眼的团寨，因为是这条线路水运终点码头和陆运起点的驿道节点，于是慢慢地店铺林立，绵延数里，商贾云集，热闹非凡。时过境迁，虽然往日辉煌不再，但其码头街巷尚存，折射出过去厚重的商贸物流文化，是侗寨过去商贸物流辉煌的历史见证。

四、侗乡商贸的完善

侗族村寨商贸物流顺畅通达的状况,是一个逐步形成与完善的过程。

(一)商贸物流中的利益障碍

侗族村寨商贸物流的发展,会遇到许多障碍,有传统的障碍,也有商品经济的负面影响等。

传统的障碍主要有,传统馈赠排斥商品交易、自给自足的自然经济排斥商品经济、传统农耕文化排斥商贸物流文化等心理或行为所产生的影响。

商品经济是一把双刃剑,有和谐交易促进经济发展与社会进步的一面,但商品经济是逐利的,有的人追逐利益最大化而不顾一切,不讲诚信,不守规约,唯利是图,你争我夺,使域内小区域范围内商贸受阻、物流不畅。清水江流域的王寨、茅坪、挂治、垒处、清朗、三门塘等码头曾为木材经营利益而发生争江案,持续了二百多年,官府出面调停,实行轮江制度,才使清水江木材商贸水运顺畅进行。

(二)矛盾中的解决措施

从历史长河看,清水江争江案只是侗族聚居地区中一个小区域的局部纷争,二百多年争江冲突历时较长,但也只是历史长河中的一段时间,有其短暂性;商品经济运行是主流,是历史的必然,时间更久远。商贸物流中的利益冲突,在对立统一视角下,是推进解决矛盾而达顺畅和谐的契机。顺畅和谐,是商贸物流的基本要求与本质特征,是侗族聚居地区各族人民的共同追求。商家、客户和域内居民探寻许多方法促使域内商贸物流的顺畅。

首先,当地居民订立寨规、村约、款约,维护域内商贸物流的顺畅。和谐是侗家人世代相传的传统美德,是侗族村约、寨规、侗款的基本内容,虽然文字遗存很少,但侗家人世世代代口口相传,经常宣讲,人人遵守。这是侗族村寨居民的基本信守。

其次,商贸物流行业、帮会拟定行规帮规,维护商贸物流的顺畅和谐。托口古镇拆迁前,在朗溪村街道石板路边的青色石板中,就有一块石板镌刻着托口木行、船帮、排帮同立的共同规约,包括违规处罚铜钱数量的具体罚则。

最后,行业和地方联合,制定"江规",多角度地管控阻碍商贸物流的干扰因素,促使域内商贸物流顺畅和谐。在坪坦侗寨的文物中,就有一座

"永禁谲心"的石碑,石碑上镌刻着坪坦河流域商贸物流方面的多条禁止性规定,如不得"霸江"、不得欺诈等条款及相关罚则等。横岭侗寨现存石碑文物中,有横岭塘石碑,其中镌刻着相关规定。

(三)侗族聚居地区商贸物流的总体趋势

侗族聚居地区人员的共同努力,不断地磨合关系、协调利益,使域内商贸物流基础设施不断完善强化、网链布局不断合理、服务关系不断协调、管控措施不断完善,域内商贸物流得以顺畅通达,呈现分工自然、协调有序、分段衔接、全程通畅、快捷便利的格局,实现了互利、互惠、共赢。

侗族聚居地区商贸物流模式中渗透着传统美德:平和善良、朴实无华的外显仪态,敦厚实在、宽容宽宏的内在心态,勤劳节俭、任劳任怨、忠于职守、精益求精的劳作品质,信守承诺、童叟无欺的诚信业态,扬善惩恶、济贫护弱的侠义情怀等。这些传统美德是侗族域内商贸物流文化遗产的内核和精华。

第四章 生活智慧的和谐范式

侗族村寨不但拥有独特且多样的杰出生产智慧和谐典范，而且拥有独特且精彩的生活智慧。

第一节 主食制作

侗族村寨居民的传统主食是糯米饭，节会仍然以糯米饭为主，辅以年粑、蒿粑、乌饭、粽粑等。侗族村寨的糯米饭主食及其他主食体现了侗家人的生活智慧。

侗族村寨地处中国南方山区，冷浸田多，日照时间较长，适宜糯稻生长。稻田大多分布在离寨子比较远的山坡上，所以侗家人大清早就出发，要在田间地头用早餐和中餐。这样，出发之前，就得把早餐与中餐吃的东西随身带上。这就出现了相关问题，一是食品要便于携带；二是食品要方便食用；三是天气热、气温高，食品要在中午之前不变味。糯米饭就能满足这些要求。侗家糯米饭，不是煮熟，而是浸泡后用蒸笼蒸熟，能够捏成团，便于包装携带；糯米饭团，拿在手里就能吃，不用碗和筷子，吃起来方便；水分少，耐放，放一整天都不会变味；就着咸菜、腌鱼腌肉，吃起来津津有味；糯米饭要比籼米饭耐饿。这样，侗家人在中国南方山区的特殊环境中，在较远距离的"带餐"劳作中，自然地选择糯米饭作为主食。周边的汉族、苗族、瑶族、壮族等兄弟民族，只在节会时才食用糯米饭，往往是在打糍粑时才吃糯米饭，平常很少吃糯米饭，更不会把糯米饭当作主食，餐餐吃，天天吃。把糯米饭作为主食，是侗族村寨居民的独特习惯。侗家人糯米饭的蒸煮方式、食用方式，是适应自然环境的产物，是适宜农耕生产生活的优选方式，是侗家人生产智慧、生活智慧的杰出范式。

侗族村寨的年粑、蒿粑、乌饭、粽粑等食品是时令性节会食品。

年粑，就是糯米做的一种糍粑，是侗族村寨过侗年、过春节才做的珍贵食品，象征阖家团圆、吉祥如意。年粑的用途主要有三：一是用来祭祀神灵；二是自家食用；三是作为礼品，馈赠亲友。

蒿粑，也称蒿叶粑，是用面青背白的青蒿嫩叶与糯米在碓码中舂细柔和，拿捏成团，包上腊肉、蒜叶，肉馅蒸熟即可食用。颜色青绿，给人高叶绿素、高维生素、高环保的视觉冲击感，既有青蒿的鲜香，也有腊肉、大蒜的混合浓香，最好趁热食用，也可以冷食，热有热的口感，冷有冷的清香。

乌饭，其食材之一是专用树叶，洗净后与糯米蒸煮，饭的颜色乌黑，饭的味道清香。这是一种时令性节会主食，时令季节是初夏时节，阳历五月上中旬、农历四月初八，节会为乌饭节或姑娘节。乌饭的来源，传说一位侗寨村民因事被关入柳州监狱，他的妹妹探监送饭，狱卒拦截抢着把饭吃了。探监送饭的妹妹再次送饭时，把一种能够食用的鲜嫩树叶捣碎，用树叶乌黑的液汁把饭染成乌黑色，对狱卒说，这东西又黑又脏，不是米饭。成功瞒过狱卒，乌饭成了救命饭。这种乌饭有清火除湿等保健作用。于是，每年四月初八，人们都煮乌饭吃，相沿成俗，四月初八成为当地的乌饭节、姑娘节。

粽粑，也叫粽子，是侗家人仲夏时节的节会主食。时令为仲夏季节。粽粑是中国南方比较普遍的食品。仲夏之初，人们采摘新鲜的粽叶，洗净，把糯米淘洗干净、浸泡、滤干，放入适量食用碱，使糯米的颜色微黄。或把粽叶折叠成圆锥状，放入适量糯米、红枣或者腊肉馅等，然后包成菱角，用粽叶丝捆扎结实；或者把几张粽叶平铺桌面，堆放糯米、枣子、肉馅，再用几张粽叶覆盖，包裹、捆扎成长条状粽粑，包好后，把粽粑放入锅中煮熟煮透，捞出，稍冷后即可食用。粽粑至少有三种香味：粽叶清香、食用碱香、糯米香，加一种馅，多一种香味。湘黔桂三省毗邻的侗族聚居区，五月初五采菖蒲吃粽粑、吃众菜时吃粽粑，现当代过端午才吃粽子。

糯米饭、年粑、蒿粑、乌饭、粽粑，都是糯米做成的糯食，都是糯米主食，是侗家人适应中国南方山区糯稻农耕生产环境和糯稻生活条件的生活智慧，是人与自然和谐相处的杰出范式，是稻作农耕文化主食多样性的典范。

第二节　加工烹饪

侗族村寨的独特菜系是中华民族少见的佳肴奇葩。其中，有腌鱼腌肉、腊鱼腊肉、辣菜辣汤、苔藓汤、油炸虫蛹、油炸蚱蜢、芷江鸭、血粑鸭、新晃牛肉等，都是侗族村寨的特色佳肴。

侗族村寨自用与待客的菜肴中最具代表性的侗寨名菜就是腌鱼腌肉。腌鱼腌肉是侗族村寨在八月十五左右（这个时间，天气渐凉，鱼的肉质鲜嫩紧密，最适合腌制），将稻田、水塘养的鱼捕捞回来，挑选5斤重左右的鱼，洗净，从尾部下刀，从脊背切开，去鳃、去除内脏与黑膜，用毛巾擦净鱼肉上的血水；在不缺盐的情况下，依据存放时间按照一定比例，将盐抹在鱼肉内外，平放腌制两昼夜，待盐渗入鱼肉后，晾干，待鱼肉外侧干水内侧不湿手后，就可以放入专用木桶腌制了；按照特定比例，将适量炒米糟（糯米文火炒香炒黄后与渍鱼盐水拌和而成）、姜末、菖蒲末、曲香酒（喜欢辣味加辣椒粉）等，均匀地抹在鱼肉上面，头尾相接，一层层地放得严严实实，压紧、压实，盖上布袋，再盖上木盖板，压上比较重的石头，密封，窖藏待用。腌制的时间，短则数月半年，长则十年二十年，经久不腐。腌制用的炒米糟、姜末、菖蒲末和曲香酒等香料，有防腐发酵醇化美味等化学功效。腌制时间越长，鱼肉的肉质越紧致，腌香味越醇厚浓郁。陈年腌鱼腌肉，被侗家人视为美味珍馐，款待稀客上宾。

腌制后的鱼肉，肉质鲜嫩紧致，颜色白里透红，干湿适度，浓香扑鼻，味道微酸、腌香浓郁。盛夏酷暑时节，食用腌鱼腌肉，有生津开胃、增进食欲等功效，是难得的保健佳肴。

每逢节会，或来嘉宾，取出切成块，一般直接上桌食用。如果照顾远来宾客的视觉味觉，则煎炒后（或烧烤后）上桌，作为压轴佳肴，请宾客享用。这是侗家宴客的重要仪礼之一。

鲜鱼鲜肉，不耐放，时间长了，就会变质腐烂。用腌制的办法制作腌鱼腌肉，这不只是一种防腐存储办法，而且能够使鱼肉的肉质紧密、肉味酸香浓郁。如果在盐贵如金的缺盐时代，制作腌鱼腌肉时，则放少许食盐，以酸代盐，以酸防腐，以酸增味，以酸美味。这是侗族村寨人们缺盐时代适应中国南方山区炎热气候环境下菜肴加工的创举，是侗家人菜肴加工制作多样性的杰出智慧，是侗家人运用生存智慧与生活智慧的杰出典范。

腌肉原材料是猪肉、牛肉、鸡肉、鸭肉、鹅肉等家畜家禽的鲜肉，这是一种多元肉质材料防腐存储、增味添香的有效方法。

腌鱼腌肉制作技艺的关键是密封酸化。酸，是侗族酸菜系列的基本特色。酸之为菜，是侗寨特色菜系之一，有泡菜系列、陶坛腌制酸素菜系列等。酸菜制作是侗族村寨以酸代盐、以酸存储、酸化加工的关键技艺。侗家餐桌上酸菜系列除了泡菜系列外，还有酸鱼酸肉、酸菜酸汤等。

酸鱼酸肉类似于腌鱼腌肉，制作工序主要有鱼肉洗净、煮熟、切块、裹上米粉或者面粉，放入陶器坛中，密封，让其酸化，待用。放置月余，取出，蒸熟，即可食用。肥而不腻，生津、开胃、爽口，比粉蒸肉好吃，富含氨基酸、脂肪酸等营养元素，营养价值高。

坛腌酸菜，原材料以青菜叶、野藠叶与野藠头、香椿叶、大蒜叶、萝卜、豆角等为主，洗净、晾干、切成细丝状或切碎，微晒半干（能捏成团，放手散开），放入坛中，密封，让其酸化，待用。一月之后（长可数月半年），即可取出，烹炒食用。一份份酸豆角、酸青菜丝、酸野藠、酸香椿、酸萝卜丝等，形成数十道酸素菜，酸味菜香，各不相同，形成侗家酸香诱人的酸菜系列。

以这些酸菜为底料，制作酸汤，如青菜酸汤，被人们美称"神仙汤"，清香、酸爽、生津、开胃。野藠酸汤，更胜"神仙汤"，可谓"此汤只应天上有，人间哪得几回尝"。青菜酸汤、野藠酸汤等，简单朴实，地地道道的侗家美汤；实实在在，难得品尝的人间美汤。

腌鱼腌肉、酸鱼酸肉、酸菜酸汤等侗家菜系，其共同特点就是利用南方山区湿热气候和酸化菜系制作技术，以酸代盐、以酸防腐、以酸存储，以酸加工的系列绝技，是侗家人适宜中国南方山区炎热潮湿气候防腐存储的创举，是侗家人菜肴加工制作多样性的杰出典范，是侗族村寨居民的又一重要生存智慧与生活智慧典范。

侗族村寨还有腊味菜系和辣味菜系。腊味菜系是烟熏腊肉菜系，或者用柴火烟熏火烤肉类原材料，或者用炭火烘焙肉类原材料。如腊猪肉、腊猪肠、腊猪肝、腊牛肉、腊羊肉、腊鱼、腊鸡、腊鸭、腊野味等，形成侗家腊菜系列。辣味菜系是指以辣椒为原材料的菜系，主要有鲜辣椒、剁辣椒和干辣椒等。鲜辣椒可以爆炒，可以拌炒，可以烧烤擂烂食用等。剁辣椒是酸辣味，主要是作为调料，加入相关菜肴中，如剁辣椒炒鲜蕨菜，剁辣椒拌鱼等；剁辣椒少许加入面条或者米粉中等，使之多一份酸辣味。干辣椒有多种用法，一是直接炒食，或者拌炒其他食材食用；二是磨成辣椒粉，作为调料使用，烹制辣味菜肴。腊味和辣味加工都是中国南方山区防腐储藏的传统技艺，腊味与辣味烹调也都是中国南方烹调技艺多样性的杰出代表。以腊、辣代盐，同样是中国南方山区缺盐少盐情境下的智慧选择。辣味菜系，以辣著称，人们食用后，全身冒汗，排毒解热，是一种保健型食疗法。腊味、辣味菜系是侗族村寨居民适应中国南方山区炎热气候的重要加工烹调技艺和杰出加工烹调智慧，是中国南方山区居民烹调文化多样性、食疗保健多样性的杰出范式。

侗族村寨还有系列名小吃，如米粉、汤圆、甜酒（醪糟）、凉粉、树叶豆腐等。

第三节 饮品制作

侗族村寨的饮品是侗族饮食文化遗产的又一奇葩,突出的有侗族油茶、侗寨甜酒、侗寨苦酒、侗寨青钱柳茶、侗族绿茶等。

油茶,是侗族村寨居民自己饮用和待客的首要茶礼。

油茶的制作程序比较复杂。首先,要将糯米做成传统米花。将糯米淘洗干净滤干,蒸熟,再晾干,制成炒米,储藏备用;取少许炒米放在锅里用油炸成油米花待用;或者用粗砂炒成糯米花,将糯米花做成米花饼待用。其次,将花生、杂豆等炒熟炒香炒脆(喜咸放点盐),分装待用。最后,煮茶。将糯米花、脆花生、杂豆等食材,放在碗里,冲茶浸泡,(喜甜放糖)即可饮用。

侗族村寨居民清早出去干活前,喝碗油茶等当早点,喝后使人神清气爽,不饥不渴,浑身是劲。中午干活回家,又饥又渴,喝碗油茶,止渴生津,消除疲劳。油茶,是侗寨居民的养生之茶。

侗族村寨接待客人,第一道茶仪,就是给客人敬上油茶。客人进门入座后,递烟,吸烟;主人双手托着茶盘,茶盘里放着碗油茶,碗上放一根筷子,敬给客人,请客人饮用。客人饮用完毕,主人用茶盘接过空碗,客人落座寒暄。油茶,是侗族村寨的礼仪之茶。

甜酒,汉族许多地方叫作"醪糟"。侗家人用自产精细糯米酿造的甜酒,有几种吃法,一是自家人吃法,连汁带糟一起吃;二是敬给客人喝。过滤去糟,只喝甜酒汁,清醇可口,既有酒的芳香,又有甜蜜的口感,男女喜欢,老少皆宜,好喝但不会轻易喝醉。

苦酒,即侗家米酒,名虽苦,实微甜,性甘、柔和、绵软,好喝,易醉。侗家人的酒文化,是侗族村寨非物质文化遗产的又一重要内容。进入侗寨,几道酒是很难推辞的,一是拦门酒,二是贵宾酒,三是寨老等长辈敬的酒,四是宴会敬酒等。侗家人给客人敬酒的典型方式是高山流水。多人执壶准备,一人端碗敬酒,客人在喝时,后面以层层叠加的方式,源源不断地给碗里添酒,一层高过一层,好像高山流水、层层瀑布一样。酒席上,侗家人喝酒讲话有几层语境状况,一是开始时互相敬酒劝酒的"花言巧语";二是喝得高兴,情绪激动时的豪言壮语;三是醉倒之前,讲话语无伦次的胡言乱语;四是醉倒以后的不言不语。侗家人敬酒劝酒的聪明智慧在于,自己半醒半醉,使客人醉倒而不言不语。从总体上看,侗家人追求的是主客和谐,谁醉了，都难受，最好是主客双方都处于"半醉半醒"的神仙状态。这就是侗家酒文化中的精髓，追求主客各方的和谐意境。

侗族聚居地区的特色饮料之一就是著名的保健品青钱柳茶。这种茶盛产于通道、三江等地。此茶的原材料是青钱柳。季春初夏时节，人们将青钱柳嫩叶采摘回来，洗净、晾干、经过烘、焙、揉、搓、捻等程序，制作成青钱柳茶。喝一口青钱柳茶，齿舌喉咙，清香悠远，甜味悠远，经久不绝。青钱柳茶富含硒等微量元素，经常饮用，具有清火除湿、降压降脂降血糖等保健功效，是侗族村寨珍贵的保健茶。

侗族村寨产量较高的饮料是富硒绿茶。主要产地为三江等县。东出三江县城，到了林溪，就可见到林溪流域上下几十千米，两岸望不到头，遍山遍岭都是茶园，这就是三江绿茶林溪生产基地。该地正在向有机生态环保的传统方向发展，大批量生产无公害绿色环保的有机茶。

侗族村寨的油茶、甜酒、苦酒、青钱柳茶、绿茶等，是侗族村寨居民千百年来在适应中国南方山区湿热气候过程中形成的生态环保多样性的饮品文化，是适应自然生存智慧、生活智慧的又一系列的杰出智慧典范。

第四节 节会群欢

中国侗族聚居地区是节会之乡、百节之乡，每逢重大节会，全寨男女老少同心协力，全力以赴，过好节会。节会集体用餐形式就是合拢宴，宴会必有敬酒活动和劝酒活动，敬酒时就唱敬酒歌，劝酒时就唱劝酒歌，边唱歌、边饮酒、边吃饭，集体欢庆。这是一种群欢的和谐模式。

侗族聚居地区是百节之乡，每个月都有节会，一个月有多次节会。侗族村寨的节会有七大类型：以萨玛节为代表的20多项信仰祭祀类节会，以插秧节为代表的20多项生产习俗类节会，以吃甜藤粑节为代表的20多项生活习俗类节会，以芦笙节、歌会为代表的14种数十项娱乐活动类节会，以"月地瓦"、娶亲节为代表的10多项情爱婚姻习俗类节会，以抢花炮为代表的多项体育竞技习俗类节会，以立春节为代表的10多项自然节令习俗类节会等。

侗族村寨受汉文化熏陶影响，春节期间群欢式热闹到初八至初十。侗族自治县侗族村寨春节期间，传统节俗活动一个接着一个，异彩纷呈。

正月初一，坪坦乡平日村举办架水节。架水节是侗寨传统的迎春活动，每年大年初一，全寨男女老幼身着盛装，吹着芦笙，结队到寨子对面的溪河边举行架水仪式：由寨佬从山上砍来一根竹子，将溪涧的水引入水桶，并举行祈福拜节仪式，祈求新年风调雨顺、五谷丰登。然后全寨村民吹芦笙，载歌载舞，将接到的水带回寨子，倒进寨中蓄水池。寨子里老人说，架水节起源于清乾隆年间。平日村的地势形状好像一只鹅，只有对面山上流下来的山泉水才能养活这只"鹅"。祖辈们便在每年大年初一这天到对面山上用竹竿架水到寨子，祈求全年风调雨顺、五谷丰登，至今已沿袭了二百余年。

正月初二，坪坦乡横岭村开展竞技游艺活动。

正月初三，独坡镇上岩村举办"月地瓦"侗族情人节。这天下午，由"腊汉头"（精明能干的男性领头人）带队，吹着芦笙到女方寨子（同寨的就到对方家族的鼓楼前）把女青年接回来，在男方家族的鼓楼前吹芦笙、跳多耶，然后开展合拢宴、行歌坐夜等活动。

正月初四，牙屯堡镇文坡村举办水神节。内容主要有玉女请水神、万人多耶、千人双歌、展示侗锦整套制作流程、"为也"、行歌坐夜、拦门酒歌等。

坪坦乡坪坦村新春祭萨祈福。"萨"指侗族老祖母，是侗族群众最崇拜的女神和保护神。侗寨一般都建有萨坛，每年全寨人都要共同"祭萨"，祈求全寨平安兴旺、团结幸福。坪坦祭萨活动有祭萨仪式、芦笙表演、侗服展示、侗戏、打糍粑等娱乐项目。

正月初五是牙屯堡雄关、通坪、古伦、团头等侗寨的双歌节。节会上，有双歌、花歌、河边歌、夜歌、十八歌、情歌演唱；200人的多耶；侗戏、侗拳表演；回门祭祀（由12个侗族年轻姑娘挑竹篮装着猪肉、米酒去婆家吃油茶，上香祭祀先祖）。

正月初六，坪坦乡坪寨村举办茶油节。

正月初七，坪坦乡半坡村举行侗药节。

正月初八，万佛山镇杏花村有龙灯闹新春活动。

2019年春节期间（农历二十九至正月初三），通道皇都侗文化村连续开展了五天大型娱乐活动，侗族大歌·天籁侗听、合拢宴、侗款、抢花炮·赛芦笙、行歌坐夜等。湖南卫视《新春走基层》连续五天直播了这一系列活动。

侗族村寨的节会，全寨人都参加。重大节会，外出务工的人们也要赶回来过节。外嫁的姑娘要回娘家过节。各个侗族村寨暗中比较，看哪个侗寨人心齐、客人多、人气旺，过得热闹。侗寨节会的活动项目，一是该节会的专项活动，如枫香侗寨正月初四的水神节，寨中居民身穿节日盛装，排着整齐的队伍，担着水桶，来到古井亭边，除去井亭周边杂草，把古井清理得干干净净，石灰消毒，然后寨老带领大家对着水神神位，集体三鞠躬，请求水神保佑全寨和周边村寨新年风调雨顺、五谷丰登、无病无灾、无瘟无疫、国泰民安。人们表达了这番心愿之后，舀一瓢古井泉水，喝一口清凉甘泉，再将水桶舀满水，担回寨子里，倒入大水缸中。接着就是节目表演和多嘎多耶集体歌舞活动，主要是唱大歌、对歌、吹芦笙、跳芦笙舞、多耶、合拢宴等。

　　节会的重要活动之一就是合拢宴。合拢宴，是把许多张饭桌拼成长条，人坐两边，按人数多少，摆多条长桌。就桌子而言，确实是长桌宴，但合拢宴的主旨是"合拢"，精髓是和与和谐：一是主宾和，二是村民主体和，三是主食副食和，四是各式菜肴和，五是饮品与酒和。主食有糯米饭、年粑、蒿粑、乌饭、粽粑，副食有熟玉米棒、蒸红薯、煮花生等，菜肴有腌鱼、腌肉、鸡肉、鸭肉、鱼、豆腐、蒸蛋、油炸蚕蛹或者油炸蜂蛹、油炸蚱蜢、青苔汤。冬春喜食萝卜、白菜、芹菜炒肉丝；春夏喜食豆角、茄子、西红柿炒鸡蛋，油爆菜椒；秋季喜食冬瓜炖排骨、老南瓜、牛肉炒嫩南瓜丝，鲜嫩萝卜苗等。合拢宴菜肴的来源有二，一是寨子里统一杀猪宰羊（统一购买）、统一烹调；二是各家各户从家里带来；或者二者同时进行。三江冠小侗寨实行的是地道的合拢之宴。快到用餐时间，人们从各自家中出发，手提糯米饭篮子，肩挑十碗大菜，来到鼓楼，把饭菜排在长桌上，合拢各家各户的佳肴美味。时间一到，大家一起品尝各家各户合拢来的美味佳肴，可以站起来到处品尝。

　　合拢宴有一套集体仪礼，首先是寨老致辞（现在是村里领导致辞）。一致欢迎来宾的欢迎辞，二致节会解释辞，三致节庆贺辞，四致劝酒辞。然后大家起立，把坐凳拉开，九十度转身同向站立桌旁，由寨里歌师领头，大家手搭前面人的肩上，一边走，一边唱酒歌，一领众合，走了一圈，倒回身，再走唱一圈，回到原来座位时，齐声唱和："哦呵，干啦！"大家坐下来，温言软语，客气恭敬地互相敬酒、劝酒。遇到性情豪放的酒友，一杯杯地杯干为敬；时不时地会有歌师领头，再唱酒歌，一领众合，合完，就把杯中酒喝干。专门敬酒的大姑娘大小伙儿，给客人高山流水式地敬酒，直到客人喝得受不了才罢手。不能喝酒的客人，必须事先说明原因，得到主人认同，才能不端酒杯，但也得以饮料代酒，多喝几杯。整个宴会，热闹非凡。

　　侗族村寨节会及其合拢宴，就是举寨欢庆、联寨欢庆的盛会，是各家各户、各种美食美味合拢的盛会，是希望自然与人和谐的祈愿盛会。

第五节　传统婚恋

侗族村寨杰出的生活智慧体现在传统婚恋婚庆等交往活动中，这些活动有"为也"、"月地瓦"、行歌坐夜等。

"为也"，汉字记侗音（有的记为"月也"），意指侗寨集体拜访的友好活动。源出有姻亲关系侗寨的互访，后来发展为侗寨之间的互相拜访。时间一般安排在八月秋收之后到来年春播之前。"为也"，有受邀拜访和回访。出访之前，寨老预先约定，对方欢迎，接受来访，便商定时间和具体事宜。出访人员有老年人、青年男女。出访目的是村寨之间交流生产经验，老朋友缅怀叙旧，主要是为青年男女找对象、谈朋友提供机会，加深友谊。随访队伍中，有歌师团队、芦笙团队或者戏班，一般是本寨歌舞和芦笙的最强阵容。人数依寨子大小而定，少则数十人，多则上百人。领头的叫"也头"，五位"也头"头包紫色头巾，上插鸡尾毛，身披红色凤毡，第一"也头"腰挂刀剑，胸怀罗盘。芦笙队穿芦笙服装，其他成员身着节日盛装。

出访前，芦笙队吹奏集合曲，大家来到款坪（中心鼓楼）集中，出发前举行祭萨等仪式，鸣炮三声，吹着芦笙出发曲，浩浩荡荡，结队而行。经过别的村寨，芦笙吹奏过境曲，意思是告诉对方，我们只是借道路过，多有打扰，请予包涵。

到了拜访的寨门前，老远就吹奏拜访曲，告诉对方，我们到了。到了寨门前，燃放鞭炮，芦笙吹奏得更响亮了。各家各户青年男女在寨老的带领下来到寨门前迎接，芦笙吹奏迎宾曲，鸣炮相迎，把客人迎进主寨款坪。客队绕款坪三周，客队芦笙吹奏进场曲。曲毕，双方男男女女早已围在一起，主寨男女拉着客人往自己家里走，叫作"抢耶"，也就是抢客。各家各户争着把客人请到自家做客。这样，访问队伍就被请到各家各户去了。或者对歌，或者吹芦笙，或者聊天喝酒。在相互交流中，相互了解，有的一见倾心；有的早已认识，加深感情后，便定下终身；或者约定下次在哪儿相见。接待方拿出美酒佳肴和最好吃的东西请客人品尝，并招待客人住宿。

拜访的第二天，客人在各家各户吃完早饭，在主寨的款坪集中，围成圆圈，听客队"也头"讲款，主寨男女老少也围坐周边，陪着听讲侗款。听完所讲侗款，主寨的芦笙队与客寨的芦笙队比赛吹奏芦笙，演唱侗戏，表演文艺节目。下午，主寨男女老少动手，备办宴席，晚餐合拢宴。各家各户把自家准备的美味佳肴送到款坪长桌上摆放整齐，主客双方尽情畅饮，倾诉友谊。

访问的时间三五日不等，接待的寨子会举办组织对歌、跳芦笙舞、踩堂舞等活动。访问结束前，举行盛大的宴会、歌会、芦笙舞会，让双方男女进一步了解、加深感情，展示才华，增进友谊，热闹非凡。

访问结束，主客双方依依不舍，主寨方送出家门、送出寨门、送出风雨桥，反复邀请对方再来，访问的客方也反复邀请接待的主人们到自己寨子做客。双方在芦笙的欢送曲、辞别曲中，在炸的天响的鞭炮声中，互道再见，返回本寨。

"月地瓦"，汉字记侗音，意思是侗族青年男女"种公田"（或"种公地"）形式下的集体婚恋习俗，主要传承地在湘、黔、桂三省毗邻地区的坪寨、上岩等侗寨，时间从正月初三开始。第一阶段从初三到十五，然后依农时继续，直至秋收冬藏。侗族村寨一般都有"公田""公地"，公共田地由青年男女结对集体耕种，所得粮食属村寨所有，用于村寨孤寡老人生活开支、救助贫弱和集体活动。正月初三举行种公田的"月地瓦"仪式，尔后犁田、挖地、下种、中耕、除草、施肥，持续到公田粮食收割、储藏。在种公田活动中，青年男女不断接触，不断了解，相识相恋，确定终身，只待婚庆。

种公田活动，就是青年男女公开进行的公益劳动中的恋爱活动。正月初三在承办侗寨举行的启动仪式，是一年种公田公益活动的开始，也是青年男女新一年恋爱活动的开端。这一天自然地成为侗族村寨的情人节。

2019年2月7日（农历正月初三），通道侗族自治县独坡镇上岩侗寨承办了周边侗寨"月地瓦"侗族情人节启动仪式。正月初二全天，上岩侗寨男女老少分工负责，充分准备，正月初三清早，负责迎宾的大队伍在芦笙队带领下排成左右两列、站立村部大门口，恭候客人的到来。八时许至十时，周边侗寨的队伍先后到达，主办方上岩芦笙队吹奏迎宾曲，客方芦笙队吹奏到访曲，双方青年男女客气对歌、喝拦门酒，然后进入中心会场，兄弟侗寨队伍到齐后，开始盛大的启动仪式。独坡镇领导致贺辞，上岩村领导致迎宾辞，寨老讲款，接着各寨代表队演唱侗族大歌、情歌对唱、多组芦笙演奏，跳多耶，合拢宴。宴毕，在芦笙队的陪伴下，青年男女结对到公田犁田、挖地、下种。下午，忙完公田种植，晚餐合拢宴，情歌对唱；深夜，行歌坐夜。

行歌坐夜，是热恋中的青年男子到女子家以歌代言，倾诉衷肠，表达爱意的私密活动。古老的行歌坐夜，是夜深人静时，爱恋中的男子从窗户爬进女子房中，与情人幽会，歌声细小，生怕被女子家人发现，逗留的时间也不敢过长。"月地瓦"情境下，男子可以公开地从大门进入女子家行歌坐夜，不必遮遮掩掩。其实，行歌坐夜，是侗寨婚恋的老传统，是长辈默许的私会活动。

从总体上看，"月地瓦"是白天公开的情人集体相会，而且还要进行公益性劳动。公开场合下倾诉衷肠，多有不便；行歌坐夜是对白天情人集会的私下补充。私下相会，可以敞开心怀，尽情倾诉。行歌坐夜更是男女青年加深情感，确定终身大事的良好时机，自然得到人们的普遍重视。当然，行歌坐夜是有底线的，并不是随意乱来，是私底下的文明交往。这一习俗，世代沿袭，直到现当代外出务工恋爱，才逐渐式微。

侗族传统婚嫁，也有自己的独特之处，如女子出嫁而不落夫家等。

从寨老出面的集体"为也"互访，到各侗寨交叉进行的未婚男女青年专属的"月地瓦"活动，再到私密进行的行歌坐夜，都是可书可赞的交往行为。"为也"是以寨为单位，集体互访式的行为，可以促进个人之间、家庭之间和村寨之间的和谐关系，促使青年男女相识相亲而成终身伴侣，促使不少家庭结成姻亲家庭，使侗寨双方结成姻亲侗寨、兄弟侗寨。"月地瓦""种公田"公益活动，给未婚青年男女提供了认识、了解和加深情感的机会，既培养了青年男女的公益心，又促使青年男女文明交往，成其婚姻好事，还能促使侗族村寨的公益土地免费耕种、有效经营，使村寨收益永续发展，孤寡贫弱永续保障。行歌坐夜形式隐秘，实际上属于文明交往。这一切表明，"为也"、"月地瓦"、行歌坐夜等习俗，本身就是一种正当行为，是侗族村寨婚恋文化、和谐交往的优良传统，对于营造侗族村寨的和谐婚恋关系、婚恋氛围，丰富侗寨居民的婚恋生活等，具有非常重要的正面作用，是侗族村寨居民千百年来积淀的婚恋智慧，是中华民族婚恋文化多样性的独特模式。"种公田"是侗族村寨古老集体经济经营与劳作的杰出范式，对于当今乡村振兴，探索新型社会主义乡村集体经济模式，具有非常重要的参考意义。

第五章 心灵智慧的和谐精华

　　侗族村寨居民的生产智慧、生活智慧，是由其心灵智慧支配的，侗族村寨居民的心灵智慧由多神的民间信仰、彼此平等相互尊重的人际交往、传统群欢式音乐舞蹈以及"半称心"的豁达胸怀组成。

第一节 信仰包容的心灵智慧

　　神灵信仰及其活动是信徒的一种生存方式、生存状态。在神灵信仰居于主导地位的观念世界，如何祀奉众多神灵，如何看待和处理人神关系，这是侗族人们心灵深处非常看重的信仰习俗问题。千百年来，侗族村寨的居民一直在积淀这方面的经历与心灵体验。坪坦、车江、岩脚、宝增等诸多侗寨的人们展示出处理这一问题的心灵智慧。

一、侗寨的共同信仰

　　侗寨人们执着于以萨神为主的多神信仰，人们崇信萨岁（萨玛）、飞山杨公、南岳大王、土地神、五谷神、农神、雷神、山神、水神和树神等，协调诸多神灵及其神格关系。

　　萨岁信仰是侗族人们的共同信仰，萨岁是侗族的始祖神、祖先神、英雄神，是侗寨的保护神、生育神、财神等。侗家人把萨岁奉为本民族的至上神，顺理成章地把众多神力、神格、神威聚于萨岁一身。萨岁的神格、神威自然地成为统率、协调其他神灵的权杖与依据。萨岁还具有沟通五谷神、土地神、风神、雨神、雷神、农神的神圣功能。从民间宗教的角度看，这无疑免去了敬奉其他神灵的繁琐程序。萨岁、土地神、农神、雷神、风神、雨神的神灵链，体现了世俗间土地，农业生产，粮食作物与阳光、雨水、大气的生态链关系，萨岁的神格和神威体系，是农业生态链的信仰折射。萨岁的众多神格，可以归结为侗寨人们在农耕生产生活中对五谷丰收、平安幸福等多层面的生存向往和心理祈求，是一种农耕实践基础上的生态信仰，其中的智慧可看作女性主导下的生存信仰智慧，具有生态信仰文化的普遍价值。

　　南岳大王是侗寨居民共同信奉的重要神灵，许多侗寨建有南岳庙，常年祀奉，香火不断。关帝庙供奉关公武圣，深受侗族人们爱戴，把他供奉在风雨桥亭正中，这些神灵在人们心目中忠义、公正，是黎民百姓的守护神。

侗寨还供奉城隍、土地、古树、水神、石敢当、山神等神灵，在敬奉萨岁神灵的时候，依据所求，敬奉相应神灵。从宗教学的角度看，是在主神信仰的基础上，协调、平衡众多神灵的关系，进而使信众心理平衡，这实际上是一种信仰层面心理协调平衡的生存智慧。

以共同的神灵信仰和集体的祭祀活动，强化侗寨认同度，提高侗寨凝聚力，增强侗寨团结，进一步强化与周边侗寨乃至整个民族的认同度，提高民族凝聚力，加强民族团结。这就是共同神灵信仰及其祭祀活动的巨大功能和侗寨群体神灵信仰氛围中的生存发展智慧。

二、侗寨的独特信仰

萨岁，侗族人们的始祖，萨神信仰带有明显的母系氏族遗风。岩脚侗寨在信仰方面呈现浓郁的母系氏族遗风，兼具多种信仰，独具特色。

月神信仰和多神信仰并存交融。岩脚侗寨的萨岁女神信仰上升到月亮女神信仰，这集中体现在兔主庵的月神信仰。岩脚侗寨先后修建的16座庵堂，到现在只保存一座"兔主庵"，香火不断。兔主为月神嫦娥，岩脚侗寨的人们把善良的嫦娥这个月亮女神作为心目中的至上神供奉起来，可见岩脚侗寨人们崇尚良善。然而，岩脚侗寨的人们却不直接把祀奉嫦娥月神的庵堂命名为嫦娥庵或者月神庵，而是巧妙地、隐晦地称作"兔主庵"。尤其是现在的兔主庵中没有供奉兔主月神的雕塑神像。全寨其他地方也没见到供奉兔主月神的塑像。相反，兔主庵神坛上正中后排供奉的是释迦牟尼三世身佛像，前排供奉的是观音菩萨等，左右两侧供奉送子娘娘、财神、药王神的神像。殿堂穹顶上描绘了儒家文化、佛教文化、道教文化的多幅图案。兔主庵盛名之下，实际上已经是儒释道三教信仰文化并存一庵了。这在整个侗族地区都比较少见，是侗族地区女神信仰、月神信仰下的多种宗教信仰并存交融的典型个案，具有突出的民族、民间宗教文化的独特价值。

岩脚侗寨月神形象的突出特征：第一，她是侗家女儿形态。她身着侗族少女的连衣裙，头戴弯月银冠，绑着小腿，脚穿布鞋。一副侗家女儿打扮。侗家人的神灵，是侗族的一员，是侗族人的形象。侗家人的女神，自然就是侗家女儿的形象。第二，她是一位普通劳动者。她双手持耙，似乎在劳作。因为耙是侗族女性收拾柴草等劳作的工具。第三，她是一位侗寨的守护神。因为耙又是侗族人们自卫的武器。双手持耙，似乎在打仗，在作战，在自卫。第四，地位至尊。这尊月亮女神，不是镌刻在功德碑的上端，而是摆在功德碑的左下角。观众面对功德碑，就是右下角。碑文为竖排版，排在观众视角的右边，则无出其右，寓意月亮女神立足大地，立足人民，是大地上的至尊，是人们心中的至圣。第五，这尊月亮神是岩脚侗寨的萨岁神的提升，是儒家文化、道教文化、佛教文化融合的岩脚侗寨女神。

从整体上看，该碑首正中二龙所戏之珠是象征烈焰蒸腾的太阳。如果把它作为太阳图腾的标志，那么，该碑四周的图案就呈现如下特征。第一，太阳在中天之上，照耀大地；第二，二龙围绕太阳在天空行云布雨，庇佑人间和自然万物；第三，大地上生命力特别旺盛的狐狸、梅花鹿、灵芝、古梅树、凤鸟等自然万物在相互依存与悠闲中繁育共荣；第四，月亮女神在下首呼应，日月同辉；第五，侗家人在这种天人合一、人与自然和谐的环境中劳作奉献、生息繁衍。这既是在颂扬积德扬善的善行与日月同辉、与大地共存，也寓意太阳照耀下万物中母狐、母鹿、雌鸟等母性的作用、女性的伟大。这就是一幅阳光照耀下以男性为铺垫的女性生态文化图景，这就是岩脚侗寨人们神灵信仰的生态憧憬，这就是岩脚侗寨人们月神信仰与多神信仰并存交融的信仰文化的生态智慧。

三、侗寨的土地信仰

侗族村寨居民信仰的神灵状态是人们心中的憧憬与向往，农耕依赖土地，人们对土地神的信仰，既普遍，又虔诚，还随和。人们对现实浪漫生活的向往，包括对夫妻恩爱关系的向往，折射到随和的土地神身上，于是土地神像的塑造，就呈现土地公、土地婆恩爱的浪漫形象。神像是指导世俗人生的，人们就以对土地公、土地婆浪漫神像的理解来指导现实的人生，这在岩脚侗寨表现得比较充分，具有一定的代表性。

岩脚侗寨山坡上南寨门的古树下，并立两座土地庙。一座清代道光六年（1826年）修建的土地神庙中供奉着土地公、土地婆石雕神像，二人相拥而坐，土地公的右手搭在土地婆的右肩上，土地婆的左手臂搁在土地公的左肩上，手指抚弄着土地公的胡须，土地公的左手与土地婆的右手放在胸前，共托着一朵盛开的莲花。莲花凹陷处红色涂料依稀可辨，显然是金莲。这是人世间夫妻恩爱亲密的情景在神灵身上的折射，人们也希望土地神夫妇和睦恩爱，情感浪漫。这是岩脚侗寨男女平等，女性地位突出在土地神夫妻关系方面的表现。在各地土地庙中，要么没有神像；要么只有土地公一尊神像，而不设土地婆神像；要么设置土地公、土地婆两尊神像，但是二人正襟危坐、庄重严肃。像这么恩爱、浪漫的土地公、土地婆神像却很少见到,由此可见岩脚侗寨信仰文化的独特性。这也是以岩脚为代表的侗寨人们夫妻生活浪漫和谐的依据,在浪漫和谐土地神像的昭示下,侗寨夫妻也恩爱幸福。这也正好展示了侗寨居民的生活智慧,展示了侗寨信仰文化的平民生活的和谐特质与典范。

侗寨民间信仰中人神和谐的生活智慧。这种和谐的生活智慧首先表现在人们根据人生的生存发展需要而造神、信神,如创设和信奉"再生父母"的树神等。其次表现在根据农耕经济条件下生存发展的生态条件而创设、信奉一定的神灵信仰。如岩脚侗寨的姑娘节敬神活动,首祭女神,通过敬女神,使女性的主导地位得到强化和延续。这种智慧还在于将神灵信仰与娱乐活动紧密结合,名为"娱神",是使人们欢聚愉悦、提振信心、加强团结的娱乐性生存发展智慧。神灵信仰具有神秘性,但神灵信仰活动的各个要素却不一定神秘。把神灵信仰的各个要素还原为人们乐于信奉和参与的生存发展的活动,却是一种信仰类生态智慧的创造过程。传统侗寨把神灵信仰活动娱乐化,以舞蹈形式祭祀神灵,以歌唱的形式祈求神灵,以歌舞结合的形式娱神、谢神、送神。名义上娱神,实际上娱人,使人们得到愉悦与欢乐,使神秘的信仰活动变成群体的歌舞欢乐活动,使信仰文化活动呈现娱乐性突出特征。这就使得侗寨人们乐于参与、乐于坚持、乐于传承。侗寨人们把歌舞娱乐渗透于信仰活动中,使信仰活动成为人人信奉、个个参与的娱乐性很强的侗寨人文生态活动,展示出侗家人信仰文化的高超生活智慧。

第二节 愉悦"三交"的生活状态

侗族村寨人们之间的交往交流交融频繁密集,而且伴随歌舞,使人们乐于参与、争相参与,在欢愉中融洽和谐,展示侗家人愉悦"三交"(交往、交流、交融)的生活状态。

一、愉悦交往

交往是人们结成社会关系的中介与桥梁,也是人与人之间形成和谐关系的中介与桥梁。侗族村寨的居民历来注重交往,注重彼此平等、相互尊重的和谐交往,历史地形成歌舞型、节会型、劳作型等交往方式。其中,最大的特点就是欢乐与和谐,展示侗族村寨居民欢乐交往的心灵智慧。

侗族村寨的交往,种类多种多样。按照交往范围,有家庭内部交往,家庭之间、"补拉"之间、村寨之间的社区交往，跨区域社会交往；按照辈分，有代内交往与代际交往；按照性别，有同性交往和异性交往，尤其是青年男女交往；按照交往主题，有劳作型交往、节会型交往、商贸型交往、歌舞型交往、亲友型交往等。

  侗族村寨的交往是在彼此平等、相互尊重的氛围中进行的。一是男女平等，夫妻和谐。侗族村寨母系遗风明显，女性在村寨中地位突出，村寨中许多事情都是女性带头干，女性说了算。夫妻和谐是侗族村寨的优良传统。家庭中，丈夫尊重妻子，妻子疼爱丈夫，夫妻恩爱。二是长慈幼孝，代际和谐。其中，祖父母疼爱孙子女、父母疼爱子女，孙子女孝敬爷爷奶奶，子女孝敬父母，尊老爱幼，是侗族村寨的优良传统。代际和谐是侗族村寨的普遍现象。三是同辈相互尊重，代内和谐交往。四是寨老与村民彼此平等、相互尊重而和谐交往。五是歌师、款师、工匠师傅与村民彼此平等、相互尊重而和谐交往。六是主人与客人之间彼此平等、相互尊重而和谐交往。七是村寨之间、区域之间彼此平等、相互尊重而和谐交往。

  侗族村寨和谐交往的杰出智慧在于运用各种愉悦形式。一是采用歌舞娱乐，如大雾梁歌会、四十八寨歌会、赛芦笙等，就是专门的歌舞交往。其他的交往也伴以大量的歌舞活动，使参与者在歌舞娱乐中进行某种原本单一乏味的活动。如"安殿"祭萨、讲款等，有歌有舞，人们乐意参加、乐意交往。二是采用节会的形式，促使人们和谐交往。侗族村寨的节会多，节会的歌舞娱乐活动多，人们在歌舞节会的氛围中和谐交往。三是采用商贸的形式，进行和谐交往。四是利用走亲访友的形式。五是组团与单独结合的形式。侗族村寨组团交往非常多，如"为也"组团互访、"歌会"组团赛歌等。在团队交往中，个人有单独交往的时间和空间，如在组团赶歌场过程中，男女林中私会对歌等。

  侗寨交往是一种歌舞娱乐式交往、欢快愉悦式交往，也是一种聪明睿智的益智交往，是人生智慧的交往。人们在歌舞愉悦交往中学习智慧、增长智慧、激发心智，使人更加聪明、更加睿智。这是侗家人生智慧的益智交往，在交往中实现自身心智的完善和提升，使自己在交往中实现人际和谐。侗族村寨有带儿子三次滚泥田的习俗。当儿子5周岁的时候，母亲把儿子带到泥田的一边，父亲站在对岸。母亲对儿子说："儿子，你在我怀里长到了5岁，学到了慈爱和善良，现在，你到父亲那儿去，学习劳动的技能和智慧。"于是，听话的孩子滚到对岸，跟父亲学到了基本的劳动技能技巧和劳动的智慧。当孩子10周岁的时候，父亲带着孩子第二次滚泥田。父亲对儿子说："儿子，这些年，你在我这里学到了勤劳、勇敢和劳动智慧，现在你到爷爷那儿去学习还不会的东西,进一步增长智慧。"孩子滚到对岸爷爷那儿,跟着爷爷继续学习,长知识、增智慧。当孩子18周岁的时候,爷爷带着孙子第三次滚泥田。爷爷对孙子说:"乖孙子,你在我这儿学到了坚韧顽强,学会了战胜困难的毅力与智慧。现在,你要走向社会,与人交往,进一步学做人、长智慧、受磨砺、快成长。"于是,孩子再一次滚泥田,走上社会。应当说,小孩从小到大,由家庭内部代际庇护式交往,要转向社会进行更多更复杂的交往,习得的智慧由劳作智慧向战胜困难的智慧,转向适应社会的生存智慧与发展智慧。

侗族村寨的交往就是由狭小范围逐步扩大而走向社会的交往,每扩大一次范围,人生智慧就大幅度提升一次。人就是在益智交往中成长的,在益智的愉悦式和谐交往中茁壮成长。

交往就是益智、就是愉悦、就是和谐,这就是侗族村寨交往的特质和内核,这就是侗家人交往的人生智慧。

二、欢乐交流

有交往,就必有交流。侗族村寨居民以自己的心灵智慧,进行多元多层次的和谐交流。

(一)侗族村寨居民交流的内容

侗族村寨居民交流的内容包括情感交流、经验交流、技能交流、习俗交流、知识交流、思想交流、物资交流等。

(二)侗族村寨居民交流的范围层面

侗族村寨居民交流的范围层面包括村寨内部(家庭内部交流与家庭之间的交流、"补拉"内部交流与"补拉"之间的交流等)和村寨之间的和谐交流;区域内部和跨区域和谐交流;民族内部和民族之间的和谐交流等。

(三)侗族村寨居民交流的和谐形式

侗族村寨居民交流方式的第一大特色是丰富多样的语言形式。侗族聚居地区之内,杂居有汉族、苗族、瑶族居民,聚居区周边是苗族、瑶族等兄弟民族聚居区,各个民族都聚寨而居,本民族内部交往交流使用本民族语言,民族之间交往交流,就出现了语言障碍。于是,人们从小到老,都得学习苗话、瑶语,不只是要听得懂,而且会说会唱。这样,人们在交往交流时,既可以使用各自的语言，也会对方的语言。这样，在侗族与兄弟民族杂居地区，侗话、苗话、汉话、瑶话多语言并存通行，是多种语言并存的和谐典范区。

域内居民在长期交往交流中，创造了一种新的地方话——酸汤话，流行于湘、黔、桂毗邻地区。酸汤，是盛行于中国南方山区的传统饮品菜品，是运用多种原材料和辅助佐料烹调做成，生津开胃，深得人们喜爱。当地各族人民以酸汤命名这种新创语言，绝非妄自菲薄的穷酸之意，而是褒扬其综合性强，顺口、好听、好学、好说、接地气，是融合汉语、侗语、苗语于一体的自家话，是综合性的地方话。其中，夹杂有侗语词汇，侗族人听得懂，容易学，容易说；也夹杂有苗语词汇，苗族人听起来亲切，学起来容易，讲起来顺口；汉族人觉得和汉话相近，说的什么，听得出大意，学起来不难。于是，侗族村寨的老人就多了一份义务，既要教年轻人侗话，也要带头学和教苗话、瑶话，还要学和教酸汤话。老少世代相传，使酸汤话成为约定俗成的传统交际语言。域内居民交往交流的语言障碍就这样慢慢地排除了。

酸汤话，是湘、黔、桂毗邻地区各族人民多语言并存交流的产物，是域内居民适应大杂居生存环境语言交际需要的成功杰作，是区域性语言文化多样性的杰出典范，是多民族、多种语言和谐交往交流的结晶。

侗族村寨居民交流形式的第二大特色是歌舞娱乐形式。中国南方山区少数民族有一个共同习俗，那就是喜欢唱歌，以歌代言。想说什么，用歌唱出来，看谁唱得好，不只是歌声悦耳好听，而且歌词达意舒心，就是要使交往交流悦耳悦心、悦情悦意，就是要在交往交流中用歌声打动对方，给对方留下难忘的印象。侗族，更是喜爱唱歌的民族，以歌代言，使交往交流在歌舞中进行，使交往交流过程活跃、愉悦、欢快、和谐。以歌代言的交往交流，以歌声吸引人，以歌词感动人，以深情之歌消除误会、加强了解、增进友谊，达到团结和谐。以歌为媒的交往交流，是愉悦式和谐的交往交流，这是侗家人的交际智慧，是中华民族交际方式的成功范式。

侗族村寨居民交流形式的第三大特色是聚会的活动形式。聚会是众多人员在一起面对面的交往交流。侗族村寨聚会活动特别多，而且聚会中歌舞娱乐特别多，有专门的歌会，有专门的芦笙节，每月有多个固定的节会，每逢节会必有歌舞。通过固定的节会及其歌舞把彼此间的交往、交流的时间空间固定，活跃氛围。通过节会歌舞使交往交流固定化、经常化、普遍化，这样也就使侗族村寨的交往交流处于普遍的愉悦欢快的和谐幸福之中。

侗族村寨居民交流形式的第四大特色是集贸形式。集贸市场是侗寨居民重要的交流场所，集市交易是侗寨居民主要的物资交流方式。当然，侗族村寨传统经济是自给自足的自然经济，商品率低，一年四季赶集的次数不多，买卖的东西品种少、数量少。但总有一些工具和产品自己生产不出来，必须到集市上购买；自家也多少有一些土特产品，可以拿到集市换回自己需要的东西。所以集市交易就是侗家人必不可少的物资交流行为。改革开放以来，侗家人强化了商品意识，利用商贸形式进行物资交流，已经成为侗家人的不二选择。

（四）侗族村寨交流的共同效应

侗族村寨交流的共同效应有五种，一是在交流中取长补短；二是在交流中把他山之石作为有益借鉴；三是在交流中互通有无，尤其是物资的互通有无，促使彼此共存发展；四是在交流中加强了解，增进友谊，促进团结，不断形成新的和谐，不断强化和谐，直至融合；五是启迪侗家人的心灵智慧。

侗族村寨交流的根底是侗家人的心灵智慧。侗族村寨的居民运用自己的聪明才智，选择恰当的时间、恰当的空间、恰当的内容、恰当的形式，进行恰当的交往交流，达成恰当的和谐目标；以一次次有限的和谐交流，而达到侗族聚居地区整体的和谐目标，达到促进本民族和兄弟民族团结和谐、促进中华民族和谐团结进步的总目标。

三、多元交融

交往交流发展的必然趋势就是交融。交融是一种和谐关系、和谐过程与和谐状态。交融的内容多样、形式多样，交融的层次也多种多样。

侗族村寨文化遗产中的传统交融，内容丰富多样，有属性交融、本质交融，关系交融，趋势交融；有语言交融、情感交融、思想统一、意见一致；有姻亲交融、加盟交融、认同交融等。

侗族村寨传统姻亲交融，是指结成姻亲关系而在一定意义上结成统一整体的血缘交融。侗族村寨的家庭之间、"补拉"之间及村寨之间，常常结成姻亲而密切的关系，守望相助，互相支持。由此形成多重的姻亲关系，相互之间的关系就更亲密了。

侗族村寨的认同交融，一是族群认同，即认同侗族这个民族；二是"补拉"认同，相当于汉族的房族认同，要认同并履行"补拉"的族规与权利义务；三是侗寨认同，认可侗寨的寨规村规，履行侗寨成员的义务，自觉维护侗寨的利益。然后是侗族语言认同，侗族传统关系认同，承担侗寨的历史责任；侗族村寨的情感认同与习俗认同等。这样，自己就是侗族村寨的一员了。

侗族村寨的加盟交融是指直接加入对方村寨，成为其中的一员或一部分。肇兴侗寨建寨之初，是以陆姓为主的，后来，多姓居民要求迁入肇兴侗寨居住，但有一个基本前提，就是认同陆姓，认同侗寨。于是，想加盟肇兴的人们，对外都改姓陆，是一家人，都认同肇兴陆姓寨老订立的侗寨款约规矩，履行肇兴侗寨的义务，维护肇兴侗寨的利益，这就是加盟式认同。不只是肇兴如此，其他侗寨也大体这样。

侗族村寨传统交融有不同层次，有表层交融与深层交融、局部交融与全局交融、部分交融与整体交融、成为组成因素或者组成部分，乃至直接融合为一等。

侗族村寨传统交融有其重要意义，一是扩大了侗族村寨的统一战线，大幅度增加侗族村寨的主体力量；二是融洽了侗族村寨各层面的关系，密切了侗族村寨成员间的感情，陶冶了侗族村寨居民的情操和修养，增强了侗族村寨的凝聚力，扩大侗族村寨的影响；三是传统交融是侗族村寨文化遗产价值的典型状态，是侗族村寨文化遗产价值的核心与精髓；四是展示了传统交往、交流、交融的村寨价值、民族价值与社会价值。

侗族村寨传统的交往方式、交流方式、交融方式最大的共同特点是歌舞愉悦式，即以歌舞为载体的愉悦式交往、愉悦式交流、愉悦式交融；愉悦是一种和谐，是一种内心的深层和谐，是外在多层面的广泛和谐。

侗族村寨极具歌舞特色的传统交往、交流、交融方式的突出价值就是实现了侗族村寨各层面的和谐发展，侗族村寨由交往而交流，进一步形成侗族村寨的交融，进一步形成了侗族村寨各层面的和睦状态，形成极为珍贵的侗族村寨文化遗产的核心价值，实现了侗族村寨多地域、多民族、多语言的并存交融。

第三节 传统音乐的心灵滋养

传统音乐群欢式和谐交融，既是侗家人生存发展的心灵智慧，也是侗家人欢乐的生产方式、生活方式、行为方式与教育方式，更是侗家人追求的价值目标，还是侗族村寨文化遗产的精髓。

一、族群式侗寨音乐

侗族音乐文化是人们在优越的生态环境中生产、生活、交往的歌舞娱乐方式，是域内人们歌舞娱乐型生存发展方式。

生态是生命有机体之间及其与环境之间互动制约的生存方式、生存状态及其繁衍、发展、演变过程。生态智慧专属于人，是人们珍爱、保护、美化生态的生存智慧与发展智慧。湘、黔、桂毗邻地区侗族居民依托优美的生态环境，以歌舞娱乐方式生产生活，以歌舞娱乐方式交往和处理家庭之间、村寨之间的各种关系，形成欢乐愉悦的生存发展状态和生存发展的人文生态智慧。

侗寨在传统和谐价值观的支配下，在传统农耕劳作过程中，形成歌舞型生产方式、生活方式、交往方式、育人方式，积淀成杰出的娱乐型人文生态智慧。

侗族歌舞种类多、品位高。

侗歌按内容分为儿歌、情歌、礼俗歌（祭祀歌、拦路歌、酒歌）、叙事歌等；按演唱形式分为大歌、踩堂歌、琵琶歌、牛腿琴歌、笛子歌、山歌（上山歌）、流水歌（下河歌）、喉路歌等。其中有列入世界非物质文化遗产保护名录的侗族大歌，有列入国家级非物质文化遗产保护名录的琵琶歌等。

黎平洪州镇的平架侗寨、靖州岩脚侗寨等侗族村寨的人们自己动手制作琵琶乐器，集体演奏琵琶歌，世代传承。琵琶歌演奏形式多、歌曲多，演奏水平高，极具特色，成为侗族村寨的又一代表性音乐，成为侗族音乐文化的又一奇葩。

侗舞有芦笙舞、斗牛舞、多耶舞、摔跤舞、踩堂舞、抢花炮、龙舞、狮舞、丰收舞、咯罗打打、竹竿舞、捕鱼舞等。其中有列入国家级非物质文化遗产保护名录的芦笙舞等。

通道上岩侗寨、靖州新街侗寨等侗族村寨的人们，自制芦笙，世代相传，集体演奏芦笙歌舞，修建大型芦笙坪，并勒石为碑。现今，通道侗寨、靖州侗寨、三江侗寨、黎平侗寨、从江侗寨、榕江侗寨的各支芦笙乐队和芦笙乐器名扬湘、黔、桂各地。各地每逢重大节会或其他重大文化活动，都会邀请各地芦笙队赴会表演。侗族芦笙不只是侗家人的骄傲，也是中国南方各族人民的骄傲，更是中华民族的吹奏舞蹈型音乐瑰宝。

侗寨人们喜爱歌舞，善于歌舞，形成侗寨歌舞人文生态。侗寨祭祀伴随歌舞，侗族节会必有歌舞。人们聚会以歌交流，团寨"月也"以歌互访，青年男女以歌为媒，"月地瓦"、种公田。红会以歌舞欢愉一堂，白会以哀乐慢舞悼念；白天劳作对歌，晚上行歌坐夜；风雨桥中歌声如潮，鼓楼内外练歌阵阵；山坡上木叶声声，密林里恋歌迭起……

一年四季，侗族村寨歌舞娱乐活动不断。侗族村寨为百节之乡，也是百节歌舞盛会。正月有接滩水歌舞、祭萨歌舞、送春牛与接春牛歌舞，二月、八月、十月有抢花炮歌舞，月月有节会，月月有歌舞；还有专门的舞节歌会，舞节如八月十五芦笙节，歌会如大雾梁歌会、圣德山歌会、坪寨歌会、高坝歌会等。

多个四十八侗寨还盛行轮流歌会。榕江县四十八侗寨赶歌会、靖州天柱锦屏四十八侗寨苗寨赶歌场等，每个小片区有固定的歌场，每个歌场有固定的时间，与赶集场一样，每个月有几次歌场（歌会），周边寨子居民男女老少大老远地都去赶歌场，远的地方提前几天赶到歌场地。每逢歌场，人山人海，比普通赶集的人多了数十倍。一座寨子至少一支歌队，有的一家一支歌队。每支歌队能唱各种类的大歌、双歌、小歌/古歌（人类起源歌、祖源歌、神话传说歌等），叙事歌、劳动歌、三国瓦岗水浒英雄好汉歌等。歌场上，人们自由对歌，摆擂台对歌，青年男女林中恋爱对歌，情人约会对歌。

歌会、歌场是侗族聚居地区和杂居地区盛大的歌唱型专门盛会。歌会如赶集，取名角歌场；角落边场树林中，幽会对歌情义浓；角斗歌场展才华，夜以继日较雌雄；"三交"歌罢再喝酒，情深义厚乐相融。

侗寨是歌的海洋，舞的天堂。侗族人们以歌相会、以歌互访、以歌交流、以歌为媒、以歌劳作，歌舞是侗寨人们愉悦的劳作方式、欢悦的生活方式、乐观的生活态度、和谐的生存状态、进取的生存智慧。人们以歌相互沟通，以歌相互了解，以歌化解矛盾，以歌加深情感，以歌增进友谊，以歌强化侗寨的团结凝聚力，形成欢悦和谐的侗寨人文生态氛围，由此进一步提升侗寨的人文生态，昭示其歌舞型生存发展智慧的普遍价值。

侗寨人们借助生态，创新歌舞，展示侗寨人们人文生态的艺术创作智慧。侗寨歌舞，源于生活，源于生态，创作模拟生态的歌舞，每创作和推广一曲，就为侗寨歌舞文化生态平添新彩。如创作出模拟大自然潺潺流水、蝉鸣鸟叫、多重声音重叠混合的多声部侗族声音大歌《蝉歌》等，随之继起创作模拟生态声音的芦笙奏鸣曲、木叶吹奏曲、琵琶歌、喉路歌等。岩脚侗寨根据本地习俗和丰富的木材资源，创作了《木俗舞》，模拟伐木、抬木、修木、划线、打眼、排架、竖屋等修建吊脚木楼的系列程序和相关习俗，编排成观赏和参与体验的娱乐节目，娱人娱己。这些崭新的侗族歌舞及其曲目，体现了侗族人们热爱自然的情怀，向往和谐的追求，既为侗寨歌舞文化生态增添了奇光异彩，使侗族歌舞文化生态进入崭新状态，又展现了侗寨人们歌舞生态艺术的高超智慧及其普遍价值。

在历史的发展进程中，代表侗族民间音乐水平的侗族大歌，与侗族人民的族群认同、文化教育、生产生活、人生礼仪等息息相关，也是侗族村寨历代传承的音乐瑰宝、艺术奇葩。

二、侗族大歌

侗族大歌是一种不用指挥、不用伴奏的多声部演唱的和声艺术，因其作品大气，演唱内容博大精深，演唱人员众多，演唱场面宏大，演唱方式多声部多曲调而得名。侗族大歌有声音大歌、抒情大歌、叙事大歌、说理大歌等种类。声音大歌刻意追求声乐美，每一句歌的后面都有一个比较长的衬腔，唱衬腔时主旋律在高声部，由唱高声部的人员轮流领唱，低声部用持续低音衬和，旋律优美，多声部效果突出，被称为侗族大歌的"精华"；抒情大歌注重表达族群的情感意愿；叙事大歌类似民族史诗、颂歌、礼俗之歌等；说理大歌阐述为人处世的伦理道德等，又称伦理大歌。侗族大歌与侗族其他民歌相比，具有显著特点。

第一，曲式结构独特。每首歌均由"歌头""歌身""歌尾"三部分组成，结构整齐。

第二，多部和声演唱。侗族大歌由男声部、女声部、高声部、中声部、低声部等多声部和声演唱。侗族大歌不是个人独自演唱，而是歌队集体演唱，演唱人员多多益善，不能少于3人。多声部分工明确。有领唱、伴唱与合唱。大歌的高声部领唱，低声部伴唱，低声部是大歌的主旋律。在演唱过程中，男声部与女生部协调和谐，高声部、中声部与低声部配合，领唱、伴唱与合唱叠起。

第三，生态气息浓郁。侗族大歌模仿大自然之声，如虫鸣鸟叫、高山流水、江河之声、山谷回响、风雨林涛之声势，模拟自然，仿真性强；深沉高亢、广阔无垠、婉转起伏、清新甜美的多部声乐和谐，被誉为"天籁之音"；以大自然的声息、森林的清新、山野的风味、泥土的芳香，给人以亲切自然的生态和谐美感。

第四，宫廷音乐品质和谐。因为侗族大歌演唱的阵容、排场的恢宏大气，形成庄重、典雅、华丽、优美等艺术风格，宫廷音乐特色浓郁，可与拜占庭音乐和意大利歌剧媲美，展示其宫廷音乐语言共性和侗族村寨民间音乐个性融合的普遍价值。

第五，社会化乐章。侗族大歌具有最美妙最动听的乐章和具有社会人生认识价值的乐章。一是它模拟大自然的声势，形成自然和谐、深沉高亢、广阔无穷、婉转起伏、清新甜美的和谐声乐，给人以生态美的音乐和谐感受，让听众仿佛置身在大自然中，消除疲惫，净化心灵，陶冶情操，提升境界。二是侗族大歌是侗寨人们长期训练而传承的，在大歌演唱过程中，演唱者都要全神贯注，紧密配合，相互协调，使自己成为其中的和声因子，使自己不断地成为团队这个小社会的有机一员。二三岁的小孩，咿呀学语，即习大歌；八九十岁的老人也一起演唱大歌、教大歌，这是一个不断"大歌"化的终身社会化的过程。三是侗族大歌，特别是叙事大歌和说理大歌，使演唱者和听众都不断明了各种人理、事理、物理，使演唱者自我教育，使听众接受教育，不断地社会化。如果把最有社会人生价值的鼓楼大歌称为侗族大歌的皇冠，那其中最精彩的说理大歌就是皇冠上的明珠。四是侗族大歌是侗家人生命的重要组成部分。侗家人的一生都与侗族大歌等侗歌结下终身不解之缘。幼儿学歌，少年学歌，青年唱歌，中年用歌，老年教歌，侗歌伴随每个人的一生，融入每一个人的身心之中，成为每个个体精神生命中不可分割的一部分；社交场合，以歌代言，以歌传情达意，以歌参与族群活动，对歌有着刻骨铭心的感情和各层面特殊的深入理解；认为改变人的心性的是歌，使人心灵美好的是歌，能让人无比快乐的也是歌，人间最美的东西是歌，于是得出世界上最为简洁又高度概括的伟大歌论——"饭养身，歌养心"。

侗族大歌是侗族人民发出的中华民族的最强音，是人类最有代表性的一种民间音乐文化艺术奇葩。2009年9月30日侗族大歌已经被联合国教科文组织批准为世界非物质文化遗产代表性项目，联合国教科文组织保护非物质文化遗产政府间委员会评委高度评价侗族大歌：一个民族的声音，一种人类的文化。可见其音乐艺术、文化知识、社会教育、人格提升等多层面的艺术智慧及其普遍价值。

三、侗寨音乐的娱乐型教育智慧

侗族大歌同其他侗族音乐一起，使侗寨每个人终身社会化。人的社会化过程，就是一个学习和再学习、教育和再教育的过程。侗族音乐教育人的最大特点就是育人于无形的音乐愉悦之中，是一种娱乐型教育，展示了侗家人娱乐型育人的杰出教育智慧。

第一，歌舞型熏陶的娱乐型教育智慧。教育是侗寨人文生态的重要组成部分，是侗寨文化的重要传承方式，是侗寨人们的重要生存方式和生存状态。侗寨人们将教育融于歌舞娱乐、信仰、习俗、休闲、讲款等多种形式中，形成多形式交叉交融的歌舞育人氛围和育人环境，使人们在潜移默化的熏陶中，不断地侗族化和社会化，展示侗家人歌舞娱乐型人文生态环境熏陶的杰出教育智慧。

第二，寓教于乐的娱乐型教育智慧。侗寨人们利用歌舞，传承歌舞，提高人们的生存智慧，提升侗寨歌舞人文生态境界。人们以歌训练胆量，以歌训练口才，以歌锤炼应变（以歌词变化锻炼和提高应变能力），以歌增长智慧，以歌传授知识，以歌传承美德。歌与舞成为侗寨人们心灵的纯洁方式、情操的陶冶方式、文明的交往方式、美德的传承方式、有效的教育方式。这就是侗家人自己颂扬和传承的"以歌养心"。寓教于歌舞娱乐之中，使人们在歌舞娱乐中收到潜移默化的教育实际效果。这是侗寨人们提高自身素质、提升道德境界的传承智慧、自我教育智慧，也是侗寨娱乐性育人智慧，是个人和侗寨的生存智慧与生态智慧。

第三，寓教于信仰的娱乐型教育智慧。侗族人们信仰萨岁始祖、飞山杨公、南岳大王、城隍老爷、土地公和土地婆、建寨祖公，以及山神、水神、石神（石敢当）、树神、太阳神、月亮神、雷祖神、风神、雨神等神灵。每一神灵都有若干神话、传说、故事，都要说明该神灵对于人类、侗寨、个人的祸福利害。每个侗寨每年都要举行形式多样、规模大小不一的信仰文化活动。通过各种神灵的神话、传说、故事和信仰文化活动，使人们了解神灵，了解神灵与人的关系，了解人与自然的关系，了解个人与村寨的关系，了解村寨的共同利益，把握人与社会的关系；掌握祭祀神灵的礼仪程序与具体要求，懂得敬畏，并进而观察社会交往的礼仪、程序、规范。这是信仰文化层面的教化过程。其实，侗寨的神灵信仰文化活动不只是信仰活动，体现的不是单纯的神灵信仰文化，而是以神灵信仰活动为载体，懂得敬畏神灵、敬畏自然、服务于农耕生产生活的综合性文化活动，是渗透宗教信仰、心理愿望、共同利害关系、自然知识、社会知识、礼仪规范、社会道德、文学艺术等多方面知识的综合性文化活动，是一种以信仰文化形式呈现出来的综合性教育活动。以民间信仰形式实施综合性文化教育，收获综合性文化教育的实效，这是侗寨自然生态、人文生态的信仰型教育智慧。

第四，寓教于习俗的娱乐型教育智慧。习俗是地域性、民族性很强的风俗习惯，是一定地域、一定民族的定式行为，是一种言传身教的传统活态文化。侗寨习俗多种多样，既有传统的农耕、纺织、饮食起居等生产生活习俗，也有简单的商品交易、物流运输习俗，还有人生礼仪习俗、宗教信仰习俗等。习俗一般以活态形式呈现出来，参与人数众多，涉及面广泛。习俗活动每重复一次，就使参与者加深一次印象，深受一次传统文化教育。就习俗的教育功能而言，习俗活动就是一种教育活动。它教育人们如何生产生活，如何交往交流，如何做人做事，涉及的知识面相当广泛，教育的效果也相当显著，是侗寨个体地域化、民族化、社会化的重要途径。以侗寨习俗的活动方式引导人、启迪人、教育人，这是侗寨人文生态的习俗型教育智慧。

第五，寓教于休闲的娱乐型教育智慧。由于侗族聚集地区森林覆盖率高，地处亚热带季风性湿润气候，降水量充沛，光照时间长，无霜期短，冬暖夏凉，适宜农作物栽培，物产丰富，人均耕地面积较大，而且侗寨大多依山傍水，稻田水利灌溉条件较好，只要辛勤劳动，就能够丰衣足食，拥有较多闲暇时间。一是每日晚间闲暇，二是农忙之后的闲暇，三是秋收之后冬季闲暇。在这些闲暇时间，侗寨人们聚集在鼓楼或者风雨桥等公共文化活动场所，跳芦笙、唱大歌、玩游戏、谈织锦、讲故事、说笑话等。在这些休闲活动中，人们交流思想，沟通感情。在休闲活动的交流交谈和沟通中，在唱歌、跳舞、赛芦笙中，人们相互启发，相互感染，相互教育，习得知识，借鉴经验，不断长进，不断提高。休闲活动实际上起到了相互教育的重要作用。从侗寨众多休闲活动的教育功能看，人们利用休闲活动互相教育启发，传承侗寨文化，这是侗寨人文生态的休闲型教育智慧。

第六，寓教于"款"的娱乐型教育智慧。"讲款"是一种比较直接的教育方式。"讲款"有多种具体形式，但无论哪种形式的讲款，讲得少，说得少，唱得多。侗族没有自己的文字，侗款都得靠款师脑记口说，唱的速度比说与讲要慢得多，大脑有回旋时间，便于回忆思考。唱的时候有腔调、有旋律，给人悦耳、悦心、悦意的美感享受，比说与讲的效果要好得多，使听众既受侗款内容的教育熏陶，又获得音乐美的享受。这就是讲款教育形式的独特智慧。

侗族村寨娱乐型人文生态的高超智慧，集中体现在依据人文生态和自然生态，着力营造歌舞娱乐型人文生存环境、人文生存状态，使人们的生产生活、饮食起居、人生礼仪、交往互动、休闲度假、宗教信仰等活动，或者以歌舞形式出现，或者伴随歌舞娱乐，使人们生活在歌舞的海洋之中，平添幸福感；并创造性地以歌舞交流思想、沟通感情、传递信息、传承文化、实施教化、净化心灵、提升境界。这不只是歌舞智慧、艺术智慧、人文智慧、教育智慧，更是侗寨人们的生存智慧、生态智慧、幸福智慧。

歌舞型教育智慧的普遍意义在于，寓教于歌舞、寓教于信仰、寓教于习俗、寓教于劳作、寓教于交往、寓教于休闲、寓教于讲款等。信仰、习俗、劳作、交往、休闲、讲款等都与歌舞相伴，在歌舞型信仰、习俗、劳作、交往、休闲、讲款等活动中，愉悦地实施教育，愉悦地接受教育，收获愉悦的教育实效。

侗族村寨的人们传承传统的和谐价值观，将传统和谐价值观同神灵信仰、歌舞娱乐、文化教育、生存环境紧密结合，形成具有自身特色的神灵信仰体系、歌舞艺术奇葩、生产劳作方式、休闲娱乐方式、娱乐教育方式，使人们生活在幸福的海洋中，在欢乐的氛围中创造精神财富和物质财富。这就是中国侗族村寨文化遗产的根与魂，这就是传统和谐价值观支配下的侗寨精神文化生活的杰出智慧和普遍价值。

第四节 "半称心"的豁达心境

侗族村寨居民普遍拥有"半称心"的豁达心境与心态智慧。

"半称心"的豁达心境，是中华传统文化的组成部分。杭州灵隐寺内有一副对联："人生哪能多如意，万事只求半称心。"高僧解释这副对联说："自古人生最忌满，半贫半富半自安。半命半天半机遇，半取半舍半行善。半聋半哑半糊涂，半智半愚半圣贤。半人半我半自在，半醒半醉半神仙。半亲半爱半苦乐，半俗半禅半随缘。人生一半在于我，另外一半听自然。"这是悟透人世间万事万物后的智者之言，这是明悟人生的豁达胸怀，是了不起的处世哲理和人生智慧。

侗族村寨的居民，信佛者少，但善于从佛教故事中吸取有益的思想方法，大多数居民具有佛家知足常乐和"半称心"的乐观豁达心境，习惯"半称心"的生活方式，拥有"半佛半仙"的生活智慧：一是劳作强度半闲半忙，二是生活收支半丰半简，三是幸福体验半苦半甜，四是交往情感半浓半淡，五是亲情处理半亲半爱，六是处世做客半客半主，七是喝酒心境半醉半醒，八是胸怀心态半佛半仙等。这种"半式"心态，既防不及，又免过度，是一种中庸和谐的心态胸怀，追求的是对立面之间的协调与和谐：力求闲与忙、丰与简、苦与甜、浓与淡、亲与爱、客与主、醉与醒、佛与仙的协调与和谐，奉行的是儒释道融合的中庸与和谐。这种中庸式和谐境界就是将"半"改为"亦"：亦闲亦忙、亦丰亦简、亦苦亦甜、亦浓亦淡、亦亲亦爱、亦客亦主、亦醉亦醒、亦佛亦仙，更是乐观豁达。

"半式"心态转换成"亦式"心境，是人生态度、处世风格、做事原则的提升。"亦式"心境，将对立面相互渗透、相互融合，向更和谐的境界提升了一大步，不是半闲半忙，而是亦闲亦忙，有闲有忙，闲在忙中，忙在闲中，闲就是忙，忙就是闲。以此类推，简就是丰，苦就是甜，淡就是浓，亲就是爱，主就是客，醒就是醉，人就是仙就是佛等。依此做事，不会过头，不会过火；依此说话，不会过分，不会暴怒；依此待人，不会被欺诈，不会被哄骗等。所以，侗家人心胸宽宏大量，说话客客气气，做事稳稳当当；社会少巨富，寨中少赤贫，坊间少争吵，司法少诉讼；促使人际和谐、家庭和谐、村寨和谐、区域和谐。

"半式"和谐心态与"亦式"和谐心境，是千百年来侗家人生活智慧的凝练、人生智慧的提升，是侗家人传统观念意识的根与魂，是侗族村寨和谐发展的内在动因，是人世间心态文化多样性的杰出典范。

第六章 社会治理方式的和谐精髓

中国侗族村寨文化遗产中，拥有极为珍贵的社会治理的历史范式，展示出侗族村寨治理和社会治理的杰出智慧，展示出千百年来中国侗族聚集地区的和谐图景。

第一节 基层组织架构

侗寨是一个相对独立的社会基层组织，它的一大突出特征就是人际关系和谐。和谐是侗寨人们的生存发展状态，是侗寨人们的卓越人文生态。这种卓越人文生态中，有一套完整有序的组织体系，闪耀着侗寨传统治理的杰出智慧。

一、侗族村寨的家庭与团寨

家庭是社会的细胞，也是侗寨的细胞，是组成"补拉"的基本单位，是侗寨成员的首属群体。

侗族人们聚寨而居，团寨是指侗族民居建筑抱团聚居的自然聚落状态，有的地方叫屯寨，具有一定的血缘性、地缘性和行政性。就其行政性而言，又叫村寨；就其地缘的形象特征，称为团寨或者屯寨；就其血缘性而言，一般由一姓或者几姓血缘很近的"补拉"组成。

团寨与村是侗族聚居地区的正式基层单位。寨是民间自然聚落称谓，现今的村是行政单位称谓。大型侗寨，划为几个行政村；中型侗寨，一般一寨一村；小型侗寨，往往几寨一村。现今的行政村的组织机构是村党支部委员会和村民自治委员会，俗称"村支两委"。团寨或者屯寨的传统治理，是由寨老管理、由寨老操劳的治理方式。

团寨对内维护本寨的生产生活秩序，维护本寨的生态环境、山水林田路、公共建筑，街巷清扫、打更巡逻，救助帮扶孤寡病残弱贫，操办节会等公共事宜，出席红白会事，解决寨内矛盾纠纷，协调本寨各层面的关系，解决寨内突发事件，订立、修正和执行本寨寨约寨规，组织本寨"公田""公地"的耕种和经营管理，指导本寨重要技艺传承和年轻一代的教育培养等。

团寨对外组织联络,维护本寨尊严,协调处理本寨成员与外寨的矛盾纠纷,维护本寨成员的权益,组织"为也"等出访活动,接待来访,组织维护村寨之间的友好关系,完成款首与峒塘首领交代的相关事宜,参与款组织的相关活动,执行款规款约等。

二、"补拉"的职责

"补拉",石佳能认为,是"远古氏族组织的残余,父系氏族组织的次生形态,是以血缘为核心,以地缘为纽带,以原始民主为机制"[1]的侗族基层组织制度。它是侗族父系氏族自汉唐至民国时期的近亲血缘族群。这些血缘族群聚寨抱团而居,形成地缘同寨的近邻关系。"补拉"大体上相当于汉族的房族,是同一祖公繁衍形成的血缘族群。不同的是,"补拉"除了父系血缘近亲之外,还可能吸纳非血缘关系,乃至异姓人户加盟。非父系血缘家庭(如女儿结婚后居住父亲村寨等)、人数少的异姓人户,只要认可并履行"补拉"的规范与义务等,经过"补拉"集体准许,就能够成为"补拉"的一员。

"补拉",没有正式的首领,长辈协商出一名长老为"补拉"的"族长",有的称之为"宁长"。"补拉"成员之间关系亲密,相互扶持、相互帮助,当成员遇到红白会事和危难时,"补拉"成员聚集帮忙。"补拉"是家庭的依托与靠山。人口发展快、数量多的宗族,一般分为几个"补拉"。大的"补拉"分枝散叶,发展成不同团寨,如通道杨十四"补拉"繁衍发展的庚辰侗寨群等;中等规模的"补拉",往往就是一个小团寨,如通道独坡侗寨石姓"补拉";小的"补拉",可能几个"补拉"组成一个比较大的团寨,如通道高步侗寨、黎平肇兴侗寨与黄岗侗寨等。

"补拉"在家庭与团寨的链接中起着独特而重要的作用。它是组成团寨的中层血缘性组织,起着链接家庭与团寨的纽带作用。一是在组织上按照近亲血缘关系和就近地缘关系把众多家庭凝聚为一个高度团结的和谐整体,融洽近亲血缘关系,融洽近地邻里关系,减缓和化解村寨矛盾。二是"补拉"成员承担物质与人口的生产与再生产,参与政治、军事、文化、公共事业等各项社会活动。三是吸纳和团结人数少与户数少的人家,使他们在"补拉"—团寨的体制下,有所皈依,能够生存发展下去,并扩大"补拉"阵容,壮大"补拉"实力。四是"补拉"的相互帮扶,避免了侗寨极富赤贫的两极分化,有效促进了侗寨和谐。加之侗寨整体的相互帮扶,更使侗寨人家平等互助,其乐融融,和谐乐居。五是"补拉"成员共同操办内部红白会事。"补拉"内

---

[1] 石佳能,廖开顺.侗族"补拉"文化内涵浅析[J].贵州文史丛刊,1997(3):91.

部的红白会事，本"补拉"的人们都是主人，都得主动做事，外"补拉"的人包括亲戚不得插手；红会时，各家各户只需出米，白会出米出菜出柴，白会最后一餐及嫁女最后一餐的合拢宴，由"补拉"出面招待客人。六是协调"补拉"内部关系，调解内部纠纷，维护本"补拉"成员的公共利益。七是制定和执行补拉规约（如内部不通婚、赡养老人抚育小孩、无赏地互相帮助、不盗不赌等），教育处理违规违约者。八是主持一些重大节庆活动，如以"补拉"为单位的清明祭祖等。九是处理本"补拉"与其他"补拉"的矛盾关系，维护本"补拉"的尊严，维护成员的权益，承担相应的义务。

中华人民共和国成立之后，"补拉"不再是社会基层组织，但在侗家人的社会基层交往中和操办社会基层事务时，"补拉"仍然在发挥正面作用。

三、侗寨内部组织的关系

侗族村寨内部的组织结构是家庭—"补拉"—团寨。其中，家庭是"补拉"与村寨的细胞与基石。

家庭是"补拉"和侗寨的基本生产单位。自然经济下的千百年农耕历史中，以及改革开放四十多年来，侗族村寨的生产单位都是家庭。家庭掌握着侗寨糯稻农耕的基本技术技能，掌握糯稻农耕的主要农具和土地的使用权与经营权，是"补拉"与侗寨内部生产互助及对外帮忙的实际承担者和支持者，是侗寨生产性公益劳作的实际支持者与完成者。

家庭是"补拉"和侗寨的基本生活单位与基本的接待单位。侗寨居民的生活都在自家进行，家是每个侗寨居民的幸福港湾；柴米油盐酱醋茶，都得自己操劳和筹备，做饭、洗衣等一应家务活，都得家庭成员分工协作地去忙碌，生老病死，也得靠家庭成员一起承担，大家相依为命，患难与共。同时，村寨的来客得由各家各户接待，一是合拢宴的美味佳肴由各家各户提供；二是各家各户须争着抢着把来宾接到家中款待，留在家中住宿过夜，以及给贵宾馈赠礼物等。

家庭还是"补拉"和侗寨的基本教育单位和基本娱乐单位。家庭作为一个人的首属群体，承担着教育下一代的神圣使命。所不同的是，千百年来，侗族村寨很少有私塾、学校，教育的职责落在父母、爷爷奶奶的肩上，落在家庭成员的肩上。家庭就是教育的基本单位，不仅要教给下一代生产技能、生活技能，还要教孩子识天象、会农事、察脸色、会做人。还要教孩子唱歌、跳舞、交际，要教孩子讲侗话、学汉话、识苗语等。家，就是学校，父母、爷爷奶奶就是老师,往往是终身老师,不只是自己要会,而且要会教,使子孙后代都会,不能比别人家的孩子差。

家庭是"补拉"和村寨的基石。家庭的成员强,能人多,"补拉"就强,村寨就强;家庭富裕,"补拉"才可能富裕,村寨才可能富裕;家庭平安幸福,"补拉"和村寨也才可能平安幸福。

侗寨的家庭,就是微型生产队、微型自助饭馆、微型学校、微型社会。家庭的责任与义务、地位与作用,以及家庭与"补拉"、团寨的和谐关系,构成了侗族村寨中的家庭治理模式。

"补拉"是连接家庭与村寨的枢纽。它是所辖家庭的靠山与归宿,是家庭力量的来源与依托,是家庭危难时刻的救星和希望。"补拉"的职责与义务,地位与作用,以及它与家庭、团寨的和谐关系,构成了侗族村寨中的"补拉"治理模式。

侗寨是"补拉"及家庭的依归。侗族村寨是侗家人的出生地、成长地、发祥地,是外出侗家人的故乡和依归,是侗家人的骄傲与自豪,是侗家人的根与魂,是靠山与依托,是"补拉"与家庭的力量之源、幸福之源、安康之源。

侗族村寨中家庭—"补拉"—团寨的层级体系,是一种结构严谨的组织体系。该体系的严谨在于家庭、"补拉"和团寨是侗寨聚落的三个关键性实体要素,三者职责分明,义务清晰,相互依存,相互扶持,相互支撑,紧密连接,环环相扣,是一种严谨的和谐结构,支撑侗寨屹立于世。这种严谨和谐的组织系统,实际上就是侗族团寨的治理模式,就是侗族村寨家庭治理—"补拉"治理—团寨治理一体化的治理模式。

第二节 基层权威治理

侗族村寨家庭治理—"补拉"治理—团寨治理三位一体化的组织治理体系,是一种和谐有效的组织体系,是三级基层组织治理的杰出范式,其中的关键在于三层长者的权威统领,"家长—族长(宁长)—寨老"构成了侗族村寨社会基层链式权威治理范式。

一、侗族村寨的权威结构体系

侗族村寨的"家长—族长—寨老"构成侗族聚居地区社会基层的链条式权威结构体系。

家长、族长、寨老,都是自治型权威人物。家长在家里说一不二,具有首属群体的血缘权威性、长辈权威性、素质能力影响的权威性。在家长带领下,对内对外,齐心协力。族长对于"补拉",同样具有血缘、辈分、素质能力影响的多重权威性,"补拉"成员唯命是从,闻风而动。寨老同样具有多重权威性。家庭、"补拉"、团寨是侗族聚居地区社会底层的三个关键环节,分别由家长、族长、寨老三级权威人物把关,这是侗家人千百年来社会基层治理的先决条件和杰出智慧。

侗族村寨的家长、族长、寨老关系和谐密切。首先,三者相互尊重,家长尊重族长,族长尊重寨老,反之亦然。其次,晚辈服从长辈,家长听从族长的指令,族长听从寨老的指令;当然寨老在下达指令之前,也会征求寨民的意见,考虑本寨公众的利益与安危。再次,寨老是为大家办事的,出于公心和大局,身正不怕影子斜,不怕被人讲是非说坏话。最后,家长、族长和寨老团队的成员,以及侗寨的长辈,也会顾全大局,尽力扶持,做解释、勤沟通、多协调,促进侗寨的和谐。家长、族长、寨老的和谐关系是侗族社区家庭和谐、"补拉"和谐、村寨和谐的关键,也是侗寨社区治理的成功范式和杰出智慧。

"家长—族长—寨老"三层权威人物,同心协力,治理侗寨,这是千百年来侗族聚居地区社会基层有效治理的成功模式与和谐范式。

二、侗族村寨的权威人物

侗族村寨的家庭由家长统领与治理、"补拉"由族长统领和治理,团寨由寨老统领和治理。家长、族长和寨老分别是家庭、"补拉"、团寨中德高望重的权威人物。

(一)家长

家长,一家之长。侗族村寨的家庭一般二至三代人。家长通常是爷爷或者奶奶,但也有父亲或者母亲的。大的家庭是指同辈结婚之后没有另立门户而生活在一起的大家庭,至少三代同堂,有的四代同堂乃至五代同堂。现在多为小型家庭,子女成家前就修建了房屋,结婚后就另立门户。大家庭的家长,自然是德高望重的长者,通常是爷爷出面,爷爷不在了,则是奶奶拍板,自己直接出面买或者指派家中人员出面。家长不是选举产生的,而是血缘性的权威人物。

侗族村寨父系血缘传承,但母系遗风浓郁,家长一般由男性长者出面,女性在长者背后支撑。侗族村寨家庭的家长,操持全家生计,带头劳作,老了就安排人手去做,从犁田、下种、插秧,到除草施肥,再到秋收冬藏;从蔬菜栽培浇水,到采摘、洗涤;从舂米、做饭,到烹饪炒菜;从收拾家务,到洗衣、洒扫庭院;从接待客人、迎来送往,到走村串户,再到人情世故、日常习俗、村约寨规;从人生礼仪、节会程序,到红白会事;从柴米油盐酱醋茶的购买积储,到家庭收支的开源节流;从孝敬老人,到教育子女等,无不操心劳累,率先垂范。侗族家庭之长,是家庭的轴心,都是操劳之长、辛苦之长、垂范之长。

(二)族长

族长是"补拉"之长,也称为"宁长",相当于汉族房族族长,也是血缘性的权威人物。"补拉"的族长是历代祖公,历史序列依次是迁徙定居的始祖公、建寨始祖公、房族祖公,世代相传,直到现在的大祖公,或者大祖婆。

族长,当然得具备系列条件。一是辈分高。但辈分高的人,往往有多个,成为族长的人,还必须具备其他条件。二是道德品质高尚,德高望重。三是知识经验阅历丰富,能力强,或者能力比较全面,或者某项技能突出,能够服众。四是责任心强,办事公道,威望高,影响力大。这些是族长必须具备的威望性条件。具备这些条件者,就成为族长的可能人选。

族长的产生,一般由"补拉"的上一任族长指定,或者有血缘辈分高的老人商定由谁担任族长。但一般不是自封式,也不是选举式。

"补拉"的族长,主持"补拉"事务,组织和带领成员履行对内对外的职责与义务。协调与和睦内外关系,出面主持"补拉"的重大事宜,组织对外活动等。如果年老,不必事必躬亲,只要策划、安排、派人落实督促即可。

(三)寨老

侗寨之长,就是寨老。寨老由辈分高的人担任。这种辈分高,一般是血缘辈分高,或者是姻亲辈分高。大的侗寨有多个"补拉",各"补拉"血缘辈分与姻亲辈分交叉,错综复杂,但比较而言,辈分高就能进入寨老人选之中。寨老的辈分高,年龄可能比较大,但不一定最老,可能年富力强。

成为寨老人选的人,除了辈分高之外,还须具备族长的素质能力,品德高尚,素质全面,能力突出,办事果断,公平公道,在全寨德高望重,影响力大，不令而威。族长可能成为寨老，寨老可能就是族长。寨老就是在侗寨高辈分、高素质、强能力的人中遴选产生的。

寨老，往往不是一个人，而是一个团队。这个团队，人人阅历广泛、经验丰富、知识广博、善于歌舞、技能高超。这些人某一方面能力特别突出，有的善于谋划与运筹帷幄；有的善于言辞，长于交往；有的善于农耕种养；有的善于编织制造；有的懂天文、察地理、善祭祀；有的会点武功，甚至就是拳师；有的善于吹奏、长于歌舞，本身就是歌师、芦笙高手等。这样的团队，是侗寨的脸面、侗寨的精英、侗寨的骄傲。在寨老团队，寨老是第一人，这既不是自封的，也不是投票选举产生的，而是由寨老、族长们推举商定的。

寨老的产生，也不全是由老一辈寨老、族长们商定，也有大事当前，敢于担当者，冲锋陷阵，立下赫赫功勋而被公认的。当然，这中间也离不开寨老、族长们的推举和认定。

寨老是一个非常辛苦的差事。寨老要维护侗寨的尊严、利益、安全与整洁，维护侗寨山水林田路寨等生态环境和公共建筑，带领侗寨人们履行相关责任与义务，竭力建设美丽侗寨、和谐侗寨；提醒寨民适时耕种养殖，经营"公田""公地"，开源增收；照顾孤寡，扶助贫弱；协调寨内关系，解决寨内纠纷矛盾，促进侗寨和谐发展；筹划并主持侗寨重大活动；谋划并组织侗寨对外交往，接待来宾来访，维系并巩固寨际和谐关系；完成款首和塘峒首领交代的任务。

家长、族长、寨老是义务职位，没有俸禄，没有补贴，相反，寨老往往还要资助贫弱孤寡，扶危救难。寨老履职，兢兢业业，尽心竭力，维护稳定，谋求发展。在侗族历史上，寨老是维护侗寨、建设侗寨的领头人，是侗寨活动的带头人，是策划者、推进者和无私奉献者，是侗寨和谐发展的使者与榜样。

三、侗族村寨的习惯法规

侗族村寨的成功治理，与侗家人的家训、族规、寨规等习惯性法规密切相关。"家规—族规—寨规"是侗族村寨的三层权威约定，形成层级型规范体系，并通过各种方式，使人们牢记而内化，遵循而外显。

侗族聚集地区的每座侗寨都有本族的族规，都有本寨的寨规；侗寨每家每户都有自己的口传家训家规，代代相传，口口相传，没有中断。

家训家规、族规寨规，内容基本一致。除了知识性、经验性的内容外，主要是侗族村寨的人生礼仪、风俗习惯、道德观念、伦理规范、情操修养等。这些训诫、规范告诉人们，哪些能够做，哪些不能做；哪些应该做，哪些必须做；哪些怎样做；有些事情只能怎样做等。族规、寨规的内容，涵盖家训家规，在此基础上，增加"补拉"和村寨的族规寨约，增加侗款的内容。

这些家训家规、族规寨规，不仅训诫幼儿、少儿，也训诫青年人、中年人、老年人。训诫的方式，主要有堂前训子、火塘教女等。族规寨规的宣讲播布形式多种多样，有纳凉讲古、祭祀神灵时训诫、寿诞婚嫁时叮嘱、红白会事时交代、迎来送往时提醒，言传身授地教给年轻人仪式、礼节、秩序、规矩、忌讳等。在对歌中教、在儿歌中唱、在离别时叮嘱、在办事前激励、在违规前提醒、在成功后褒扬。通过各种方式使人们牢记家训家规、族规寨规，从而不断内化，成为自己的规范体系，时时遵循，事事照办，使言行举止符合家庭规范、符合族规寨规而不逾矩。

族规寨规的宣讲、传播和传承的方式，除了家训家规的各种方式外，还有文字记载、勒石铭刻、木牌与宣传窗、雕塑、木刻、绘画、讲款、侗戏演戏的说理与演示、集体互访的告诫与遵循、节会歌唱等方式。

侗族村寨的家规、族规、寨规具有权威性，实施执行非常严格。对于违规者，有专门的处罚规矩，如侗款中的阳规和阴规等。侗族聚居地区就有对于违规者绑石沉潭的严酷惩罚。

"家规—族规—寨规"构成权威的层级式习惯法体系，借助各种方式内化为成员观念、成员自信，再借助各种活动外显为成员自觉的行为，实现村寨和谐与区域和谐。

家庭—"补拉"—团寨既是侗族群体链接模式，又是侗族社会基层组织模式。该组织模式中，家庭的家长，"补拉"的族长，团寨的寨老，是侗寨基层组织模式各层级德高望重的权威人物，是各层级的决策人、掌控者。这些人德高望重、身体力行、宽容厚道，履行管控家庭、"补拉"与团寨的职能。他们不拿一分钱的补贴和报酬，尽所能为大家服务，不凭借公权谋取私利，办事公平、公正、公开。这样的权威组织模式，也就是侗寨内部的权威型治理模式。用这种方式链接、组织、治理侗寨，把侗寨管控、治理得无巨富、无赤贫，夜不闭户、路不拾遗，融洽和谐。这是侗族层级权威管控的智慧，是基层组织传统管理智慧的典范。

将家庭、"补拉"、团寨的组织结构及其家长、族长、寨老管控作为村寨基层治理方式，将小款、中款、大款的区域组织结构及其款首管控作为区域性社会治理方式，并将二者有机衔接，形成侗寨聚居地区的整体治理模式，这就是"家庭—'补拉'—团寨—小款—中款—大款"的组织结构模式和"家长—族长—寨老—款首"的权威掌控模式。这是侗族人们掌控和治理侗寨与区域性社会治理的杰出智慧。

第三节 侗款治理模式

侗族聚居地区传承已久的一个极具特色又非常重要的社会治理成功范式,就是侗款治理模式。侗款是统领侗族大众的组织体系,是教育侗族大众的文化体系,是约束侗族大众的习惯法体系,是支撑侗族大众互相援助的援手,是号召侗族大众的旗帜,是沟通侗族大众的渠道,是凝聚侗族村寨民众力量的纽带,是展示侗族民众力量的平台,是侗家人结成的区域性和谐关系,是侗家人共生共荣的和谐环境。侗款是侗族民间组织自卫活动、文化活动、教育活动、"三交"活动、互援活动的方式。在一定时期内,侗款活动有其特定的活动程序、活动规则与活动意义。侗款活动构成侗族村寨侗款治理的和谐范式。

一、侗款的组织方式

(一)侗寨的结盟联款

随着侗族聚居地区生产不断发展,生产资料分配不均,人们劳作与经营状况不一样,创造和享有的物质财富也就不一样,社会纷争日益增多,"补拉"之间、团寨之间矛盾纠纷日益频繁。为协调"补拉"之间、团寨之间、区域之间的相互关系,解决矛盾纠纷,和谐区域性社会关系,相邻侗寨的寨老传票合款。大家约定时间和具体款坪地点,各侗寨的寨老率领族众。齐聚款坪,由发起者讲清结盟合款的必要性与重要性,各寨头人协商款约,制定规章,大家认可后,由款首宣读,并摆上香案三牲祭品、祭告天地神灵,杀牛、饮血、盟誓,发誓信守约定款规,联结为款。结盟联款的意图是维护一方安宁。结盟联款的氛围是庄严肃穆的,但结盟各方的关系是平等的,盟约是相互协商形成的。

结盟联款的覆盖面广。据《款坪款·开款坪》❶载,通道及周边开了十二款坪十三款场。第一合款:上四洞、四头、杨柳坪;第二合款:下四洞、陈横;第三合款:芙蓉、江口、太阳坪;第四合款:上粟、下粟、上太阳坪;第五合款:独坡、上岩、木瓜、洛团、陈坪;第六合款:高友、高秀、坪

---

❶ 湖南省少数民族古籍办公室. 侗款 [M]. 长沙:岳麓书社,1988:12-13.

坦、坪暮、大河坪、横岭、黄土；第七合款：下宅、路塘、中步、枫树坪；第八合款：传头、屯斗、寨阳坪、塘头；第九合款：罗冲、㧟贯、枞树坪、马鞍；第十合款：墨胖、巴斗、王响坪、三团；第十一合款：基门、团头坪、你林；第十二合款：盘巴、河坪、保俊、上茵坪、盘董；第十三合款：甘冲、坪略、华练、上溪坪、孟寨。这十二款坪十三款场覆盖了现今通道及其周边的绝大部分村寨，覆盖面比较宽广。合款的村寨有大有小，款也有大有小，有先有后。但所标第一、第二等，并不是大小先后的排序，只是因地理方位、河流区位不同而已。

广西三江和贵州从江、黎平、榕江有区域性十大侗款区，各款区的具体范围和结盟的具体侗寨，不同地方的款师传唱的有所不同。其中一种说法❶是一洞丹洲至良口一带，二洞宰略、大洞、大塘、西山和二千九一带，三洞四寨、乜洞、帮土、黄冈、双江一带，四洞银谭、大融、恰里、或里、大歹、上方一带，五洞口江、坑洞、互寨、构洞一带，六洞贯洞、云洞、塘洞、晒洞、顿洞、肇洞一带，七洞水口、口团、龙额、雷训一带，八洞巨洞至传洞的都柳江沿岸一带（包括下江、停洞等村寨），九洞信地、高团、吾架、增盈、德桥、朝利、往洞、贡寨、增冲、托苗、沙会里一带，十洞黎平、尚重、矛贡、竹坪、省团、月团一带。

还有"二千九款""千三款""千四款""千五款""千七款"等中大型款区。据款师回忆，《侗款》整理记载，清雍正八年（1730年）侗族历史上九十九公合款，是一次大款联盟活动。九十九公，是通道、三江、从江、榕江、黎平五县的大小款首，齐聚榕江三宝侗寨，制定款约，内容多，涉及面广。主题是"破姓开亲"。九十九位与会款首，代表了湘、黔、桂三省毗邻地区的大部分侗族村寨的意见。这次合款几乎把侗族聚居地区的侗族同胞都动员起来了，促进了侗族的大团结、大和谐，影响深远。

侗族聚居地区侗寨合款结盟现象比较普遍，这些大大小小的款区几乎囊括了域内所有侗寨，甚至还包括了域内苗寨、瑶寨。各个款组织之间是平等的，不论款区大小，都有话语权，重大事情由款首与结盟侗寨的寨老协商解决，地位平等，决策民主，关系和谐。

（二）侗款组织的结构

侗款是侗族聚居地区团寨之上的区域性民间自治组织。

---

❶ 黄洁，杨尚荣.中国侗族村寨款文化及其传统社会治理模式研究[M].北京：中国纺织出版社有限公司，2021：92.

侗款作为组织体系，由小款、中款、大款和特大款构成。相邻的几个团寨结成小款，相邻的几个小款结成区域性中款，几个中款结成跨区域的大款，再由大款结成特大款。特大款极少形成，大款与中款没有明显的数量界线，中款具有某些不确定性。前述十洞的每一洞都是由多个小款联合结成的中大型款区组织，六洞款区就是由贯洞等六个小款组成的区域性中大型款区组织，九洞款区就是由上半款千二百户（即"上千二"）与下半款九百户（共二千一百户）组成的大款区组织。十洞之外的"二千九款"，就是由二千九百户（上九百、下九百、河边九百、腊弄二百）四个小款区结成的大款区。款，无论大小，都确定有款坪或款场。侗款就是这些大小款区构成的组织体系。十洞款首的统计如表6-1所示。

表6-1　十洞款首统计表 ❶

一洞	二洞	三洞	四洞	五洞	六洞	七洞	八洞	九洞	十洞
龙宝、隔后	传金、万计	万金、革西	娃五、金或、金灿	优昆、干痛	懒及、懒松、鞍金果	银硬、银韶	传龙、金扣	相化、富宝	万计、万进

侗款组织的负责人称"款首"，有的地方称"款头"。"款首"是从寨老中遴选产生的，他们凭借自己的威望、德行和出众的才能担任款首，统领款兵，治理款军，依据款约协调款军与各侗寨的关系。在侗款组织中，没有严格的管理机构，只安排相关人员，负责行旅、给养、执法、联络与传递信息等事宜。与款首对应的是款脚，款脚就是款组织的信息联络员，负责传递款首的指令信息，联络各寨等事宜。款首同时还是族长、寨老，还得依据侗款条文治族、治寨，使族寨稳定和谐，形成多层级链式治理体系。

（三）侗款组织的本质

侗款组织是侗族村寨民间自发的结盟组织，具有鲜明的自发性、民间性、自治性，本质上是一种协调侗族聚居地区社会关系的民间自治组织。

侗寨合款的初衷。侗族村寨在不断激烈、不断尖锐的区域社会矛盾环境下，为了协调侗族聚居地区的社会关系，增强侗族村寨的凝聚力，将单一力量变为聚合力量，以应对日益复杂的区域环境。相近侗寨的寨老商议，为了

---

❶ 黄洁，杨尚荣.中国侗族村寨款文化及其传统社会治理模式研究[M].北京：中国纺织出版社有限公司，2021：91.

维护本寨和地方的和谐与安宁,必须结盟,结成款组织。可见,款组织具有自发性与民间性,具有结盟意图的自保性与自治性。

侗款组织的职责。侗族村寨结盟合款,是由侗族村寨的共同利害关系决定的,款组织的权利是结盟侗寨赋予的,是广大侗寨居民和兄弟民族赋予的。这个权利就是侗族村寨自保、自卫、自治的生存权利和发展权利。承担的职责与义务,一是维护侗寨安全,不受外来势力的侵扰;二是打击和惩处域内邪恶势力,保护侗族村寨居民的人身安全与财产安全,维护侗族村寨的安宁与稳定;三是协调各村寨之间、各区域之间的关系,调节其间的纠纷,化解其中的矛盾,融洽彼此关系。这些职责与义务,就是要解决纠纷与矛盾,使侗族聚居地区村寨和谐、区域和谐、社会和谐。

侗款组织自结盟伊始,它的使命就是保障侗族村寨的和谐安宁。这一神圣使命就是要维护侗族村寨居民和谐的生存环境与和谐的发展环境,就是要保障侗寨居民的生存权、发展权。

二、侗款条文

侗款作为知识体系,包含系列习惯法的法规条文,如《立约款》《开款立法》《款条款》《九十九公合款》等,构成侗族习惯法的内容体系。它包含了一整套款组织自治款约、自卫款约,以及族源、创世、习俗、祝赞、祭祀等文化历史知识。

《立约款》是邻近侗族村寨结盟合款时约定的总体条款:约款的原因、参与结盟约款寨子的基本情况和款坪地、约定的条款内容、寨子值守人员安排等。

《开款立法》中的第一部分《开款》是宣布参与立法的村寨单位名称和立法开始。第二部分是宣布款约的《法规》,其中有十二层十二部和结尾语。十二层十二部,实际上是十二条(章)法规。第一层是总则,以较大篇幅说明了订立法规的原因,言简意赅地概括结盟合款、商定款约的过程,然后提纲挈领地概述六面阴六面阳、六面厚六面薄、六面上六面下的十二条款十八规章。第二层至第六层为刑事条款,例如,偷盗牛羊等大牲口罪、偷盗谷米金银罪等。第七层至第十二层以民事为主兼刑事条款,重则人格处罚加经济处罚,轻则自行改过、自我防范。《结尾语》强调款约是金科玉律,大家务必照章遵循。

各款规,本质上是为了村寨的安宁稳定,是为了侗族聚居地区社会关系和谐。

三、侗款的自治方式

侗款，是侗族村寨结盟合款的区域性自治组织，侗款的大量条款可以处理侗族村寨内部纠纷，处理侗族村寨之间的纷争，惩处侗款组织内部违反款规的行为，使侗寨人们遵循与执行，成为侗族民间自治的习惯法，成为侗族人们自我约束的自治方式，成为侗族民间多方式的自治模式。

款规是侗款组织的强制性自治方式。一是利用款丁的暴力手段抵御外来势力的侵扰，捍卫侗族聚居地区的自我治理。二是利用严惩手段惩治杀人放火、拦路抢劫、偷牛盗马等内生性邪恶势力，维护区域自治的稳定性、侗款的权威性，维护侗族村寨的安宁和地方的太平。

款规也是非强制性的自控型自治方式。六面阴规与六面阳规是侗款的核心，针对犯事者具有强制性，给予相应的惩处，以儆效尤。但这只是侗族款规的一个外在方面，更重要的方面是警示侗族村寨的所有人，不犯此类罪行或者过错，这种警示作用是相当巨大的。起作用的方式是通过惩戒罪错者，迫使人们将款规内化，变成侗族村寨居民内心的思想观念和自治行为的警戒规范。这一过程是无声无形的自我约束。这就是款规对侗族民众心性行为的非强制性约束作用及约束方式，也是强制性惩处中应有的非强制性自治作用，这种作用影响广泛，时效久远。

款规还是一种和谐的自治型教育方式。

侗族村寨结盟、合款、约款是一个参与者相互教育与自我教育相结合的教育方式。其中的参与者，既是个人，也包括各个侗族村寨及其所有成员。侗族村寨认识到单一侗寨力量的弱小，势单力孤，村寨内部要团结，村寨之间也要团结，对付内部的邪恶势力和外部强势敌人，必须联合起来，必须合款，这是大家在交往交流中、在相互教育中形成的共同认识。合款时，制定什么样的款规，也是一个互相点醒、互相启发、互相商讨、互相教育的过程，再形成共识，以确定具体的条款。在这个过程中，人们一边相互教育，一边自我认知、自我掂量、自我教育，这就是一个同时性的自我教育过程。

侗款勒石是一种永久性教育方式。结盟合款盟誓之后，侗家人考虑，要使子孙后代永远记住这些大事，永远按照款条办事，于是选择不易风化的青石板，在款坪或款场竖碑勒石，记载结盟合款大事，镌刻款规条文。这是一种永久性的教育方式，让子孙后代，知晓并牢记这些大事件，牢记并遵循这些款约款规。

口诵讲款是一种普及宣传性教育方式。为了使侗款家喻户晓，为使款规代代相传，侗家人采用"讲款"的方式宣讲侗款、宣传侗款、普及侗款。侗款的讲授者，首先是款首、寨老，后来有了款师专门讲款。讲款的方式，是先祭萨、祭神、祭祖，然后以极为严肃的神情态度开始讲款。不是讲或者说，而是用侗话声情并茂地吟诵、吟唱。这是典型的公开大课，这是正式的课堂教育教学方式，这是大众型普及性的教育方式。

歌舞侗款是一种娱乐型教育方式。侗家人还运用音乐舞蹈宣传侗款、传承侗款。一是把侗款编成大歌、芦笙曲，用侗族大歌唱侗款，用芦笙曲吹奏侗款等，把"讲款"转换成歌舞，使人们在歌舞娱乐中不断重温侗款，在愉悦中牢记侗款、传承侗款，寓侗款教育于娱乐之中。二是利用节令会事歌舞活动的间歇进行讲款，把比较枯燥的讲款同歌舞活动安排在一起，讲款教育与歌舞交叉，获得更好的效果。

侗款教育方式就是以讲款教育人们、熏陶侗寨居民；以侗款习惯法约束和规范侗寨居民的行为；以起款等为机制，统一侗寨居民的意志；以"款"为旗帜，凝聚侗族群体的巨大力量；以"款"为信条，使侗寨居民自信、自律、自治、自强；以"款"为纽带，互相沟通、互相援手、互相交融，团结一心，形成民族大家庭的团结和谐景象，达到侗族聚居地区的自治自强。

侗款是文化传承的和谐自治方式。侗款的内容除了款坪款、约法款、出征款、英雄款之外，还有族源款、创世款、习俗款、祝赞款、祭祀款等，这些内容，覆盖了侗族文化的主要内容，这实际上是侗族文化的浓缩版。传承侗款，就是在传承侗族文化。这些文化，就是千百年来侗族村寨神灵信仰、生产生活、社会治理的凝练升华。其中社会治理的精髓，就是侗族村寨的自我治理，维护侗族村寨的安宁太平。传承侗款，就是传承和弘扬侗族村寨的自我治理方式，传承和弘扬款区的自我治理方式。

总之，讲款是一种心理自治范式；款规是约束侗寨居民行为的习惯法范式；合款约款起款是统一侗族大众意志行为的聚集范式；款区交往交流交融的"三交"模式是侗族村寨融合的途径范式。侗款的自治方式，就是款规强制性自治方式、非强制性自治方式与教育方式等糅合在一起的综合模式。

"款"既是侗寨之间的区域性社会组织形式，也是区域性社会层级自治模式，还是侗族习惯法的条款形式，是侗族民族史、迁徙史的陈述形式，是侗族人世界观、人生观、价值观的阐述形式，是侗族神话、传说、故事的文学形式，是侗族信仰的表达形式，更是侗族跨村寨、跨区域的活动形式，如约款、联款、讲款、起款等。

建立款组织，订立款约，遴选款首，组织"款"活动等，以"款"组织侗寨，形成严密的区域性社会组织结构；以"款"团结侗寨、稳定人心、凝聚人心；以"条款"的丰富内容教育人、引导人、激励人、诫勉人、规范人，从而治理侗寨与款区，这是中华民族独特而极富成效的区域性民间社会自治典范，是杰出的区域性社会治理智慧。

第四节 综合自治模式

侗族聚居的湘、黔、桂毗邻地区，唐末至清朝前期，隶属诚州辖地。诚州属于羁縻制地方政府，实行多组织、多途径、多形式等社会综合自治模式。

一、多体制协同

现今侗族聚居地区，自唐至清代初期，属于多个羁縻州辖地，社会治理同时存在州辖峒塘铺制、基层村寨制、区域侗款制等不同方式。这是中国边远少数民族聚居地区治理史上多体制协同自治的成功典范，体现出地方综合性社会自治的杰出智慧。

湘、黔、桂、渝、鄂毗邻地区，夏商时期大部分属古濮等部落联盟领地，楚秦时期属黔中郡，汉属武陵郡，三国时为蜀地，魏晋南北朝至隋，被称为苗、瑶、僚、僮、仡佬等少数民族聚居的"五溪蛮地"。唐代加强了该区域的统治，实行羁縻政策，设置了充州、应州、奖州、晃州等羁縻州。五代至北宋时期，羁縻州的设置更趋成熟完善。

羁縻制，是我国古代中央王朝宽松型管理边远少数民族地区的自治型政治体制。这些地区行政上是中央设置的建制州，如溪州、诚州等。溪州在今湘西北一带，首府先期在会溪坪，后迁老司城。溪州铜柱（现存永顺王村）的铭文，就是五代至北宋两次溪州之战以后，朝廷的代表同溪州首领彭仕愁等签订的政治和约，是羁縻制度的典型案例。从溪州铜柱铭文的内容，可以窥见羁縻制度的主要特点，一是溪州首领和百姓承认自己是中央朝廷下辖的臣民，服从中央朝廷的领导管控，当国家有难，义不容辞地为国出力；二是中央朝廷任命当地首领彭仕愁为溪州刺史，官职世袭；三是溪州高度自治，自定下属机构和官员，自行裁处辖地纷争，不纳税、不抽丁、不服劳役；四是倡导农耕商贸等。

诚州是和溪州同一时期由中央王朝设置的羁縻州，治地飞山（今靖州渠阳镇）。五代后期，江南战乱，民不聊生，当地首领杨再思与后晋楚王马希范媾和,表示臣服中央。马希范奏明朝廷,任命杨再思为诚州刺史、子孙世袭,敕封爵位威远侯。与溪州土司制一样,诚州的羁縻制实际上是土司制。杨再思及其子孙,利用诚州土司制的高度自主权,采取了系列措施,有效实施了区域和谐自治。

第一,实行峒塘管控。❶ 杨再思根据侗族聚居地区河流及山脉自然分片的区域特点,设置十峒,峒下设塘,实行峒塘制管控方式。对于地方基层,实行政治管控,大事管控、安全秩序管控等,一般事务由侗寨自治,有效实施社会基层自我治理。当时的诚州辖地及居民迁移,范围宽至现在靖州周边20多个县市区。在峒塘体制下,官府减轻百姓税负徭役、鼓励各族居民平等交往、交流、交融,倡导糯稻农耕、禽畜养殖、林果培育、药材种植,促进物资贸易与货物运输流通,重视文化教育等,取得了峒塘体制下社会自治的系列辉煌成就,赢得人们安居乐业、经济文化繁荣、社会安宁太平的历史效应。

第二,采用铺寨协同。村寨自我治理,是侗族聚居地区社会基层治理的基本方式,也是羁縻制下诚州府社会治理的基层状况。羁縻制的行政体制,下辖的每一"峒",地域较宽,大的"峒"比现在的县域范围还要宽。"塘"相当于后世的乡,"塘"下多个侗寨。为了有效行使峒塘权力,"塘"下设"铺","塘"与"铺"直接联系。一铺多寨,铺近乎联寨,沟通便捷;或者一铺一大寨,铺寨合一。如坪坦河流域的路塘与中铺(现为中步),高铺(现为高步)与高尚等三寨。"铺",上与"塘"直接联系,下与寨直接联系,是塘寨关系的中介。铺支持寨、协同寨,寨配合铺、协同铺。这种铺寨关系是侗族自我治理的有效保障。"塘—铺—寨"的密切关系是侗族聚居地区社会基层有效自治的关键。铺寨的密切关系是"峒—塘"体制成功自治的基础保障。

第三,利用侗款自治。侗款本身就是侗族聚居地区自保、自卫的自治方式,羁縻制境况下,更是"州—峒—塘"行政管控模式的有效补充。款首就是寨老,直接治理侗寨,弥补"峒—塘—铺"行政管控模式中不直接治理侗寨的不足;侗款直接组织侗寨居民开展区域性重大活动,直接弥补"州—峒—塘"不直接干预民间事务,难以发动区域性群体活动的不足。侗款属于民间习惯法,更接地气,弥补皇家律法与州府律法诸多疏漏。款区自治也弥补了侗寨自治的不足,弥补单一侗寨人数少、力量弱、范围窄等多方面的不足。

---

❶ 注:五代至宋,诚州下辖的十峒,范围广泛,具体说法不一。峒塘设置多而复杂,而且后来变化比较大。明清时期天柱等地设县,从诚州先后析出了黎平府、镇远府,并归属贵州管辖,"峒—塘"管控方式随之变化。清雍正年间,改土归流,实行府县流官制,县下行政设置调整。这里,仅以五代至宋的"州—峒—塘—铺"的行政体制为例分析。

羁縻制境况下，形成"州—峒—塘—铺"与侗寨、款区三重组织协同的自治主体系统，形成峒塘制、铺寨制、侗款式三种体制协同自治的独特体制模式；形成"州—峒—塘—铺"行政管控治理与基层侗寨自治、民间款区自治互补协同的综合性自治模式。这是飞山公杨再思及其子孙治理诚州的历史功勋。这种自治模式较之溪州模式，多出了基层侗寨自治和民间款区自治的体系，是成功实施羁縻制的独特范例，是羁縻制下诚州人们的杰出智慧，是侗族聚居地区社会自我治理的成功范式。

二、多途径并行

侗族聚居地区的社会治理有行政自治途径与民间自治途径、个体自治途径与群体自治途径、物质生产自治途径与物质生活自治途径、精神自控与互控等多条途径。

行政自治途径与民间自治途径的结合。行政自治途径主要指羁縻制环境下"州—峒—塘—铺"垂直系统的辖区自治，是行政、法律、经济、军事等多方面综合的自治。十峒之间、各塘之间、各铺之间在横向交往、交流、交融中实现了自控与互控。民间自治途径包括家庭—"补拉"—团寨，家长—族长—寨老—款首层级链式首领自治途径，家规—族规—寨规—款规等民间习惯法自治途径，小款—中款—大款等民间款区自治途径。上述多途径结合的和谐自治，形成各层级的规范体系，借助内化、外显等机制，实现村寨和谐与区域社会和谐。这是侗族聚居地区社会自治的关键。

个人自治途径与群体自治途径的结合。社会治理，微观是个人自治，中观属群体自治。把个人自治与群体自治综合起来，就为社会治理奠定了扎实基础。这是各个历史时期人们的普遍关注点，也是羁縻制时期古诚州人们普遍重视的治世途径。古诚州侗族聚居区既注重个人自我控制，也注重家族、"补拉"、团寨、款区等群体的自治。数百年间，域内个人自治与这些群体自治衔接得好，整个侗族聚居地区就安宁太平。

物质生产与物质生活自治途径的结合。社会的自治需要物质基础，需要物质生产、物质生活。侗族聚居地区的物质生产过程，包括农耕糯稻生产、稻油套种、杂粮间作、林下多种经营等。整个物质生产过程包含了人与自然、物与物、人与物、人与人主体性的动态自控、自治。这个过程的意义还在于侗家人通过物质生产创造的财富，为社会自治奠定物质基础。这个物质基础为侗家人物质生活自治提供了可靠前提和必要条件。侗家人的物质生活也是自然和谐的，从糯米饭、乌饭，到年粑、苦藤粑、蒿叶粑、粽粑，从腌鱼腌肉、酸鱼酸肉，到油茶、苦酒，从"月地瓦"爱恋到行歌坐夜，无不包含了侗家人生活自治的杰出智慧。侗家人已经历史性地将物质生产自治途径同物质生活自治途径自然地融合起来，完成物质途径的结合。

多种精神途径的结合。社会治理的精神途径多种多样，如民间信仰、风俗习惯、节令会事、歌舞娱乐等，多种精神途径综合发展是侗族聚居地区社会自治的杰出智慧和成功典范。

"三交"途径的融合。个人之间、团寨之间、区域之间的交往、交流、交融是侗族聚居地区社会治理必不可少的重要途径。一如"为也"式互访中"三交"；二如节会式相聚的"三交"；三如集贸式活动中的"三交"等，通过这些群体活动，频繁交往，加深了解，深入交流，增进友谊，互相勉励、互相扶持、互相支援，逐渐交融，形成从个人到村寨，再到区域的自信自强、团结和谐，实现村寨和区域的治理。

在千百年的历史长河中，侗家人将行政途径与民间途径、个人途径与群体途径、生产途径与生活途径、物质途径与精神途径等自然而有机地结合在一起，实现了侗族聚居地区高效而持久的自治。

三、多形式同用

侗族聚居地区社会治理是多形式、多层面、综合的自治，是生态形式与生存环境层面、经济形式与基础层面、衣食形式与养生境界、信仰形式与心灵层面、道德形式与伦理层面、歌舞形式与娱乐层面等多形式共时发展的综合自治。

生态形式（生存环境层面）。生态形式主要有敬树、护林、造林，营造景观林、水源林、林下复合种养等。侗家人把自己当作客人，实现林与水源共生、林与林共生、林与种植物、养殖物共生，实现人与林的共生和谐发展，最终实现人与山、水、林、田等生存环境的共生和谐。

经济形式（基础层面）。侗族村寨的经济形式有物质财富的经营创造的活动方式，如以家庭为单位的糯稻及其与鸭鱼复和共生种养的形式、侗锦织造及其经营形式等，侗寨居民物质财富的实物形态及其构成形式，物质财富的占有关系，物质财富的货币形式及其多少、物品交换的商贸及其物流形式、物质财富的赠与等。侗族村寨总体的传统经济形式是自给自足的自然经济，实质上是上述各种形式交织起来的自给自足的经济自治形式。这就是千百年来侗族聚居地区经济基础层面的自治概况。

衣食形式（养生层面）。经济形式的自然延伸，就是物质财富的消费形

第六章 社会治理方式的和谐精髓

式,也就是侗家人的衣食住行。侗家人的衣服装饰、布料来自棉麻丝绸、纺纱织布,染料来自草本植物,印染成天然紫铜颜色,侗锦织成模仿大自然的纹理图案,展现与大自然一体的天然和谐,展示人们衣着服饰不奢不露的自我养护、自我约束与自我显示。侗家人居住的干栏式吊脚木楼,隔潮祛湿、清爽舒适,体现了侗家人居住舒适的养生意识与养生追求。侗家人特别注重饮食形式与饮食的养生效果。如糯米饭、乌饭、苦藤粑、糯粑等主食;腌鱼腌肉、酸鱼酸肉的亦酸亦辣、亦咸亦甜的开胃健胃菜肴;油茶、青钱柳茶、苦酒香甜滋润的饮品。

信仰形式(心灵层面)。侗族聚居地区民间信仰多种多样,有萨岁信仰、祖先神信仰、月神信仰、太阳神信仰、农神信仰、土地神信仰、山神信仰、水神信仰、树神信仰等。这些民间神灵信仰是侗族聚居地区人们自我治理的重要途径。

道德形式(伦理层面)。侗族村寨传承系列优秀传统,如尊老爱幼、友亲睦邻、济危扶困、乐善好施等,侗族村寨优秀传统形式多样,涉及心灵深处的道德观念和言行层面的道德境界。侗族村寨的优秀道德传统,是侗族聚居地区社会自治的重要形式,也是侗族聚居地区社会和谐自治道德层面的内在根源与外在动力。

歌舞形式(娱乐层面)。利用侗歌、芦笙等娱乐形式悦人悦己,利用歌舞教育人,启迪人们的心灵,指引人们言行的价值取向,引导人们积极乐观向上,规范人们的行为,凝聚人心,使全寨内外热热闹闹,男女老少高高兴兴,氛围浓郁、精神舒爽、关系融洽、团结和谐。歌舞,是侗家人的挚爱,是侗家人的擅长之技,是侗家人的传统,是侗家人和侗族村寨和谐自治的良方密钥。

节会形式(群体层面)。侗族村寨节会众多,有很多经常性的节会群体活动形式,大家聚在一起,放松身心,赛歌跳舞,热热闹闹,喜气洋洋,情感沟通了,思想交流了,人心凝聚了,关系和谐了,在节会活动中实现了村寨内部和村寨之间的和谐自治。

习俗形式(行为层面)。侗族村寨的生态形式、经济形式、衣食形式、信仰形式、道德形式、歌舞形式、节会形式等,都是侗家人的传统习俗。习俗是侗族村寨个人与群体内在心理自治和外在行为自控的重要方式。侗家人利用风俗习惯约束个人行为与集体行为,传承侗寨风范。通过习俗达到个人与村寨群体行为层面的自我管理。

侗款形式(习惯法层面)。侗款是侗族聚居地区侗家人跨村寨组织活动形式,也是村寨之间区域性民间习惯法层面的自治形式。侗款作为侗族村寨之间的区域性组织活动形式,实质上就是区域性侗寨凝聚起来的自卫、自保、自治。侗款作为法规条款,实质上就是从习惯法层面约束人们的行为,惩处严重违规人员,使人们行为不逾矩。

教育形式(育人层面)。侗族聚居地区的教育形式多种多样,如对歌教育形式、芦笙教育形式、民间神灵信仰活动教育形式、节会活动教育形式、讲款教育形式、习俗活动教育形式等。复杂多样的教育活动形式,教育人们如何自控、自信、自觉、自为。

侗族聚居地区的侗家人通过生态、经济、衣食、信仰、道德、歌舞、节会、习俗、侗款、教育等多种形式的综合,实现区域社会的综合自治。

四、多环节衔接

侗族聚居地区的和谐自治是一个漫长的历史过程,是外在节点不断内化、内在节点不断外显的过程。在内化与外显过程中,需要多环节的有机衔接,将内化与外显过程动态化、网链化,连续不断、永续接替。

内化环节是指将外在实物内化为观念过程若干阶段的连接环节。这里的内化环节是指侗家人将外在现象内化为自己认知、意识、意志等观念的若干阶段的连接环节。外在事物及其节点内化的关键,就是联结点的内化。外在节点内化的环节有接触、了解与建构或重构的认知环节,感知的理解、深化与强化的环节,意识的观念化环节,观念的系统化、信念化、意志化环节等。

外显环节是指人们将自己的观念思想通过语言行为外在地显露、显示出来的环节,是指侗家人将自己的思想观念外显为言语行为过程的若干环节。内在观念及其节点的外显也是一个过程,有系列外化、外显的诸多环节,一是言语行动的必然性、重要性、紧迫性认识环节,感到非说不可、不说不快,不做不快;二是言语行为的动机化、目的化、目标化筹划环节,感到不能乱说,不能乱做;三是言语行为的方案谋略环节、方法措施环节、实施环节、应对矫正环节等。

侗家人通过个人与村寨群体的大量活动,将外界万物万象内化的若干环节同个人将思想观念外显的若干环节有机衔接起来,使内外环节一体化为一个完整的过程,并不断地重复这些过程。这些活动及其全程复杂多样,其中比较突出的有祭祀活动、生产劳作活动、生活消费活动、习俗惯性强化活动、歌舞欢悦活动、群体交往交流交融活动、单纯或融合式教育活动。如一次次地祭萨,一次次地接滩水、一次次地精心织锦、一次次地开秧门、一次次地芦笙节、一次次地赶歌会（或赶歌场）、一次次地"为也"等，使人们不断知晓各自是什么、为什么、怎样做，后果或效果如何等。这些活动，既是外在事物内化环节有机衔接为观念化的过程，也是将内在观念表现为言行的若干环节一体化外显过程，是内化环节融合过程与外显环节融合过程的有机统一。这就是侗家人个人、村寨、区域和谐自治的内化秘诀和外显密钥。

五、多形制综合自治

多形制综合自治模式是侗家人千百年来将上述各种体制、各种途径、各种形式、各个环节的治理模式有机糅合成为欢悦式群体活态的综合自治模式。

该模式使侗家人"饭养身，歌养心"，个个眉开眼笑、人人欢悦舒畅，形成性格开朗、心胸宽广、"半式"心况，养成宽厚宽容、诚实守信、克己奉公、吃苦耐劳、勤劳节俭等优秀的民族特质。

该模式使侗家人的人际关系和谐：家庭和睦、邻里和睦、村寨和睦、区域和睦，域内千百年无巨富、无赤贫，住有楼、吃有粮、衣有裳，鳏寡孤独有所养，成为侗家人身心受益，乐居其中的"世外桃源"。

通过多体制、多途径、多形式、多环节的有机糅合，通过一次次的欢悦式群体活动，侗家人性情和善，做事良善，交往有分寸，纷争少，诉讼少，刑事案件少。路不拾遗，夜不闭户，地方太平，社会安宁。

该模式使侗家人形成族群的共同意识，神灵敬畏与心灵愉悦、自我约束与相互约束、自信自觉与自愿自为。认同度高、亲和力强、行为聚合度高、分工协同性强、凝聚力强、团结和谐形成区域性、民族性的族群自信、自强、自觉、自为的精神格局。

该模式使侗家人热爱自然、珍惜森林、珍惜水源，形成山、水、人、林的良性循环，使侗家人世代保持优越的森林生态与自然环境，世代享用永不枯竭的优质水网、天然氧吧、天然大空调、天然资源宝库，大美生态，共美共享。这种大美生态及其共美共享模式，是遗产，也是侗族历代先祖的馈赠，也是侗家人对东方民族和人类的无偿馈赠。

该模式使侗家人形成以生存为基础，以规范为手段，以和谐为旨规，以血缘为纽带，以家庭为细胞，以团寨（聚落）为载体，以地缘为依托，以款为组织的民族生存发展方式。这种生存发展方式的杰出智慧，展现出侗族民众对地区的杰出贡献，对中华民族的杰出贡献，对人类的杰出贡献。

该模式使侗家人生产、生活、交往有机衔接一体化，是侗家人民生活有序，民生有保障的自给自足的原初民生区域。它使侗族聚居地区"家庭—房族—团寨—区域"一体化衔接成为区域性整体，形成融教育、娱乐、伦理、信仰、法律（习惯法）、军事于一体的地方自治、民族自治与中央政府有效治理的有机结合的民权区域。

  侗家人传统的和谐价值观通过多体制、多途径、多形式、多环节的有机糅合，形成独特而极富成效的村寨内部和谐治理与村寨之间区域性和谐治理的网链式一体化社会综合治理的范式。这是乡村和谐治理模式与区域性社会和谐治理模式有机结合的典范，是侗家人探索侗族聚居地区社会治理民主模式的杰出智慧，是侗家人独创的聚居区民主自治的有效形态、是区域性文明的卓越典范。

第七章 普遍价值的和谐实质

侗族村寨文化遗产有着极为重要的系列普遍价值，如它的历史价值、文化价值、科学价值、艺术价值和社会价值，这些独特而普遍的重要价值之中，有着共同的核心、实质与精华，体现在侗族聚落历史记忆、文化艺术、生产生活、生态范式、社会治理的系统典范等方面。

第一节 侗寨遗产的历史价值

侗族村寨文化遗产是历史的积淀，具有普遍而厚重的村寨史历史价值、民族史历史价值、行业史历史价值、地方史历史价值。

一、村寨史历史价值

隋唐至明清时期，是侗族村寨形成与发展的鼎盛时期。侗寨建寨是一个艰难的历史过程。建寨有多个方面与环节，一是选址与规划，二是房屋街巷建设，三是开垦稻田旱土，四是生态环境建设。

侗寨选址，一选地势，二选水源，三选地利潜力。地势，包括山脉走向、地形地貌、风水格局、生态环境等。阳烂侗寨的建寨先祖，审视阳烂地势背北朝南，山坡平缓，前面是平坝沼泽，地势开阔，阳烂河自西南而东北，穿过坪坝，如玉带缠腰。该村先祖居住附近时，家养的一群鹅，栖居阳烂而不归。于是，选定此地而建寨。细察每座侗寨，建寨的地址地势，都有一定风水格局，都有选址建寨的故事。其中首要关注的就是人地和谐，其次是青山绿水的山水和谐。如选择坐北朝南的大方向，兼顾山水和谐与人地和谐，适宜居住。生态环境的选择，除了山水之外，就是选择森林，依林而居。几乎所有的侗寨都建在森林边，有的干脆建在大森林之中。至少建寨之初，地处大森林之中，比较典型的有上堡侗寨，数百年前，就建在原始大森林中，现在还是处于大森林的山窝子里，就是黄桑国家自然保护区的大森林，去上堡的路就在大森林中穿行。占里侗寨、银潭侗寨也建在森林之中。水源的选择，既考虑饮用水源，也考虑灌溉用水。一般考虑掘井饮用，溪水灌溉。堂安侗寨的建寨先祖，就是看上了堂安山顶的一股大泉水，量大持久，四季如一，清澈洁净。既可以饮用，又可以灌溉农田，且在黎平至三江的交通要道边。地利潜力的审视选择，一是评价土地资源开垦潜力，能够开垦出多少良田，能够容纳多少人。侗族一般居住平坝，开垦出平坝式稻田，灌溉便利。二是动植物资源的考量。这些选择讲究和追求的就是人与水、人与森林、人与动植物资源、人与地利等的和谐共生。现在侗寨的地域，就是当年的历史选择和历史记忆。

侗寨建寨之初，就非常注重聚落规划。如果建寨始祖是一位，一般先住核心区，然后向周边拓展；如果建寨始祖是几位，就划成几块，各建一处，然后连片。黄岗侗寨五个"补拉"，五大板块，至今还较明显。建寨规划的核心在上述基础上，更注重子孙后代的可持续利用价值。这是建寨始祖们难能可贵的规划远见、规划智慧。

建寨之初，居民住房建设、公共房屋建设、街巷建设等注重整齐和谐。建筑是清一色的干栏吊脚木楼，要么三层，要么二层，整齐划一。青石板连接鼓楼、寨门、萨坛、款坪、飞山宫、南岳庙、先祖坛、风雨桥等公共建筑，镶嵌其间，布局严谨，错落有致。

侗寨的修建，不可能一蹴而就，而是一个不断接力、不断完善的创造过程。其中包括同辈人齐心协力，也包括代际接力。

侗寨的发展壮大更是一个艰难曲折的过程。侗族村寨的发展都要经过从无到有、从小寨到大寨、从雏形到规模化、从不完善到比较完善的过程。其中，难免发生矛盾冲突，但从千百年来的历史来看，和谐发展是长远的、全局的、整体的、本质的、深层的。每座侗族村寨的家规、族规、寨规、款规，就是侗寨史上由矛盾走向和谐，由低层次向高层次提升的约束手段与历史见证。每座侗寨的古迹文物，都是这段历史的物化形态，都闪耀着侗族村寨的历史辉煌，体现着侗寨的重要历史价值。

二、民族史历史价值

侗族的形成发展过程。从现有的考古成果来看，现在侗族聚居地区的远古先民只能以族群存在，在适应该区域自然环境中艰难生存，缓慢繁衍，处于漫长的适者生存的原始阶段。先秦到两汉魏晋时期，侗族先民相互抱团，固定地生活在浔江、都柳江、渠水、巫水、亮江、清水江、潕水一带，隶属黔中郡、武陵郡，没有大规模的西迁南移，一批批外来者融入、同化，区域性款组织出现，人们用寨规、款规自我约束，被称为"濮""僚""苗""武陵蛮"，实行宽松的羁縻州县制。这是侗族作为民族初步形成的标志。这时，域内族群处于包容、同化、自律的凝聚成长阶段。隋唐至五代时期，域内人口增多，经济文化发展较快，族群快速崛起。五代时，在首领杨再思的率领下，自愿臣服中央王朝，实行羁縻制区域自治。这标志着侗族这个族群已经成熟，进入族群的成熟阶段。五代以降，直至民国，是侗族的快速发展阶段，自身人口快速增长，成批的外来人口融入这个民族，成为域内强势族群之一。中华人民共和国成立后，此族群被确认为侗族，屹立于中华民族之林。纵观历史，侗族就是在与自然环境、兄弟民族、中央王朝等互动中，逐步形成、壮大、成熟，成为一个独立民族。

侗族发展史中包含侗族文化史。一是历史地形成了地缘文化，即湘、黔、桂、渝、鄂毗邻地区的文化，被侗家人称为"山同脉、水同源、地相邻"的地缘文化史。这是侗家人共同生活的家园史。二是形成共同使用的侗族语言文化史。这种语言的语音柔润、语调抑扬、结构和谐，是一种特色语言，侗族发展史就是这种语言的形成完善史。这在宋代就被外地人称为"听不懂"的"俚语""僚话"，可见其形成时间之早。三是共同的神灵信仰文化史，首推"萨神"信仰。这种信仰历史就是侗家人的民间宗教文化史。四是共同的习俗史，如过侗年、"为也"、行歌坐夜、婚后女子不落夫家等，这都是习俗文化。五是歌舞等艺术文化史等。

这些侗族文化及其特质是在侗族历史上逐渐形成的。侗家人之间、侗族村寨之间在历史的交往、交流、交融中，侗族认同感不断强化，侗族同化力不断提升，促成了侗族语言、意识、聚居地、风俗习惯等的定型与完善，该过程的历史价值在于使侗族成为一个成熟而独立的民族。侗族文化史历史价值的核心与精髓也就是民族融合。

侗族迁徙史是侗族民族史的重要组成部分。侗族大歌的族源歌、迁徙歌，侗款中的族源款，各侗寨口口相传祖先迁徙落寨的历程等，表明侗族祖先的迁徙，不同于盘王古歌吟诵的瑶族祖先千家峒被毁而被迫四处迁徙，不同于苗族古歌传唱的被驱赶逃难式的五次血泪大迁徙，而是从梧州到古州再到靖州等地的自由迁徙，或者由江西到湖南再到湘、黔、桂、渝、鄂毗邻地区的大规模分段迁徙、军屯式落地定居等。多因原住地人多耕地少而迁徙，主动性强，自由度高，原籍地与落籍地关系和谐，迁徙者与社会的关系融洽。这是一种自由而和谐的迁徙，具有更重要的历史价值。

三、行业史历史价值

侗族村寨文化遗产涉及各个领域、各个行业、各个学科，具有相关行业史、学科史等方面的历史价值。

侗族没有文字，各个行业的历史事件、行业历史人物，都是一代代口传下来的。抢救性搜集记录整理这些口述史，就具有非常重要的历史价值。

侗族是一个农耕民族，主要行业是传统农业，善于种植糯稻，善于多种稻基复合种植、种养，形成了一系列珍贵农业文化遗产，是一部侗族糯稻耕种史书，具有侗族农业发展史研究、侗族经济史研究的重要历史价值。

侗族村寨传统农耕衍生出以萨神为主神的民间多神信仰，民间信仰不是职业，更不成行业，但却影响农耕，影响各个行业，值得研究。萨神信仰，什么时候开始的，怎么发展的，其他神灵信仰分别是什么时候开始的，时空分布如何，相互关系如何，怎么演变发展，域内民间信仰与生态环境、人文环境、农耕文化关系如何等，这些是值得研究的民间信仰的丰富内容，具有地域性民间宗教史、地域性信俗史的历史价值。

千百年来，从传统农耕中逐渐形成的手工业，如纺纱、织布、织锦、刺绣、印染、铁器打造、银饰制作、木构建筑营造等，大多是务农中的兼业，白天忙农活，晚上纺纱织布。农忙务农，农闲做传统加工的手工活，很少成为专门的职业，也很少成为独立的行业。宋代至明清时期，乡村出现流动性职业工作者，码头集镇上有了传统手工作坊、店铺、餐馆、旅馆，才形成职业手工业者和服务业工作者，如船工、排工、铁匠、木匠、银匠等，也才有了不同的手工行业，由此逐渐发展。这些行业大多属于师傅带徒弟的方式，传承侗族手工技艺，传承职业道德，传承师徒和谐，传承行业和谐。行业一旦形成，就会有行业规矩，维护行业和谐。可见，侗族聚居地区的手工行业、服务行业与传统农业关系密切和谐，各行各业的形成发展史，是一部缓慢的以师徒传承为标志、用行规维护的历史。侗族聚居地区的行业形成发展史具有重要的历史价值。

总之，侗族村寨的文化遗产，就是一部地方史、村寨史、民族史、行业史、地域性学科史，具有厚重的多层面的历史价值。

四、地方史历史价值

侗族村寨所在地为湘、黔、桂、渝、鄂毗邻地区，沅水流域中上游、清水江流域、潕水流域、都柳江与浔江流域等地区，域内地方史就是一部区域和谐发展史。

地方远古史链条的沉淀。域内各地均有古人类遗址遗迹，时间远到十万年以前。新晃波州潕水二级台地数米深的螺蛳壳堆积中曾发现远古人类遗迹。芷江新店坪、中方荆坪、洪江高庙、中方高坎垅、靖州斗篷坡、通道大荒、会同连山等多地也都发现远古人类遗址遗迹，这些遗址遗迹有几大特点，一是远古历史时期各时段连续性强，尤其是会同境内各处考古发现的历史遗迹，各历史时期连续不断。二是考古发现的文物内涵鲜明突出。十万年前螺蛳壳的深厚堆积，是远古先祖生存的历史积淀；五万年前打砸石器是远古先祖谋求生存的原初工具；切削钻孔石器和陶器是远古先祖谋求生存的新手段标志。洪江高庙遗址考古发现的白陶瓷片及陶片上的日月文字式图案、鸟图腾与象牙图腾的图案、鼓楼式多层木架图案，柱础遗迹，祭祀坑遗迹等，是该地远古的历史记忆。中方高坎垅遗址考古发现的连体狗陶俑，不仅展示了动物间的自然现象，也体现了人与动物、人与自然的和谐。靖州斗篷坡遗址考古发现的竹篾饭篓，表明距今4500～5000年，域内先祖精湛的竹篾编织技艺与美味的米饭饮食等农耕文明。这些古人类遗址遗迹，是域内远古先祖适应自然、与自然和谐互动共存、人与人和谐共存的历史见证，是远古人类多层面和谐的历史沉积。域内远古遗址遗迹的重大意义在于，我国湘、黔、桂、渝、鄂毗邻的侗族聚居地区，是侗族的祖源地，是中华民族先祖的重要聚居地之一。在这漫长的历史时期内，域内承载着远古时期人与自然和谐共生、人与人和谐相处的厚重沉淀。

先秦至魏晋地方史的传念。一是侗族村寨所在地种种工程古迹与文物等物态的历史文化遗产的内涵。如藕团乡三桥村山岭上的古城墙、古防御工事、古井等遗址遗迹。遗迹本身的历史意义在于，这样的工程是人们在当时历史条件下，利用与改造山岭的地形地貌，实现防御者与自然的和谐共存，实现集团争战胜利与民间的和谐安宁。这是人们利用自然修筑防御工事的历史物证。二是域内先秦至魏晋时期的墓葬。三是该地区历史文献记载的重要人物与事件，民间颂扬的口传故事、传说，民居建筑中有供奉护卫的神灵牌位，地方戏剧演绎的和谐故事等。如楚国先贤黔阳人春申君的传说、诸葛亮率军南征事件及"七擒"孟获故事、刘关张桃园结义故事。风雨桥亭中关羽神像、域内各地的诸葛井、诸葛城等，都是域内地方史的民间记忆。侗族傩戏、"三国戏"等文化遗产表明，三国时期侗族聚居地区的先民与中原汉民族和谐相处，给侗族人民留下了世代传颂的历史记忆，如人们永远铭记不尚杀戮的"七纵孟获"的典范，力求民族团结和谐的历史事件与历史功臣。这段地方史历史价值的核心在于，域内侗家人永远铭记并始终追求中华民族共同体的融合团结与和谐统一。

隋唐至明清地方史的记忆。侗寨村寨文化遗产中保留有大量关于羁縻制度、土司制度的历史记忆。隋唐至清代前期，侗族村寨所在地都在羁縻制治理之下，尤其是五代至清雍正年间，留下了大量的羁縻制、土司制文化遗产，尤其是纪念诚州刺史威远侯杨再思的飞山宫，比比皆是，许多侗寨一寨有几座飞山宫。它的历史意义在于，它是中央朝廷理顺与湘、黔、桂、渝、鄂毗邻地区统属关系的历史见证；是侗族与苗族、瑶族、壮族、土家族、汉族和睦相处的历史见证；是域内各民族与中原朝廷罢兵息武、和谐相处的历史见证，是侗族历代先民铭记杨再思历史功勋的物化见证与活态见证。它充分显示了羁縻制是中央王朝维护祖国统一、成功统治边远民族地区的治国智慧，是实施地方自治的成功典范，是实现地方安宁稳定的卓越范式；具有突出的维护中央与地方和谐关系的历史价值、巩固中原与西南地区东部和谐关系的历史价值、域内各民族和谐相处的历史价值。它的核心价值就是该时期中央与地方、西南东部地区与中原大地、域内各民族的共荣与和谐发展。

第二节 侗寨遗产的文化价值

侗族村寨文化遗产具有多层面重要而普遍的文化价值，表现在文化多样性的普遍价值、文化流动性的普遍价值、文化生态场的普遍价值等方面。

一、文化多样性的普遍价值

从静态分类考察，文化遗产表现为文化多样性。侗族村寨的每一项文化遗产都是侗族聚居地区文化多样性的一部分，都有其相应的普遍性文化价值，每一类文化遗产都有域内文化多样性的样板，都有其样板式的文化典范，都闪耀着文化的光环。

（一）生产类文化遗产的普遍价值

侗族村寨生产类文化遗产，有稻作类文化遗产、水利类文化遗产、建筑类文化遗产等。每一类都拥有多样性的文化样板与文化典范。

稻作类文化遗产属于典型的农业文化遗产；侗族聚居地区稻作农业文化遗产多种多样，和谐闪耀。代表性样板有稻鱼鸭复合种养共生系统、侗藏红米复合种植技术、渠—塘—仓—厕—鱼—稻生态循环经济系统、糯稻梯田耕种技术、糯稻采摘架晾技术、稻油套种技术、稻肥套种技术等。其中的典范首推稻鱼鸭复合种养共生系统，它已被联合国粮农组织列入传统农业文化遗产代表性项目，属于水稻种植与鱼鸭养殖时空共生的和谐系统，是中国传统农耕文明的生态和谐典范。侗藏红米复合种植系统，已被国家农业部门列入中国农业文化遗产代表作名录项目。侗族稻鱼鸭复合种养共生系统与侗藏红米稻谷复合耕种技术的普遍价值主要在于，侗寨居民根据中国南方山区气候、气温、无霜期、土壤、光照与山、水、林、田、肥、稻、鱼、鸭等具体特性，将这些要素和谐地链接起来，形成稻、鱼、鸭生长时空有机衔接、交叉、重叠的常态农耕技术体系，包括稻鱼鸭复合共生种养系统、稻田耕作技术、稻肥套种技术、山水林蓄水系统、水利灌溉系统等。这些系统、技术，实质上就是相关要素的和谐系统、和谐技术、和谐文化。这些和谐型稻作农耕系统，是侗家人传统农耕要素的杰出智慧，是侗族聚居地区传统农耕文明中生态和谐的杰出典范。

水利类文化遗产丰富多样。侗族聚居地区有大量河坝、水渠、山塘等水利建筑类文化遗产，代表性样板有山林泉蓄水系统、溪流—河坝—瀑布景观系统、河坝—渠—塘—田自流式灌溉系统、河坝—水沟—筒车提水系统、龙骨车提水技术等。其中的景观典型有河坝瀑布景观、溪流垂钓景观、筒车提水景观、鱼塘莲花景观等，综合利用的和谐典范要数渠—塘—仓—厕—鱼—鸭—莲藕—稻田综合种、养、储存、净化、观赏水利生态循环系统，这是一个生态和谐文化多样性的杰出典范，是侗族聚居地区农耕文明水利生态和谐的杰出典范。

建筑类文化遗产璀璨夺目，样样都是民族文化的物态精华。木构结构和谐与人文和谐是其普遍价值的精华。民居建筑二至三层干栏吊脚木楼穿斗排架结构合理、榫卯弥合严实、空间布局与人文功能衔接和谐。鼓楼文化是侗族建筑文化的典范，穿斗排架与斗拱结合自然，通透性强，内外结构合理，密檐翘角层层叠叠对称，葫芦钻尖顶直插云天，塔式外形巍峨壮观；祭祀、议事、集会、对歌、讲款、教育、娱乐休闲等多功能汇集，这是侗家人建筑智慧的凝聚，是侗家人的建筑创举，是侗族人民对世界建筑文化的杰出贡献。鼓楼典范如马田鼓楼、增冲鼓楼、三宝鼓楼、定洞独柱鼓楼等。寨门文化是侗寨建筑文化的重要组成部分，结构与布局和谐，或张扬大气，或简洁实用，还具有护卫、迎宾、送宾等人文功能。风雨桥关锁风水，叠木为拱，桥廊亭一体，集交通、纳凉、休闲、娱乐、信仰、教育、迎送宾客等综合功能于一身。风雨桥典范如程阳风雨桥、岜团风雨桥、坪坦河九座风雨桥等。侗寨公共建筑及其布局也具有和谐性，青石板街巷建筑结构与布局和谐，寺庙、宫观、坛台、场坪等建筑与布局统一，渠、塘、井等水利建筑与布局和谐。

侗族村寨传统建筑普遍的文化价值及其核心在于充分利用本地丰富的木材资源，不用图纸，不用铁钉，榫卯结合，是木构结构多样性的杰出典范，是杰出的木构建筑文化。侗寨聚落建筑群不同于窑洞群、围楼群、碉楼群、徽派民居聚落和水乡民居聚落，它是山、水、林、田、路、寨浑然一体的，鼓楼高耸，干栏吊脚木楼民居拱卫，抱团紧凑、集中连片，木构建筑聚落恢宏大气。中国南方山区气候适应性强，土地利用充分，人文功能突出，民族风格浓郁，地方特色鲜明。

（二）加工类文化遗产的普遍价值

加工类文化遗产多式多样，异彩纷呈。银饰制作、侗绣挑花、侗锦织造、印染着色、稻草编鞋、竹篾编织、铁器锤炼、木具打造、石器敲击、作坊榨油、碓码舂米、石磨磨豆，等等。注重温度高低、时间长短、空间结构、黄金分割、加工万道、手工百艺。作坊院内，身授好学，细心琢磨，匠心独运，分工协作，同心协力。

侗族聚集地区传统手工加工技艺的代表性样板有侗锦织造技艺、侗绣刺绣技艺、银器打造技艺、篾器编织技艺等。其中，侗锦制造技艺已被列入国家级非物质文化遗产代表性项目名录。加工材料产地质材与产品质量要求一致，加工对象、配方、加工过程、加工工艺、力道火候、相关人际关系、环境条件等，加上师傅们高超娴熟的技艺，恪尽职守，精益求精，宽容诚信，造就了侗家人传统手工百业珍贵技艺与产品。

这些传统手工技艺文化遗产的普遍价值及其核心在于：它们是侗族聚集地区各行业工匠就地取材、匠心独运、心灵智慧、职业操守的创造模式。侗族聚居地区传统手工百业园中，百花绽放，结出百业之果。和谐是侗家人传统手工百业园的灵魂，是传统手工百艺的指针，是工匠精神的精髓，是匠心独运的核心智慧，是传统手工硕果的文化核心，具有传统手工技艺文化多样性的核心价值。

（三）生活类文化遗产的普遍价值

侗家人起居文化多样。一楼通敞，通风防潮；起居多在二楼。凌晨起床去水塘，厕所谷仓水塘上，便落水塘当鱼饵，轻松取谷舂米忙。吊脚二楼建宽廊，仙人靠倚干栏旁，舒适躺坐随君意，凭栏远眺视野广。二楼外部设廊道，多间连通特宽敞，休闲练歌作歌场，宴客百人不拥挤，纤纱织锦当作坊。二楼左侧设火塘，四块石板围灰塘；塘底之下有承托，方便安全又消防；火塘上首祖辈位，晚辈恭敬坐两旁。二楼右侧有卧室，三楼主卧与闺房。清溪浣衣棒槌声，儿童戏水任欢畅；鱼翔浅底由君数，鹅掌清波映霞光。起居生活连环美，环环和谐如乐章。

侗族村寨起居文化的普遍价值在于起居生活的舒适和谐。侗家人起居文化多种多样，涉及起居的空间布局、空间功能、时间节奏、时间衔接、生活环境等。众多局部构建成了生活的整体，局部和谐与整体和谐一致。又如二楼的火塘空间、廊道空间、卧室空间等布局和谐，起居休息与生活操劳的功能衔接与空间场所衔接、劳逸场所一体化。以空间为视角，侗家人起居文化多样性的亮点，一是火塘文化，二是廊道文化。这是侗家人起居生活的智慧、起居文化多样性的突出典范。

侗家人饮食文化多种多样。火塘设在二楼上，烤火取暖兼厨房；三脚撑架支鼎罐，蒸煮糯饭喷喷香；梭筒吊钩挂耳锅，上下高低可换挡；妙手烹调侗家菜，腊肉薇菜诱胃肠；腌鱼腌肉世间少，油炸蜂蛹蚱蜢香；油茶早点待贵客，亦饮亦食细品尝；侗家苦酒宴嘉宾，半醉半醒伴歌唱；合拢宴会如歌会，高山流水劝君尝。侗寨饮食件件美，美在和谐润心房。

食材、加工、烹调、享用，环环注重地方特色和民族特色。材料选用本地的真材实料，材料搭配、烹调过程都非常注意特色，力求色、香、味俱全，炒出鲜、香、嫩、脆、酸、辣、甜、咸的侗家菜肴。侗家美味在于"特"，独特的材料与独特的烹调技艺结合，炒出独具特色的美味；侗家菜肴在于"精"，精心选料、精心配料、精心烹调，精心地把握每一材料、每一环节，烹调出具有侗家特色的精美佳肴。

侗族村寨饮食文化遗产的普遍价值在于，适应中国南方山区气候物产特点的饮食习俗，采用当地土特产原材料烹制出酸、辣、甜、咸老少皆宜的民族风味，给人独特的视觉感受、味觉体验与心理愉悦。

侗家人服饰文化多样。中国南方亚热带季风气候，四季分明，冬无严寒，夏无酷暑，南方山区棉花与植物染料容易种植、成本低廉，形成种棉—纺纱—织布（织锦、刺绣）—印染—缝纫等整套技术体系。紫铜色布料结实，美观大方，四季皆宜，侗锦侗绣图案鲜活，生态气息浓郁，式样独特，风格自成一体。体现了侗族民族风格的独特性和服饰文化的统一性，具有中国南方少数民族服饰文化的多样性与真实性。这一普遍价值体现了侗族服饰与当地气候互动的适应性、与当地居民服饰需求、审美需求的一致性，体现了植棉、纺纱、织布、印染、缝纫全程匠心独运的心灵智慧、精湛技艺。

侗家人婚姻文化独特。侗族男女青年以行歌坐夜等方式自由恋爱，"补拉"、村寨采取"为也"、"月地瓦"、歌会等多种方式为男女青年相识相恋提供机会。男女青年自定终身，择日婚嫁。具体的婚嫁程序礼仪，各区域略有差异，但大体一致，但与汉族、苗族、瑶族、土家族的婚俗不同，主要有几点，一是新婚不同房。由新娘请三至五个"隔娘"（伴娘）陪伴出嫁，悄然夜行至夫家，住夫家，由"隔娘"将新娘与新郎"隔开"不同房。二是婚酒程序独特。报信（新娘到夫家的第二天给女方家报信）、男方亲友贺新郎、女方亲友看新娘、祭祀、备办婚酒、打新娘粑、备办礼担、送礼担（新娘与"隔娘"随队回娘家）、女方开粑祭祀、回脚（新娘在亲友陪伴下回夫家）。三是不落夫家。新娘回脚后，小住一晚，即回娘家。次年开春后，择日接回夫家，小住一二晚，又回娘家。夏播、秋收，接回帮忙，小住几日，又回娘家，如是三五年，直到新娘怀孕，才常住夫家。侗家人婚俗文化的普遍价值在于，婚恋自由自主，试婚时间长，男女双方相恋、婚嫁、怀孕生子，是地地道道的自由恋爱、和谐婚姻。

（四）商贸类文化遗产的普遍价值

侗族聚居地区商贸物流文化遗产的普遍价值在于，利用湘、黔、桂、渝、鄂毗邻地区长江水系与珠江水系溪流纵横，水运便利的独特条件，开创了沿江沿溪集场码头商贸文化、货物集散文化，创造性地形成了独特而经济的水陆联运商贸物流范式，开拓了中国东中部、大西南、缅印等地的传统南方水陆茶马丝绸之路，开拓了中国中部南北水陆联运的大米丝绸商贸物流大通道，创造了域内传统商贸物流文明等独特而稀有的价值。

（五）生态类文化遗产的普遍价值

侗族聚居地区生态类文化遗产多种多样，如侗家人爱林护林模式、造林模式、林下种养模式、山—林—水保护与利用模式、山—水—林—田—路—寨生态模式等。这些多样性的生态文化模式具有共同的普遍文化价值，那就是在适应中国南方山区自然生态环境及生态条件的过程中，积极保护生态环境，形成了比较完整的保护与利用生态环境的朴素而和谐的共生系统，即人与自然和谐的共生系统。该系统对自然环境的适应性强，保护与利用度高，和谐性、地域性与民族性等人文特色突出,是一种可持续发展的传统生态模式,已被域内高活立木储积量、高森林覆盖率、高负氧离子含量等自然生态现状证实其可持续性与真实性。

(六)信仰类文化遗产的普遍价值

侗族聚居地区居民的信仰文化遗产丰富多样,有萨岁等祖先神信仰,有飞山杨再思等地方神信仰,有日、月、山、石、水、树、土地、五谷等自然神信仰,有南岳大帝、城隍、关羽等神灵信仰,以及道教、佛教等宗教信仰。这些多样性神灵信仰的普遍性文化价值在于它们是在传统农耕文化背景下以祈求风调雨顺、五谷丰登、无病无灾、六畜兴旺、人丁繁衍、国泰民安为主要内容的朴实的民间信俗。以心中的和谐理念和神的威严约束自己的言行,维持生产生活等方面的秩序,维护家庭、村寨和社会秩序。

(七)艺术类文化遗产的普遍价值

侗族聚居地区艺术类遗产多种多样,有著名的侗族大歌等声乐类文化遗产,有芦笙、侗笛、侗萧、侗琵琶等器乐类文化遗产、有芦笙舞、踩堂舞等舞蹈类文化遗产,有侗戏等戏曲类文化遗产,有绘画、雕塑等美术类文化遗产。广义的艺术遗产应该包括建筑艺术遗产、织锦艺术遗产、刺绣艺术遗产、服饰艺术遗产等。这些多样性的艺术遗产,具有共同的普遍性文化价值:它以和谐的艺术美愉悦人们的心灵,陶冶人们的情操,完善人们的修养,开阔人们的心胸,提升人们的境界;加深人们的感情,和谐人们的关系,强化人们的凝聚力;拓宽人们的视野,增加人们的知识,启迪人们的心智,激发人们的悟性和创新性思维。它与人们的其他活动糅合,营造艺术氛围,使各项活动欢快愉悦,大幅度提高活动效率、文化含量、生活的幸福指数。侗族艺术,尤其是侗族歌舞,就是一种黏合剂,促进人们消除隔阂,团结和谐,从家庭和谐、村寨和谐,到区域和谐、社会和谐。侗族艺术,就是侗族的瑰宝。

侗家人朴素的自然观、社会历史观、世界观、价值观、人生观、道德观等意识形态类文化遗产,多种多样,都包含着丰富的内容。和谐是侗家人心中的灵魂、意识的精髓、观念的核心、思想的精华,具有极为重要而普遍的文化价值,对于人们的观念意识、情操修养、思想境界都起着支配与主导作用。

侗族村寨遗产的文化多样性决定了它的普遍性文化价值的多样性,决定了它的核心价值表现形式的多样性。侗族村寨遗产文化多样性具有极为重要而普遍的文化价值，它支配、引领和统率侗家人的物质生产方式、物质生产过程及其创造的物质财富；侗家人的精神生产方式、精神生产过程及其创造的文学艺术等精神财富；侗家人的整个生存发展方式、生存发展过程及其创造的财富。

二、文化流动性的普遍价值

侗族村寨文化遗产有静态的多样性，也有动态的流动性，即活性运行状态。它的活性运行有传承、播布、采借、交融、变迁等不同状态。与之相应，流动性文化遗产的普遍价值及其核心状况也随之变化，如核心价值的延续、拓展、采借、交融、提升等。

（一）侗寨遗产文化活性的普遍价值

文化活性是文化的生命灵性、成长延续性与活态运行性等，这里指活态文化，即文化遗产的活态运行，有三大类型：传统农耕文化的活态延续、传统生态文化与商道文化的活态延续、非物质文化遗产的活态传承；有三大层面：物质层面的活态运行、技术层面的活态运行（工艺流程技术技巧等的活态运行）、观念层面的活态运行。文化遗产各层面的活态运行，各有模式、各成体系。每一大类遗产，甚至每一种遗产三大层面的运行模式都不一样。每一遗产，都有自己活态运行的独特模式。现在，侗族村寨还有大量文化遗产在活态运行，显示其活态普遍性文化价值。

传统农耕文化包括农业生产与农耕生活等多个方面。在传统农耕境况下，从糯稻耕种的稻鱼鸭复合种养共生系统到生活中饮食文化的合拢宴都是不同模式的不断延续，其他的传统生产模式与传统生活模式也都是相应模式的延续状态。如在现今自动化机器纺织的背景下，侗族还在延续手工织锦的传统模式。侗族村寨农耕文化遗产活态运行的普遍性文化价值在于传承和延续。以此类推，侗族村寨生态文化遗产、商贸物流文化遗产、非物质文化遗产等活态运行的普遍性文化价值皆如此。

侗族村寨文化遗产活态运行具有重要而普遍的文化价值，传承和延续了侗家人的和谐文化与价值观，模式与体系，延续了侗族村寨文化遗产的核心与灵魂。

（二）侗寨遗产文化"三交"的普遍价值

静态的物化遗产是过去活态文化的凝固，可以视为过去的活态文化。活态文化流动的重要形式就是文化交往、文化交流、文化交融的文化"三交"。侗族村寨文化遗产就是文化"三交"的产物，或者文化"三交"的活性状态。文化"三交"普遍的核心价值就是和谐的开展"三交"，并不断地提升层次水平。在文化"三交"中，交往是铺垫，交流是桥梁或中介，交融是"三交"的关键与归宿。所以，文化"三交"普遍价值的关键在于文化的和谐交融。和谐交融是"三交"的目标。文化流动及其"三交"普遍性文化价值的核心就是交融中和谐层次与水平的不断提升。

侗族村寨文化遗产多种多样，各种文化遗产随人们的交往而交流，随交流而交融，促进侗族村寨文化的发展。这种交往、交流的普遍性文化价值在于，它既活跃了村寨文化，又形成新的文化财富，并积淀为新的文化遗产。如侗族村寨的民间信仰文化与音乐文化交融，形成祭祀大歌、祭祀芦笙等珍贵的文化遗产。多元文化在"三交"过程中，形成了新的文化活动形式，取得新的文化成就，结出和谐交融的硕果。

多村寨的文化"三交"使村寨更和谐。各个侗族村寨文化遗产，各有物化形态的相对稳定性、独特性和多样性。从山水林田路寨的景观形态，到村寨中干栏式吊脚木楼民居建筑，再到街巷聚落结构，从生产生活到日常交往，从尊老爱幼行为到民间信俗，从诚实守信到和谐价值观念，从侗笛、侗箫、侗芦笙到侗族大歌，再到大量非物质文化遗产等，都具有稳定的形式、稳定的内容和独特的风格，异彩纷呈。不同村寨的文化"三交"，互相借鉴、互相采借，取长补短，从形式到内容，彼此交融。如各个侗寨的芦笙代表队在交往、交流中，借鉴对方的脚步身姿的变换，形成自己更精彩的芦笙舞步，甚至形成崭新的芦笙舞蹈；在各队吹奏赛事中相互模仿学习。榕江四十八侗寨歌会，就是多村寨文化交往、交流、交融的传统范式。参与歌会的不限四十八寨，只要愿意，都可以参加。这样，众多侗寨在频繁的歌会交往中深入交流，在深入交流中不断融洽和谐，在不经意中和谐交融。

多民族文化"三交"使族际和谐。在湘、黔、桂、渝、鄂毗邻地区，交叉杂居着侗族、苗族、瑶族、壮族、土家族、仡佬族等兄弟民族。各民族都有自己优秀的传统文化，各民族传统文化也都有自己的优长和某些局限，这就好像毛坯木桶没锯整齐之前长短不一，有的长，有的短，使兄弟民族村寨文化形成文化木桶效应，各有特色与优长。域内各民族村寨地相邻、山同脉、水同源，交往广泛，交流频繁。民族间交往交流，实际上是民族文化的交往交流，从语言到情感，从观念到货物，在广泛的交往和频繁的交流中，各自展示本民族传统文化的优长，使民族文化在村寨层面和区域层面中和谐交流。各民族文化在和谐氛围的交流中取长补短、和谐交融，形成相邻民族文化和谐融合效应。在湘、黔交界的靖州、天柱、锦屏三县毗邻地带，宋元明时期，居住着侗、苗、汉等兄弟民族，聚寨而居，时称四十八寨，包括锹里苗寨、渠水侗寨和清水江侗寨等。这四十八侗寨、苗寨的人们，都喜欢唱歌，因地缘相邻，交往频繁，久而久之，形成多民族定期定点赶歌场的习俗。歌场的地点与时间固定，每月都有。秋收后更密集、更频繁。每逢歌场，周边百十里地的人们就像赶集一样，云集歌场，人山人海，对歌赛歌，传承至今。这是多民族音乐文化交往交流的盛会：多民族音乐文化形成侗、苗、汉共同歌唱的民歌；多民族语言文化，形成各民族共同使用而独具特色的融合型"酸汤话"；多民族地缘文化，形成湘、黔两省三县四十八寨地缘性歌场联盟，进而促使相邻民族村寨通婚，形成多民族血缘关系和谐。这就是湘、黔、桂、渝、鄂毗邻地区民族关系的发展方式、多民族文化和谐交融的杰出智慧、多民族文化和谐"三交"的历史典范。侗族傩戏在傩戏形式之中，采借汉族三国故事等内容，形成侗族傩戏的三国戏剧目。这也是侗族文化与汉族文化交融的杰出成就之一。

　　多地域文化"三交"使区域和谐。侗族村寨的文化遗产是千百年来多地域文化交流、交融的产物。上述渠水中游、清水江中下游、亮江下游一带四十八寨歌场，就是多地域文化交融的历史活态见证。从该地带流传至今的"酸汤话"就可以窥见两省三县多地域的文化融合。邻近地域文化"三交"，由近及远，不断拓展，形成越来越宽广的文化"三交"，实现大范围的文化交融，从形式到内容彼此渗透，从意识到情感，不断融洽。它的核心和精髓在于，跨地域文化在"三交"中不断融合，在"三交"中又促进村寨文化自身的丰富、完善与发展。它的普遍性文化价值的核心就是实现大区域文化和谐。

　　侗族村寨遗产文化"三交"与文化流动的普遍性核心价值，就是多民族、多地域文化在并存交融中繁荣发展。

三、文化生态场的普遍价值

　　侗族村寨文化遗产就是一个文化生态场，文化生态场是诸多文化元素、文化丛同文化环境互相依存、互增信息、互相赋能、共生共荣的文化系统。

文化遗产就是这个生态场的组成元素。强关联性遗产文化元素构成该生态场的文化丛。各项遗产文化丛同侗寨的相关条件、环境构成侗族村寨文化遗产的文化生态场，简称侗寨遗产生态场。如南方山区梯田到处都有，但如果梯田栽种的是糯稻，复合养殖有鱼鸭，附近有大片干栏吊脚木楼建筑群，建筑群中多座鼓楼高耸，寨门风雨桥相伴，还有禾架、鱼塘—谷仓—厕所，使人一看，就觉得这是侗寨的梯田。这就是文化生态场的识别价值。侗寨遗产生态场，有建筑文化丛、农耕文化丛、艺术文化丛、信仰文化丛、自然生态文化丛等；具有整体性、有序性、层次性等特点；具有鲜明的民族特色、既定的文化空间、浓郁的文化氛围、强大的文化磁性、巨大的文化赋能、显著的文化效应等基本规定性。这些规定性使之呈现出巨大的文化引力、文化磁性，并具有文化熏陶、文化教育、文化约束、文化娱乐等多层面的禀赋功能与文化价值。

侗寨遗产生态场普遍性文化价值之一就是它的文化凝聚力。如侗族语言文化的凝聚力，在外地只要讲的是家乡侗话，就感到特别亲切，就经常聚在一起。侗族服饰的凝聚力、侗族大歌的凝聚力、侗族合拢宴的凝聚力等，都是鲜明而突出的。这种凝聚力的深刻动因就是侗寨文化遗产内在的文化凝聚力。

侗寨遗产生态场普遍性文化价值之二就是它的文化同化力。这个同化有多个方面，如人的同化有语言同化、服饰同化、信仰同化、观念同化、情感同化、习俗同化、权利义务与担当同化、气质性情同化、民族身份同化等；物的同化如生产方面材料趋同、流程一致、工艺一样、包装趋同、产品性能质量趋同等。文化生态场的同化是一个递进过程，大体上有文化感染、文化认同、文化模仿（采借）、文化同质化等渐进环节。同化的内在原因主要在于，遗产内在文化价值的开放性、包容性、吸引力与可变性等。

侗寨遗产生态场普遍性文化价值之三就是它的文化转化力。这种转化力包括文化模式更新转化、文化功能转化、文化艺术化转化、文化产品化转化等。

侗寨遗产生态场普遍性文化价值之四就是它的文化提升力。这种提升力表现在提升遗产文化价值的结构层次，提升遗产的文化禀赋及其能量，提升人的能力与水平，提升生产生活过程的层次，展现遗产文化生态场的文化禀赋价值。其中的关键是遗产文化的完善与更新，包括遗产价值实现过程的完善与创新。

侗寨遗产生态场普遍性文化价值之五就是它的文化生产力。这种生产力，首先表现在侗寨遗产生态场是一种活态运行状态，主体人与各要素相互作用，不断地生产出侗寨文化产品。遗产生态场磁性越强大，相互作用力越大，生产出来的文化产品质量越高，档次越高，对外影响也就越大。其次表现在不断地再生产文化要素，如陶冶主体要素人的情操，提升人的素质能力等。最后表现在提升上述文化凝聚力、文化同化力、文化转化力与文化提升力等。

侗寨遗产生态场还具有其他多方面的普遍性文化价值，如遗产文化生态场的熏陶价值、遗产文化生态场的规范价值、遗产文化生态场的审美价值、遗产文化生态场的教育价值等。侗寨文化遗产，无论整体，还是个体，都是一个外显的或潜在的、和谐的文化生态场，潜在的能量巨大、普遍性文化价值巨大。

第三节 侗寨遗产的科学价值

侗族村寨文化遗产多种多样，既有农耕文化遗产、生态文化遗产，也有建筑文化遗产、作坊文化遗产、饮食文化遗产，既有信仰文化遗产，也有音乐舞蹈艺术文化遗产。侗族村寨文化遗产本身是侗家历代先民遵循相关层面规律的经验积淀，是经过历史的反复筛选优化的经验体系。这些经验体系是侗家人遵循行业劳作对象、劳作过程的客观规律的经验积淀，包括遵循自然物的发展规律、社会经济的价值规律、社会文化的人文规律、主家意愿的合目的性规律等，是各自操作流程、工序、技术、技艺等的经验荟萃，有其经验科学的普遍价值；有把这些经验科学上升为理论科学的科学提升价值；把研究对象深化、细化、专门化，有形成新兴学科的科学创新价值；对于现今的相关科学体系，有其地域的、民族的、个案样本的科学研究价值。

一、传统经验体系的科学价值

侗族村寨文化遗产涉及对自然界相关对象的探索与利用，也涉及社会领域复杂关系的思考与求索，还涉及对整个世界的朴素臆断。侗家人从无数经历中不断地体验周而复始的自然界变化，纷繁复杂的社会现象，形成大量口传身授的经验性操作体系和朴素的和谐观念等。根据呈现形式有口传身授型经验体系、物化承载型经验知识、专用符号型操作示意、勒石镌刻型文本体系等。

（一）口传身授型经验体系

侗族村寨文化遗产的绝大多数是靠口传身授的形式传承的，一方教一方学，师傅教、徒弟学，长辈教、晚辈学，爷爷教、孙子学等。教与学的经验体系，大多具有专门性，是做某一事情的经验型操作体系，从准备到结束全流程，包括各项准备（场地、工具、材料、人员等）、工艺流程、技术技巧、注意事项、紧急应对的措施与办法等。系统性很强的经验体系有侗族木构建筑营造技术体系、侗医侗药经验操作体系，侗锦织造技术体系、侗布纺织印染技术体系、芦笙制作吹奏技艺体系、侗歌演唱音乐艺术体系、侗戏表演艺术体系、稻鱼鸭复合种养技术体系、侗藏红米耕种技术体系等。

这种经验型操作体系有系列共同特点。一是专项性和单一性。单一的技术技艺型，如木构建筑营造、侗医侗药、苦酒酿造、侗锦织造等。学会一门手艺，往往成就了终身职业。当然也有多项传授的，爷孙式的传授，一般是综合性的。二是口传身教。几乎没有文字形式，注重基本功训练，注重基本流程操作，出师之前传授绝技。三是强调做事先做人。有拜师、出师仪式，尊师如父，有"一日为师，终身为父"的传统，时时事事，尊师敬师；注重诚信德行，注重信誉；注重工匠精神，注重质量。事主给的工钱和"利市"红包，工匠不全收，少量返回；有的行业，报酬不固定，随主家给；面对困难的事主，不收钱，如悬壶济世的侗医等。四是带有浓郁的民间信仰仪式性。操作流程中大多有请神、接神、谢神、送神，甚至娱神等信仰环节。

这种经验操作体系也体现在社会事物、社会活动事项的运作方面，如侗语体系、侗款体系、"为也"活动运作体系、"月地瓦"活动运作体系、侗族嫁娶婚俗体系、人生诞寿礼仪体系、祭祀仪式、寨规村约体系等。

这种经验体系还体现在对社会、对世界的朦胧认识而形成的"天生于雾、物源于菌、生命源于水""自然为主人为客"的朴素自然观，形成"同根同源、和合共生"的朴素人生观，形成"平等交往、款约至上、人无王者"❶的朴素社会历史观，形成人与自然和谐、人与人和谐的和谐世界观。侗家人依据复杂关系的反复体验，领悟到各层面关系和谐，家和、寨和、人和，办事就顺利成功，就会愉悦、快乐、幸福，所以注重和谐，崇尚和谐，一心一意维护和谐，时时处处事事谋求和谐。历史地形成和谐的人与自然关系、和谐的人际关系、和谐的音乐舞蹈、和谐的多元文化、和谐的人神关系❷等。积淀成

---
❶ 石干成.侗族哲学概论[M].北京：中国文联出版社，2016：4.
❷ 林良斌，吴文志.和谐侗乡[M].长沙：湖南人民出版社，2011：12.

以和谐为核心的观念体系和经验操作体系，积淀成朴素的和谐自然观、人生观、社会历史观、世界观与价值观。

侗寨传统口传身授型经验操作体系，不像现今科学的理论体系，不是专门揭示某一对象的本质与发展规律，没有公式定律，但却是侗家人千百年来，对事物内部、事物之间复杂关系的观察与领悟，意识到万事万物内部和谐与相互之间的和谐至关重要，遵循并按照一定模式生产生活、创造社会财富，积淀成文化遗产。所以，和谐是侗族村寨文化遗产普遍性经验科学的核心价值。

近年来，侗族村寨文化遗产中许多口传经验操作体系，正在引起人们的广泛关注，经过抢救性挖掘、文字式记录、整理归档，已经形成侗寨文化遗产的"大观"系列丛书和侗寨文化遗产影像数据库。有的已经出版理论著作，形成理论体系，彰显其科学价值。

（二）物化承载型经验知识

侗族村寨物化的文化遗产承载着侗家人的经验知识。物化的文化遗产众多，大到民居木楼、鼓楼、风雨桥、侗寨聚落，小到某一劳作工具，如木匠的丈杆、墨斗，侗药的碾槽，都承载着各自的经验知识。这些经验知识本身不是科学，却蕴含着丰富的经验与知识，是现代研究的珍贵案例、样板、依据，具有相应的案例价值、资料依据价值、样板价值。

（三）专用符号型操作示意

在侗族村寨挖掘中，还有尚未引起人们关注的字码、手语、专用符号。它们承载着经验型信息，是一种特定的操作示意。例如，在定峒独柱鼓楼的木板壁上就用白粉笔书写着几段独特符号的曲牌；有的功德碑上就有用传统字码记载的捐款数额。现在仍然在用木匠划脉时的专用符号，表示前后左右上下方位、量化位置、尺寸长短等信息，如一撇表示"1"，一撇折表示"2"等，❶ 这是符号型经验体系。在集市交易中，为不让旁人知道交易信息，仍在使用袖中手语等，这些都是操作示意型经验信息、经验知识。虽然远非科学，却是科学研究的珍贵案例。曲牌符号、字码、手语貌似简单，但要是系统地深入研究，也可能形成侗族符号学、侗族手语学等。

---

❶ 李奉安.侗族传统建筑鉴[M].北京：中国文史出版社，2015：310.

（四）勒石镌刻型文本体系

在侗族村寨文化遗产中，碑刻文物已经引起廖君湘等大批专家学者的高度关注，形成了系列研究成果。侗族地区碑刻集正在陆续问世，已经显示出其重要的地方史、民族史等多层面的科学价值。

侗族村寨的众多遗产，对应于现今的各门科学，有其地域的、民族的个案样本的科学价值。由此深入，研究对象细化、深化、专门化，并已经取得大量研究成果，正在形成新兴的分支学科，如侗族习惯法、侗族史、侗族语言学、侗族音乐、侗族建筑、侗族织锦等，侗族人民生存发展的卓越智慧及其科学价值正在彰显，侗族朴素经验科学的和谐精髓正在弘扬。

二、传统景观的科学价值

侗族村寨以其特色木构建筑、抱团聚落，优美生态，亮丽景观，给人视觉美感，令人拍案叫绝，以其内外结构严谨、关系和谐、错落有致、恢宏大气，给人震撼，令人沉思。

（一）侗寨木构建筑技术的科学价值

侗族村寨土木建筑，尤其是木构建筑，具有多学科的文化内涵和科学价值。

侗寨建筑是一个基础性土木工程，首先得选好地址，打好地基，涉及地质、地貌、气候、水文、地基力学等地理知识。纵观侗族聚居地区的侗寨选址，大多数侗寨依山而建，估计了地基承受的限度，不至于垮塌，也考虑了山脉、山坡的地质结构，没有地震、滑坡、泥石流的可能和口传记忆，一般都建在缓坡之前，不建在陡峭险山附近。有的侗寨临溪而建，考虑了临溪台地的高低，考虑了该地气候、气象、水文的历史变化，异常气象、气候、水文的口传记忆，考虑了雪灾、龙卷风、特大暴雨、洪水、干旱等气象灾害的概率，具有气象学、气候地理、水文地理等学科的科学价值。所选地址首先考虑水的问题，必须考虑用水、防火、防洪，考虑饮用水、洗涤用水、灌溉用水、消防用水、景观用水等，用水通畅、方便，具有水利、消防等实际价值。选址考虑了周边的山脉、地势与地貌，聚落多坐北朝南，背寒冷北风侵袭，迎南来暖风暖雨滋润。聚落后面靠山，缓慢叠升、层层叠叠，左边青龙山脉稍高，右边白虎山脉稍低，前面案山稍平，将侗寨拥抱在大自然的怀抱中，具有地貌地理、景观地理、景观美学等学科的科学价值。选址考虑了周边森林、动植物资源的密度、丰度，选择适宜生产生活的宜居之地，具有选址的林学、动物学、植物学、景观学等学科的科学价值。

侗族村寨的木构建筑营造，涉及木工工具、材料和结构等建筑力学、设计学、文化学、民族学、民俗学、景观学、美学等方面的知识，是举世木构建筑营造的典范。

侗族木工的工具多种多样，三江平岩侗寨侗族木构建筑营造技艺博物馆陈列大厅中，展示了许多工具和建筑成果。从木工工具到鼓楼模型、风雨桥模型、干栏吊脚木楼模型，再到侗族木构建筑的精美画册，琳琅满目；展厅中几大捆、数百片竹简，引人瞩目。馆主木工大师杨师傅解释这是木构尺寸的"丈杆"，有的是建鼓楼的，有的是建风雨桥的，有的是建干栏吊脚木楼的。李奉安师傅系统介绍了侗族木构建筑的营造工具，阐述其功能、用法与维护方法，详细介绍了最神秘的工具"丈杆"。他用的最长"丈杆"，是在建房前用长长的蓝竹片制作的，上面划（写）有建筑物各个方位的长短尺寸，包括整座木楼空间高矮、排架高低、柱眼位置及其大小、山头柱子升山、屋面坡度等，掌脉师傅依据"丈杆"上的结构尺寸在柱头枋片上划脉。"丈杆"就是建筑图纸的物化缩影，是木匠师傅心中的建筑图纸及其物化为建筑物的中介，是侗族木构建筑师傅的设计智慧，具有设计学、工具学的科学价值。江县掌脉师傅陆文礼编写了《侗族鼓楼建筑施工设计图册》，改变了侗族木构鼓楼建筑无设计图纸的历史，具有设计学的学科价值。李奉安先生在《侗族传统建筑鉴》一书中将侗族木构建筑理论化系统化，使侗族木构建筑技术由经验科学上升到理论科学。这些都具有重要的科学价值。

侗族村寨建筑的木构用材，一般用杉木。侗族聚居地区盛产杉木，域内杉木高大挺拔，材质轻而坚韧、耐潮湿、耐水浸泡、耐阳光暴晒、耐风吹雨打而不变形。杉木便于穿孔打眼，榫卯结合，合缝严密严实，承受力强，具有材料力学的科学价值。

侗寨木构建筑群中的结构是侗族木构建筑的关键。一是榫卯结构。这是木构建筑的微观结构，也是所有木构的微观结构，是传统木构的绝技之一，是中国木构的特色。侗族木构的榫卯结构复杂多样，如榫头榫眼、通榫半榫、阳榫阴榫、鱼尾榫、鸳鸯榫等，全是一一对应的和谐榫。二是柱枋排架结构。有抬梁结构、穿斗结构、抬梁与穿斗混合结构、斜梁结构等。这是中观层面不同方式的建筑结构。三是楼栋结构。侗族村寨民居木楼一般采用三柱五瓜、五柱十一瓜等不同进深，三五七开间横排，二至三层（大多为三层）楼高，干栏吊脚，屋顶双水面基本对称，楼层外东西飘檐对称，左右和谐，上下层一致，纵横结构和谐，整体和谐。地面、墙面用杉木板装修。鼓楼结构与民居木楼结构不同，少数鼓楼一二层有多间连通的大厅，如坪阳马田鼓楼等。大多数鼓楼底层只有一个多边形大厅。鼓楼有独柱穿枋结构、四柱正方形结构、八柱八边形结构，但多为六柱六边形结构，稳固性强；以穿斗排架为主，辅以抬梁、斜梁、斗拱诸法架构。营造方法有杖杆法、减柱法、减枋法、叠木法、穿斗与抬梁斜梁斗拱综合法、方正结构法（四柱正方形结构）、六柱结构法、八柱八边结构法、翘角密檐法、多角多脊攒尖顶法、头盔式攒尖顶法等内外结合的结构方法。这些结构蕴含着材料力学原理、多式结构综合的重力学原理、榫卯力学原理、水步计算与设计的建筑几何学原理、减柱减枋减重原理、木板墙面固定与分担承重原理、攒尖顶避雷原理、划脉符号中的设计学原理与符号学原理等，凭借这些微观结构、中观结构和整体结构，使竖起来的房屋、鼓楼、风雨桥结实牢靠，内在结构明快通透，外形恢宏大气、美观漂亮。这是绝顶的木构智慧，杰出的木构创造，同类型木构建筑的典范，传统木构建筑的艺术奇葩。

侗族村寨建筑文化遗产具有结构力学、结构美学、建筑几何学、建筑设计学、建筑艺术学、建筑美学、建筑符号学等学科的科学价值。其中，鼓楼、风雨桥等建筑中的雕塑、绘画、供奉的神像等，也具有文化学、艺术学、民俗学等学科的科学价值。

（二）侗寨聚落景观文化遗产的科学价值

侗族村寨的一个重要遗产就是聚落景观遗产。侗族聚居地区已经有大批侗族村寨被列入中国传统村落、中国少数民族特色村寨、文化景观旅游名村、历史文化名村等名录。申报世界文化遗产的侗族村寨，都是抱团紧凑的木构建筑群，都是一体化的山—水—林—田—路—寨生态景观聚落，属于国内外聚落生态景观的典范，具有生态学、景观学等多学科的科学价值。

聚落合规律性自然生态景观的科学价值。侗族村寨聚落生态景观的共同特色，就是合规律地组合山、水、林、田、路、寨的布局，既合生物链生存发展的内在自然规律，也合社区和谐发展的社会规律，形成山—水—林—田—路—寨美的生态循环秩序和生态空间格局。黎平县堂安侗寨山坡、森林、泉水、梯田、建筑、道路组合成一幅山脊—山坡型侗族聚落的生态空间美丽画卷。绥宁县上堡侗寨四周大山森林密布，中间山窝开阔。梯田连片，稻浪滚滚，溪流淙淙，一条蜿蜒曲折的大道通达寨内，寨中古木参天，干栏吊脚木楼错落有致，街巷纵横，鸡鸣狗吠，处处和谐，生机盎然，属于现代版世外桃源，比现在常德市桃花源更具特色。堂安侗寨与上堡侗寨只是大美生态侗寨的代表，侗族村寨大多属于和谐亮丽的生态聚落，这些现实画卷体现了生态链的自然规律，呈现合规律性的科学价值：保护山体森林，依靠森林蓄水、供水等合规律性的科学价值；依托聚落自然地势后高前低，使光照最大化，使大气对流，使排水自流，水渠畅流、水塘净化等合规律性水利系统的科学价值；侗寨聚落水系利用、水利控制、水务管理的科学价值；侗寨聚落合规律性的生态布局，使聚落的光照、大气、水分、土壤、动物、植物等生态因子处于良性循环的生态链的科学价值；侗寨聚落山、水、林、田、路、寨六大要素和谐组合的生态学价值与景观学价值。这些科学价值的核心是各层面、各要素的和谐利用，和谐是侗寨聚落生态景观普遍性科学价值中的核心价值。

聚落合目的性人文生态景观的科学价值。这集中体现在村寨聚落本身的景观结构性创造之中。如侗寨鼓楼高出民居建筑，成为侗寨建筑的标志，也是全寨的活动中心。为满足村民生产生活与娱乐休闲的需要，自然地形成围绕鼓楼的居民住宅生活区、公共活动区以及附近的生产劳作区等不同片区。为满足人们神灵信仰的需要，修建萨坛、飞山宫、祖坛、城隍庙等公共建筑。为满足人们娱乐休闲的需要而修建芦笙坪、戏台、款坪等公共场所。为方便用水、灌溉、消防而疏浚河道，修筑河坝与水渠、水塘，挖掘水井，摆放太平缸等，形成聚落水网系统。为满足居民互相串门、行走便捷的需要，民居建筑成排成行而列，廊道相连，街巷相接，抱团紧凑。为生产便利，就近开垦稻田，使之成为连片阡陌，或者大片梯田，形成阡陌稻田的人文聚落景观。这一切的杰出智慧及其科学价值是多层面的：一是满足主体需要的合目的性，即合主体需要目的性的人文科学价值，各层面合规律性与合目的性和谐统一的综合性科学价值；二是侗寨聚落属于传统农耕文化聚落，具有突出的农学价值；三是水网系统的消防功能、净化功能、洗涤功能、种养功能等多层面功能的人文价值；四是使居民心情愉悦，凝聚人心的心理学价值；五是鼓楼中心聚焦效应与其他建筑景观的散点衬托效应等视觉美感的景观美学价值。

侗族村寨山—水—林—田—路—寨一体化的外部聚落景观，鼓楼—寨门—风雨桥—干栏吊脚木楼建筑群，以及街巷纵横、抱团紧凑等特色，使其不同于国内几大特色聚落。不同于土家族走马转角楼建筑群聚落、哈尼族蘑菇房聚落、彝族土掌房（墙厚平顶）聚落、布依族石板房聚落、羌族碉楼聚落、蒙古族蒙古包聚落、福建围楼聚落、山西地坑聚落、陕北窑洞聚落、皖南徽派聚落与江浙水乡聚落。

侗族村寨聚落景观，属于中国南方山区农耕文化生态聚落景观，不同于亚太一带乡村传统聚落：韩国乡村与日本乡村形成了传统木屋—庭院（茶室、花草、凉棚）—农耕聚落景观；菲律宾与印尼的传统乡村地处热带海滨形成了沙滩阳光—木屋（底层架空的木楼、竹楼）—渔业—农耕聚落景观；马来西亚、泰国、越南、缅甸等东南亚诸国的传统乡村形成了丛林—竹楼—农耕聚落景观；新西兰乡村形成了牧草聚落景观。

侗族村寨聚落景观不同于欧洲乡村传统生态聚落景观。欧洲乡村聚落景观大多属于果园文化生态聚落景观和牧草生态文化聚落景观，田野风光有所不同。意大利的托斯卡纳，号称意大利的灵魂、意大利最美丽的名村。该村地处绿野丘陵之中，有橄榄树、大片葡萄园、大片草地，草浪滚滚，青葱如水墨画，茫茫黄色如油画。法国著名乡村普罗旺斯，海岸之滨，浪漫之地，薰衣草之乡，加上周边异彩纷呈的城镇衬托，非常美丽。通往蓝色海岸之门的阿维尼翁，中世纪风貌特色浓郁，细弄窄巷穿行于石头墙、古树之间，还有古老的铁匠街、染匠街、木工街等古名、古风、古貌。荷兰的羊角村，建于1230年，距今790多年，有茅草屋、古树，繁花锦簇，沟渠交错，小桥流水，阡陌纵横。英国古典乡村科茨沃尔德，石板路、石桥、石屋、树林交错组合。奥地利古村哈尔施塔特，有陡峭的高山（阿尔卑斯山）、湛蓝的湖泊、密集的村庄，湖光山色。欧洲五村的共同特点在于，乡村人户少，房屋分布散，户均拥有土地多，葡萄园多，奶牛养殖多，绿地占比大，绿色生态以草地为主。葡萄园与葡萄酒产业链、牧草与奶牛链氛围浓郁，形成草地、葡萄园、古树、小桥、流水、石屋（或茅草屋、或拜占庭式尖顶楼）的生态格局。相比之下，侗族村寨聚落景观则是干栏吊脚木楼，抱团紧凑，街巷纵横，山、水、林、田布局井然有序，农耕文化生态氛围浓郁。侗寨聚落是中国南方山区自然环境下农耕文化生态文明的产物，是世界农耕文化生态聚落的和谐景观典范。

侗寨聚落农耕文化生态特色，将自然生态景观与农耕文化生态景观有机融合，具有农学、生态学、景观学等学科的科学价值。

（三）侗寨森林生态景观文化遗产的科学价值

传统农耕民族对自然条件的依赖性很强，对干旱、水涝、瘟疫、虫灾、火灾等灾害的侵袭，抵御力低下。一年四季、世世代代都盼望无干旱、无水涝，无疾病、无瘟疫，无灾害，所以无论是在内心深处还是祭祀活动中，都免不了祈求风调雨顺、五谷丰登、六畜兴旺、无病无灾、人丁兴旺、幸福安康、国泰民安。只有风调雨顺、五谷丰登、六畜兴旺，才有基本的物质生活保障；只有无病无灾、人丁兴旺、安全健康，才有机会享用物质财富；只有自然生态和谐，身体健康，家庭幸福，才能追求国泰民安的人与人、人与社会的和谐愿景。这就是侗族村寨文化遗产中比较典型的人与自然、人与人、人与社会多层面和谐的憧憬或愿景。侗寨居民生态和谐的基本诉求，是侗家人的心理意识，是一种生态和谐的区域性社会心理、区域性社会意识，具有生态气象学、灾害生态学、社会心理学、社会生态学、民俗学等学科的研究价值。

侗寨居民生态和谐的诉求，变成追求和谐生态的系列行动和历史性杰出成就，把生态和谐意愿变成尊林、爱林、护林、造林、用林的世代接力的历史大行动。

一是尊林敬树，敬树为神。古树佑人，被称为"再生父母"；古树佑寨，被尊为"寨宝"，如古榕树群被车江侗寨尊为三宝之一，披红挂绿。侗家人奉林为神，尊其为护卫侗寨的风水林，世代保护。这种尊林信仰具有宗教学的研究价值。

二是造林习俗。人出生须栽"生命树"；订婚、结婚须栽"婚姻树"，称为"十八杉"；伐木须栽树，砍一栽十。这种造林习俗具有林业民俗学的重要价值。

三是民间立法，护林造林。侗族村寨传承寨规村约，其中有护林造林、森林防火、违者处罚的具体规定。侗款有护林款、"再生树"、"十八杉"的条款。这是权威的民间习惯法手段，具有林业法学的重要价值。

四是充分利用森林资源。侗族村寨世代延续地保护和发展珍稀林、景观林、用材林、果木林、药材林、油茶林、油桐林、茶园。有历代传承的林产品深加工工艺，如木材加工、家具打造、药材加工、油脂加工、果品加工等，出产原木家具、名贵中药材、蜂蜜、茶叶、优质果品、茶油、桐油等，积淀相应的技术操作体系，如杨梅种植技术、杨梅蜜饯制作技术、杨梅酒酿造技术、青钱柳茶叶制作技艺、侗茶制作技艺、香柚栽培技术、中药材种植加工技术、蜜蜂养殖技术、油茶种植加工技术、家具打造技术等。林业经营成为侗家人的重要产业，许多人将其作为终身事业，林业经济成为侗家经济的重要组成部分。这些成就具有林学、林业经济学、产业经济学等学科的重要价值。

五是节会巩固推广。侗族村寨有尊林、爱林、造林、护林、用林的专门节会，如杨梅节、香柚节、油茶节等。侗家人充分利用森林资源，还有更了不起的林下复合种养，如树林—药材（灵芝、茯苓、杜仲、百合等）、树林—养牛—养鸡、树林—养蜂、树林—铁皮石斛等，形成多种类复合种养共生系统，积淀了丰富多样的林下复合共生种养技术。这些林业类节会推广方式与推广内容，具有民俗学、林业技术学、农学等学科的重要价值。

这些活动，形成的相关操作系统、造作技术，积淀成系列文化，如杨梅文化、香柚文化、油茶文化、灵芝文化、茯苓文化等。侗家人世代尊林、爱林、造林、护林、用林的接力行动，积淀了丰硕成果，形成了侗族聚居地区70%以上的森林覆盖率，使域内林海莽莽，森林生态优越，美景如画，形成一处处森林生态景观典范，使域内成为中华民族难得的宜居生态胜地，是森林生态学、森林景观美学、非物质文化遗产学、行为科学研究的典型案例。

侗寨人们爱林、惜林、造林、护林、用林的意识与世代接力的行为方式、护林造林的习俗、习惯法手段以及行业经营、节会推广、集市等，构成了侗族聚居地区人林和谐的传统林业文明和生态文明，可与侗族传统稻作农耕文明、侗族传统商贸物流文明齐美。这在中华民族和世界范围内，都具有独特性、稀有性和典范性的普遍意义，具有重要的林学、林业行为学、林业社会学、林业经济学、林业文化学、林业民俗学、森林生态学、林业法学等学科的综合性科学价值。

三、传统农耕智慧的科学价值

侗族村寨传统农耕文明的口传理念、劳作经验、技术体系、共生系统等具有农学、生物学、动物学、植物学、美学等多学科的科学价值。

（一）传统农耕民俗的科学价值

农神信仰习俗的多学科研究价值。侗族村寨农耕神灵信俗，有萨岁信俗、太阳神信俗、月神信俗、土地神信俗、五谷神信俗、龙王信俗、水神信俗、雷神信俗等。这些信仰习俗的共同祈愿是祈求神灵保佑风调雨顺、五谷丰登、无瘟无病、无灾无难、人丁兴旺、六畜兴旺、国泰民安。各路神灵各有神职，对不同的神有不同的祈求，祈求萨岁沟通、联络各路神仙全面保佑；祈求水神、龙神、雨神、风神、雷神均匀下雨、风调雨顺，无干旱，无水涝；祈求土地神保佑地方安宁、庄稼丰收；祈求五谷神佑护五谷、苗壮茎粗、不倒不伏、籽粒饱满、五谷丰收；祈求城隍佑护全寨安全，无瘟、无灾、无难等。这些习俗有诚心、有观念、有礼仪、有节会，具有民俗学研究价值。同时，信俗重诚，强调心诚则灵，具有诚心诚意、信守承诺等伦理学的普遍意义和研究价值。综合审视这些信俗，分解农耕文化要素，高度重视，各个沟通，综合统筹，具有运筹帷幄的筹划意义。

侗族村寨农耕民俗中有农事仪式，如开秧门仪式、尝新吃熟仪式、糯稻收割采摘仪式、各种开工仪式等，还有与农耕有关的祭祀仪式、讲款仪式、建房奠基仪式与上梁仪式等。仪式中祭祖宗、祭师傅等体现了不忘根本、不忘恩情等伦理情结，事前仪式具有开工准备的动员意义，事中仪式具有提醒意义，事后仪式具有总结、致谢与弘扬的意义和功能。这些仪式具有民俗学、伦理学、管理学的研究价值。

侗族节会多，都与农耕文化相关。农耕的专门节会也比较多，如耕牛节、插秧节、尝新节等。有的节会动员、激励人们农耕；有的节会传承农耕技艺，技术性强；有的节会调节农耕忙碌节奏，使辛勤耕作的人们劳逸结合，愉悦身心；有的节会庆贺丰收，致谢各方，等等。这些节会把农耕当作侗族整体的大事，动员人们、激励人们，交流农耕经验、传递农耕技术，调节紧张情绪，消除身心疲惫。通过各种节会方式抓紧、抓好农业生产，提供农耕节会服务，这具有文化学、伦理学、农业经济学、农村社会学、民俗学等学科的科学价值。

（二）传统农耕经验技术的科学价值

侗族村寨传统农耕文化遗产中有口传农耕文化，有实操经验技术体系、复合共生系统等，具有农业文化学、农业技术学、农业经济学等学科的科学价值。

侗族村寨口传农耕文化多种多样，有谷种来源神话、气象谚语、时令节气农事歌、萨岁大祖母农耕纺织故事等农耕口头文学；有关于农耕的大歌、双歌、小歌，有模仿农耕的舞蹈等农耕音乐舞蹈文化；有口传的农耕经验技术等。这些口头农耕文化，具有民间文学、民族文学、民族音乐学、民间音乐学、农业文化学、农业经济学等学科的科学价值。

侗族村寨传统农耕经验技术有着直接的科学价值。

一是传统农具制作技术，如传统犁耙驾担制作技术、传统锄头刀斧打造技术、传统风车打造技术、传统斗笠蓑衣制作技术、禾架制作技术、拌斗打造技术、木桶木盆打造技术、谷仓打造技术、传统碓码石磨打造技术、传统竹垫编织技术、传统措绳技术、草鞋编织技术等。

二是传统稻作培管技术，如犁田耙田经验技术、育秧与插秧经验技术、糯稻田间管理经验技术，水碾坊筑造与碾米经验技术、筒车打造与提水经验技术、龙骨水车打造与车水经验技术、糯稻摘穗上架经验技术、稻草树制作技术、绿肥种植技术、骨肥烧制技术、稻田轮作技术等。

三是传统旱地作物种植技术，如玉米、高粱、黄豆、红薯、绿豆、小谷、杂豆种植经验技术，四季蔬菜栽培经验技术、苎麻栽培与收割经验技术、棉花种植经验技术、芝麻栽培经验技术、油菜栽培与榨油技术、药材栽培与加工技术、果木林栽培管理技术、蔬菜采集加工技术、蘑菇采摘加工技术等。

四是传统养殖技术，如猪、牛、羊、鸡、鸭、鹅饲养技术和养蜂技术等。

上述传统农耕种养经验技术，包含了各要素的、运行过程中各阶段各程序的、各环节的经验，本身就是多层面的经验科学。这些经验科学具有生态文化学、生态伦理学、农业生态学、农业文化学、农业经济学等学科的科学价值。

（三）传统复合共生种养系统的科学价值

侗族村寨传统农耕文化遗产中潜存着科学用地的杰出智慧和出色典范。侗族村寨地处中国南部山区，山高坡陡，平地如金，山坡如银，土地珍贵，养成了特别珍惜土地的优良传统。侗家人充分利用有限的水田旱地，多种复合共生种养，多种和谐套种间作，提高稻田与旱地的利用率和产出率，增加经济收益，具有多学科的科学价值。

侗族村寨"稻鱼鸭复合共生"种养系统，是指稻鱼鸭三者在稻田空间中共生、共长，水稻及禾苗间挺水植物为鱼、鸭提供遮阴、栖息场所和饵料来源，时间上三者交错共生。复合共生种养的稻田，一般冬季蓄水浸泡，增强稻田泥土抗渗漏能力，扩大所在地水域面积，发挥隐形水库的作用❶，让水田中虾、蟹、鳝、蚌、泥鳅、螺蛳丛林式生长，松泥肥田，为鱼鸭滋生活态食饵，使稻—鱼—鸭—水生物链趋于完善，实现了多级利用各种资源，增强了生态系统的稳定性。插秧后秧苗定蔸返青长到超过5厘米，放养体重150～200克的雏鸭，放200克左右的大鱼苗，雏鸭吃不下鱼苗，鱼也吃不下雏鸭，二者在稻下和谐共生。鱼和鸭对水稻有松土、保肥施肥、促进肥料分解、利于水稻分蘖和根系发育、控制病虫害和草害、增加土壤肥力、减少甲烷排放的等作用。控制稻鱼鸭和谐共生，促使以三者为主的生物链在相克中共生，在和谐中成长，保护了生物的多样性与和谐性，产出了安全、环保的三种农产品，提高了稻田利用率、收益率。稻田蓄水增加了侗族聚居地区

---

❶ 罗康智，罗康隆.传统文化中的生计策略[M].北京：民族出版社，2009.

的湿地面积，具有区域性水系生态效益与社会效益。同一稻田空间，巧妙的时间交叠安排，既种稻，又养鱼，还放鸭，更有虾、蟹、螺、蚌、黄鳝、泥鳅等相关收获，体现侗家人三重和谐利用、多重综合收益的传统农耕杰出智慧，是域内传统农耕经验科学的和谐典范。

在侗族村寨传统稻作农耕方式中，还有稻—鱼、稻—鸭二者复合共生种养模式，稻—麦、稻—油、稻—菜、稻—菜—油、稻—菜—绿肥等套种方式，稻—玉米（大豆、生姜）轮作方式等。侗家人秉承"种田勤换种，粮食产量高"的种植经验，以空间统时间，以时间接空间，同一稻田时空复合种养、品种轮换种植。同一稻田空间，时间衔接套种，不同季节接力式种植不同作物，提高同一稻田空间的时空效益，增强同一空间的生态功能，利用作物对不同土地的喜新性，用套种、轮作不同作物的方式提高土地肥力，提高稻田农产品综合产量，提高稻田的生态时空价值。

侗族村寨旱地传统套种间作的杰出智慧。这是利用植物生长季节的时间差和植株高矮的空间差，高矮间作，时空套种，一地两熟、一年三熟的传统耕种方式。如玉米—大豆（绿豆）间作方式，玉米—杂豆间作方式，玉米—红薯间作方式，玉米—秋菜—油菜套作方式，玉米—秋荞—蔬菜套种方式，红薯—土豆套种方式等，充分提高了旱地的利用效率与旱地收益，遵循了时空结构的和谐律与差异律，遵循了不同植物的生长规律，积淀形成了复合耕种、间作、套种、轮作等成套旱地耕作模式，这是侗家人旱地成套耕作的杰出智慧，这是与稻田复合种养齐美的传统农耕经典范式。

稻田与旱地复合性种养方式、套种方式与轮作方式，是侗族聚居地区比较普遍的传统农耕模式，是侗家人常态式经验调控的系统操作、多维动态高效运筹的杰出典范。传统农耕系统多要素时空和谐，增加特定空间的经济、生态、社会效益，高效使用土地，增加所在地区湿地空间，是中国南方山区传统农耕经验科学的经典范式，是中国传统农耕文明的典范。其对于哲学、运筹学、生态学、植物学、生物学、农学及其分支学科具有重要的科学研究价值。

（四）传统农产品加工经验技术的科学价值

侗寨传统农产品加工众多，都从不同角度遵循各自对象的变化规律，积淀为经验式操作工艺流程和技艺技巧，形成传统农产品加工经验技术体系，具有重要的科学价值。

稻谷加工是侗族聚居地区居民日常生活中十分重要的事情。先前用碓码舂，费时费力，效率低。后来，筑造碾坊，利用水落差的势能带动碾盘碾谷成米。该技术利用了碾坊位置选择的地理经验和生态经验、水落差势能经验、齿轮转动改变动能方向的经验，遵循了水能运行规律、机械力学规律，省力省心，效率高，科学性显著。这其中包含了多层面的和谐内核，一是水源、水流、水势与地理位置、地势生态和谐，二是水势水能与机械能的转换，三是齿轮耦合，四是机械能与人力的配合。碾坊碾米技术是侗族聚居地区经验科学的又一杰出典范，具有突出的机械力学、生态学等重要的科学价值。

  侗族村寨的人们把大米做成食物，有多种途径、多种方式，积淀为系列加工技艺。一是把大米做成不同米饭的经验技艺。这主要有煮、蒸、煮蒸结合。煮，有鼎罐煮、锅煮、陶罐煮、竹筒烧等。看似简单，实则不易，煮得不好，或生，或糊；煮得好，但技艺不同，形成不一样的诱人香味。蒸，一般是蒸糯米饭，有专门的蒸糯米饭的工序、工艺和经验技巧。煮蒸结合，是侗家人逢年过节多人聚会的烹饪方式。侗家人积淀了专门的大蒸子饭蒸煮技艺，人少饭少好办，人多大蒸子饭，经验性、技术性很强。二是把大米加工成油茶、米粉、米粑、米粥等的经验性技术技艺。这就形成了米制食品的经验技艺。制作过程中，必须注意米与配料的配伍、流程工序、工艺、时间火候；注意物与物、事与氛围环境、人与人的和谐搭配。该和谐搭配的价值就是使其味道更香、更鲜、更浓郁、更令人垂涎欲滴，口感更舒爽柔润，颜色更洁白亮丽，营养更丰富，色香味更突出。所以，大米加工技术具有食品学、营养学、生态学等学科的科学价值。

  豆类加工有其相应的经验技艺。一是用大豆磨豆腐，积淀形成豆腐制作技艺。其中，豆浆温度要适当，石膏与豆浆的比例要和谐，石膏少了豆腐浆不成团，石膏多了豆腐成了水。此外还有豆腐深加工，做霉豆腐、霉豆渣，这是霉化发酵技艺。还能做豆腐干、豆腐皮、猪血豆腐团等。霉豆腐、猪血豆腐团是侗家人引以为傲的品牌名菜，其经验技艺也被视为侗家绝活。二是黑大豆发酵，做成豆豉，这是豆豉制作技艺。三是用蚕豆制作豆瓣酱，用小麦制作麦酱，形成酱系经验技艺，具有食品材料学、食品化学、营养学等学科的科学价值。

  侗家人有榨糖、熬糖的习惯，榨糖主要是榨甘蔗糖，有甘蔗榨糖技术。熬糖以大米、玉米、红薯等为主原料，熬成米糖、玉米糖、红薯糖等，积淀相应的制糖技艺。米糖及米糖熬制技艺是其中的代表作，米糖有块状、丝状等形状，米糖白色，白中透黄；香而不浓，亮而不透，脆而柔韧，不黏不腻，色香味上乘，具有营养学、食品化学、食物美学等学科的科学价值。

酿酒是侗家人的专长，积淀的经验型技术技艺有醪糟酿造技艺、甜酒酿造技艺、苦酒酿造技艺、糯米酒酿造技艺、高粱酒酿造技艺、苞谷酒酿造技艺、杨梅酒酿造技艺、葡萄酒酿造技艺、刺梨酒浸泡技艺、药酒浸泡技艺等。侗家人喜欢喝酒，有劝酒的酒歌、敬酒的"高山流水"，有"半醉半醒，半人半仙"的喝酒境界。这些都积淀形成了丰富多彩的酒文化，具有化学、食品学、文化学、民俗学、养生学等学科的科学价值。

侗家人喜欢种茶、制茶、喝茶，茶文化浓郁。三江人民秉承侗族茶文化遗产，发展有数万亩茶园，茶叶生产制作成了三江的重要产业，传承侗茶制作技艺，形成三江侗茶品牌。通道、三江等地还有另一名茶——青钱柳茶，有自己专门的制作技艺，清香微甜，有养肝润肺、滋阴补肾、生津健胃等功效。侗家茶文化具有文化学、植物学、化学、保健学等学科的科学价值。

侗家人善于腌制食物，积淀形成系统的食材腌制经验技艺，如腌鱼、腌肉。这种技艺腌制的鱼肉色香味俱全，味道微酸，酸而不腐，酸而不烂，不泥不柴，腌制时间可长达数十年，这是侗家人的腌制绝技，也是侗家人的杰出生活智慧，具有食品化学、营养学的科学价值。

侗家人传承酸、腊、辣食材制作技艺。侗家人进行食材酸化防腐，形成酸系食材制作技艺，如酸肉制作、酸菜制作、泡菜制作等。侗家人把酸味与辣味结合，形成酸辣制作技艺。侗家人烟熏鲜肉而不腐，腊香美味，积淀形成腊肉烟熏技艺、熏烤技艺、烘烤技艺等。具有食材加工、增味防腐的营养学与食品化学等食品科学价值。

侗族村寨传统特色美味制作技艺就是经验技术技艺的宝库，是侗家人饮食文化的杰出典范、食品加工的杰出智慧，也是侗家人杰出的生活智慧，是侗家人杰出的养生智慧，除了具有食品科学、技术科学的价值外，还具有养生学等人文科学的价值。

（五）传统农耕商贸文化的科学价值

侗族村寨的传统农产品除了自给自足外，也用于集市交易。集场随商铺、作坊、旅店、餐馆、茶馆、酒店的出现与增多而不断扩展，发展成一个个市场集镇，形成传统农耕商贸文化。这种文化的根基是农耕，遵循传统农耕文化发展的规律与趋势。随着商品经济因素的逐渐成长，从乡村农耕文化中孕育出集镇商贸文化，到明清时期，大的集镇码头逐渐形成商贸文明。所以，域内传统农耕商贸物流文化的历史发展，具有地方史、商贸物流史的科学研究价值。

汉唐以降,在侗族聚居地区及其东西南北,因水运而成就域内几条大的商贸物流通道,因码头交易,货物沿水路码头和驿道集镇逐段转运,历史地形成独特而经济的船排—马帮与人力式水陆联运、节点运转等商贸物流和谐范式,是域内人们的杰出智慧,具有物流学、运输学等学科的科学价值。

以侗族聚居地区为中心枢纽,历史地形成了东、西、南、北四个方向两大茶马丝绸之路,一条是东起镇江(后来上海)沿长江—洞庭湖—沅水,西去黔滇—缅甸—印度的中国南方中部东西向茶马丝绸古道;另一条是北起京都,南下柳州—镇南关—东南亚的南北茶马丝绸之路。侗族聚居地区恰好地处两大古道的交汇处,这是与北方丝绸之路和南方海上丝绸之路齐美的中国中南部茶马丝绸之路,是中国商贸物流的杰出典范,这是包括侗族人民在内的域内各族人民的杰出智慧、伟大创举与历史贡献,具有历史学、物流学、运输学、市场学、经济学、贸易学、历史学等学科的科学研究价值。

侗族村寨所在地区的两大传统茶马丝绸之路和传统商贸物流积淀形成丰富的集镇文化、码头文化、水运物流文化、马帮文化、商道文化、商铺文化、作坊文化、装卸搬运文化、分拣与仓储文化、配送文化、供应链文化、钱庄文化、船帮文化、排帮文化、镖局文化、餐馆旅店文化、茶馆文化、会馆文化、宗祠文化等。这些文化具有文化学、文化史、社会学等学科的科学研究价值。

这些文化中蕴含着同心协力、诚实守信、侠义豪放、拼搏进取、励精图治、扶危济困等商道文化的优秀传统,具有伦理学、社会学等学科的科学研究价值。

这些文化中包含经营管理、商品交易、金融收支、借贷还款、信息传递、货物运送交接等成套的运作方式及其经验技术技巧,具有管理学、市场学、经济学、金融学等学科的科学价值。

这些文化中包含丰富多样的经验技术。商贸物流的每一行业、每一工种、每一岗位都有其操作运行的经验技术,如域内的码头文化有装卸经验技术、搬运经验技术、分拣经验技术、堆放经验技术、仓储经验技术等;船工文化中有掌舵、撑篙、扳棹、拉纤等经验技术;排工文化有编扎木排、放排、闯滩、紧急应对等经验技术,形成各行业传统经验技术系列,形成域内传统商贸物流经验技术体系,具有物流学、运输学、供应链管理、仓库管理等应用性学科的科学研究价值。

在这些文化中,包含大量的规约文化,如集镇公约、码头公约、行规、帮规、船规、排规、坊规、馆规、院规等，是典型的民间习惯法，具有法学研究的科学价值。

四、侗族医药成就的科学价值

侗医、侗药是侗族村寨极为重要的文化遗产，具有突出的医学、药学科学价值。

侗家行医人在行医过程中，秉承病人至上的医德，认真负责，救死扶伤；对病人热情，服务周到；吃苦耐劳，不计报酬，诚实厚道；尊师重道，恪尽职守，厚德载医，悬壶济世。这种传统医德，是职业道德的范式，具有职业伦理价值和社会伦理价值，具有伦理学的科学研究价值。

侗医具有比较成熟的经验体系，有以"天、地、气、水、人"五位一体为核心的侗医理论体系；有"看、摸、闻、问、划、算"等疾病诊断方法体系；有"二十二"症候诊断案例；有辨证施治、对症下药的口传经验体系；有内科、外科、儿科、妇科、伤科、五官科分科诊疗体系；有药物治疗与非药物治疗及其结合的治疗方法体系；有单方验方200多个、侗族医药方剂2456个，有药方配伍禁忌系列，是一个数量庞大的方剂体系。❶ 侗医系统性强，具有经验医学的借鉴价值。

侗族聚集地区是中国南方山区药材宝库，仅通道县境内已发现并收集整理的侗药材134科689种，侗医药药名2161个。❷ 有植物类、动物类、矿物类等。药材有分类，如植物类药名分类就有根茎类、花叶类、全草类、藤木类、果实种子类、树皮果皮类、其他类七大类。对各种药材的药名、药性、功能、产地、临床应用、用量、用法等，有比较完整的认知、识别、应用的口传经验，有药材采集、加工的操作方法，有内、外、儿、妇、五官五科的药膳体系。侗药的系统性、操作性强，具有经验药学的借鉴价值。

侗医、侗药注重和谐，注重服务，注重行医人与病人及其家属的关系，注重诊疗、施治、用药，注重药物采集与加工。

侗族村寨的文化遗产，就是历代侗家人经验智慧的荟萃，就是一座经验技巧的宝库，就是一部侗医、侗药经验技术的集成，是侗族村寨生命健康和谐的智慧典范，是侗医、侗药科学研究的不竭资源。

---

❶ 吴国生.侗族传统医药鉴[M].北京：中医古籍出版社，2017.
❷ 陆中午，吴炳升.侗族文化遗产集成：第3辑[M].北京：民族出版社，2006.

第四节　侗寨遗产的艺术价值

侗族村寨文化遗产是一个艺术的殿堂，具有一系列突出且重要的音乐、工艺、美术等方面的艺术价值。

一、音乐文化多样性的艺术价值

侗族村寨民间传统音乐、民间传统舞蹈、民间传统戏剧、民间传统曲艺等音乐类文化遗产丰富多样，以群体性歌舞戏曲的欢乐和谐方式娱人娱己，愉悦人的心灵，陶冶人的性情，开阔人的心胸，拓宽人的视野，增加人的知识，开启人的心智，提升人的境界，和谐社会关系，浓郁人文生态，具有多方面艺术价值。

侗族村寨文化遗产中有歌舞戏曲等多种音乐文化形式。

侗族人喜欢唱歌，歌场唱，节会唱；祭祀唱，"讲款"唱；迎宾唱，送客唱；采茶唱，玩山唱，下河也唱；对情人唱，对朋友唱，对着婴儿也唱；高兴时唱，不高兴时更要唱，想说什么就唱，时时处处事事都有歌声，侗族聚居地区被人们誉为"歌的海洋"。

侗家人的歌，多种多样，有合唱类与独唱类。合唱类异彩纷呈，有耶歌、款歌、大歌、喉路歌、琵琶歌、牛腿琴歌、侗笛歌、戏歌、双歌、酒歌、茶歌、山歌、流水歌、叙事歌、礼俗歌等。尤其是侗族大歌，是音乐的典范，无指挥、无伴奏，男声与女声、高声与低声、领唱与合唱，整齐和谐，行云流水，浑然一体，堪称天籁之音，被联合国教科文组织列入世界文化遗产名录。独唱类有情歌、儿歌、哭歌等多种类别。每一种独唱侗歌，情真意切，是情感的流露。每一类侗歌中又有歌曲的多样性。如耶歌有进堂耶歌、耶补歌、耶堂歌等，大歌有男声大歌、女声大歌、童声大歌和声音大歌等，情歌有白天情歌、夜间情歌、玩歌等。

侗族舞蹈也多种多样，有踩堂舞、芦笙舞、多耶舞（含多嘎多耶）、摔跤舞、龙舞、狮舞、斗牛舞、丰收舞、捕鱼舞、插秧舞等。踩堂舞、多耶舞，人数众多，规模宏大，是群体之舞；斗牛舞、捕鱼舞滑稽可爱，惟妙惟肖，是祈求与模仿之舞。所以侗寨被人们赞誉为"舞的天堂"，是汇集曼妙舞姿与和谐旋律的艺术空间。

侗族村寨还有精彩的侗戏、侗族傩戏、侗族"杠菩萨"等民族艺术。

多样性是侗族音乐文化的首要价值，而其中的和谐则是它的核心价值。

这一核心价值体现在侗族音乐文化愉悦心灵、陶冶情操、启迪心智、激发创新、浓郁氛围、和谐社会等方面。

（一）愉悦心灵

侗族村寨音乐文化遗产以侗族和谐的曲调、腔板、节奏、音量、旋律、韵律，搭配曼妙的舞姿、欢快的场面、浓郁的氛围，解除人的困扰、消除人的烦恼、忘却人的忧愁、清除人的疲惫，给人畅快的欢乐、给人由衷的欢笑、给人心灵的愉悦、给人精神的舒畅、给人灵魂的震撼。

（二）陶冶情操

侗族村寨音乐文化遗产以歌声、舞姿、戏剧、曲艺等娱人形式、欢快场面、和谐氛围、融洽关系，用侗家人祖宗来源、前人功勋、做人根本为艺术内容，弘扬了朴实、宽厚、诚实、重诺、勤劳、节俭、敬老、爱幼、帮困、扶弱等传统美德，感染、熏陶自己和听众、观众，净化自己和听众、观众的心灵。观赏一次，感染一次，熏陶一次，由量变到质变，以提升自己和听众、观众的品德修养。

（三）启迪心智

侗族村寨音乐文化遗产以歌舞戏曲等生动、形象、感人的艺术形式，将侗家人千百年来积淀的知识经验用悦耳的歌声唱出来、用曼妙的舞姿跳出来、用引人入胜的戏剧表演出来、用委婉动人的曲艺演绎出来，告诉听众、观众，侗家人怎样迁徙定居、选址建寨、农耕纺织、织锦刺绣、生产生活、娱乐交往，怎样艰苦奋斗，告诉人们侗家人点点滴滴的经验、技艺、技巧，以及战胜困难、解决问题的思路与办法等，灌输侗族的观念知识，开拓听众、观众的视野，启迪思考，激发心智，弘扬侗家人的心灵智慧。

（四）激发创新

侗族村寨音乐文化遗产有极为珍贵的创新成就。18世纪后期至19世纪初，侗家人把汉族史籍和文学作品引入侗族，用侗语说唱薛仁贵征东、梁山伯与祝英台的故事等，将汉族故事、典籍与侗族说唱曲艺融合，用侗语说唱，融合成侗族说唱艺术。在此基础上，吴文彩将侗族说唱艺术、侗语、侗歌、汉族戏剧融合，将汉剧《二度梅》《朱砂记》改编成侗剧《梅良玉》《李旦凤娇》等，融合成和谐的系列侗剧，侗戏就在融合式创新中问世了。这是侗族音乐文化史上的伟大创举，是侗家人在音乐文化和谐交融中创新的杰出智慧，是音乐文化创新的突出典范。

（五）浓郁氛围

侗族村寨有着浓郁的音乐文化氛围。侗寨的鼓楼、风雨桥、寨门、干栏吊脚木楼等建筑，就是一个个静态的音符，就是一曲曲静态的乐章，就是音乐文化的空间场所。绝大多数侗族村寨音乐文化遗产是活态文化遗产，现在仍然还在传承与弘扬。在鼓楼里、干栏吊脚楼上、芦笙坪中，歌声阵阵，舞影翩跹，芦笙声声，男女对歌，长幼传唱。这是一种浓郁的音乐文化和谐氛围、欢快愉悦的音乐文化和谐环境。这种氛围、这种环境，就像磁铁一样把寨中居民牢牢地凝聚在一起，把千里迢迢而来的客人吸引到侗寨来。身临这种氛围与环境之中，耳濡目染，犹如进入一座侗族音乐文化的大熔炉。

（六）和谐社会

侗族村寨音乐文化遗产是一种人际黏合剂，唱侗歌、跳侗舞、演侗戏，把家人凝聚在一起，把同一"补拉"的人凝聚在一起，把全寨的人凝聚在一起，把邻近村寨的人凝聚在一起，把外来客人吸引在一起。由此家庭和谐、村寨和谐、区域和谐，由近及远而至社会和谐。

侗族村寨音乐文化遗产，是侗家人自编自演、自娱自乐、娱己娱人的音乐文化生活方式的沉淀，是侗家人以歌养心，以歌呼应天地的人生智慧，是以和谐的方式创新音乐文化的杰出典范。

二、传统工艺多样性的艺术价值

侗族村寨文化遗产中的大量传统工艺，是工匠们匠心独运，依据自然、模仿自然、美幻自然的经验型技术技艺的结晶，具有重要的艺术价值。

侗族村寨文化遗产的传统工艺多种多样，有建筑类、木具类、竹具类、筑造类、铸造类、打造类、编织类、雕塑类、园林类、加工类、酿造类等。每一类又有许多种。建筑类有鼓楼建筑工艺、民居木楼建筑工艺、风雨桥建筑工艺、房屋室内装修工艺等。木具类有农具制作工艺、家具制作工艺、玩具制作工艺等。竹具类有芦笙制作工艺、侗笛制作工艺、侗箫制作工艺、竹凳竹椅制作工艺等。筑造类有河坝筑造工艺、大堤筑造工艺、水塘筑造工艺、水井掘筑砌造工艺、屋基筑造工艺、桥墩砌筑工艺等。铸造类有铁器农具铸造工艺、铁器炊具铸造工艺、锡锑铝质器具铸造工艺等。打造类有石器打造工艺、铁器打造工艺等。编织类有侗锦编织工艺、侗绣工艺、竹编工艺、综编工艺、草编工艺、藤编工艺等。雕塑类有木雕工艺、石雕工艺、石刻工艺、牙雕工艺、砖雕工艺、泥塑工艺等。园林类有筑造、栽培、修剪等方面的操作工艺。加工类工艺非常广泛,如食品加工、粉碎加工等。酿造类有酿酒工艺、制酱工艺等。侗寨居民的每一类劳作,都积淀有相应的操作工艺。

  侗族村寨传统农耕生产生活的每一种工艺,既有操作流程,又有操作的技术技巧。流程中每一道工序怎样操作,就要遵循自然规律、遵循主家意愿、遵循社会经济的价值规律,更要遵循艺术规律,彰显艺术才华,使工艺具有合规律的必然性、自然性,更具有工匠心灵智慧的艺术创造性,这就使每一种产品,都具有一定的艺术特质,许多产品就是典型的艺术品,有的甚至就是艺术精品。侗族村寨工艺类文化遗产,琳琅满目,是经过千百年历代先民反复筛选传承下来的艺术瑰宝。侗族村寨就是这多样性艺术瑰宝的宝库。多样性的工艺文化遗产,是中国南方山区侗族农耕工艺文化多样性的历史见证,见证着侗族传统农耕时代的工艺智慧和高超的工艺水平,具有极为重要的普遍性艺术价值。

(一) 道法自然的工匠智慧

  侗族村寨工艺文化遗产具有一定的艺术性,是一件件工艺品,有的行业产品是精致的艺术品,如织锦、侗绣、银饰品、芦笙、陶器、竹编等。这些艺术品的制作有其技术方法,行业不同、工匠不同,技术方法也不一样。但他们有一个共同的方法,那就是"道法自然"。主要表现在技法自然、神法自然、德法自然等方面,有其重要的艺术价值。

  技法自然,是侗家人各个行业惯常的操作方法。一是遵循劳动对象自身的发展规律。技法自然就是遵循各层面的发展规律,发酵工艺就是此法的典型。二是遵循劳作流程的基本工序。技法自然就是按照工序流程的顺序,依序自然进行。三是沿袭侗家人的劳作习惯。先做什么,后做什么,依照习惯自然进行。技法自然,就是习惯使然,讲究流程工序与技术娴熟,关注速度与效率,注重产品与模拟对象外貌的形似和谐,如侗锦图案中三两笔勾画的简笔人形图案等。

  神法自然,是侗家人工艺操作中的重要方法,是侗家人按照对象物的特质与行业操作方式自然展现对象神情的惯常手法,是在技法自然形似的基础上,注重形中有神,注重对象物精神状态、精神面貌,突出内涵神似的方法。如画龙点睛之笔,没有点睛,对象物就是僵化之物,点睛使之活了,全身有神了。在建鼓楼时,翘角飞檐和在脊梁上设置芦笙塑像,芦笙凸显了这座鼓楼的文化特质。人们一看,就明白这座鼓楼是芦笙鼓楼。这种神,因物不同而不同,侗家人制作工艺品注重神的差异性、独特性。有的神在活,有的神在灵;有的神在鲜,有的神在嫩。侗家人因物而异,有的用近距离特写,有的用远距离点缀;有的用重点聚焦透视,有的用散点分光扫描;有的俯视,有的仰视;素色黑白点睛,彩色五彩显神。神法自然,就是自然地效法对象神韵,工艺品自然地蕴含神韵,自然地显示神韵,实现神似和谐、神韵和谐。

德法自然。这里的德,一是指工匠的职业操守、职业道德;二是指对象物规律属性人化之德,自然与人的生态伦理之德;三是指侗族传统美德和社会美德;四是指各层面的和谐。这里的法,是指效法与遵循。这里的自然,一是指外界,二是指效法得顺畅自然。德法自然,是指侗家人自觉地按照职业操守进行工艺品制作,并将职业美德自然地渗透于工艺品之中。这是在形似和谐、神似和谐的基础上,进一步追求德性和谐。这是道法自然的更高境界。

(二) 精益求精的匠心独运

侗家人精益求精,在形、神、德合一的基础上,匠心独运,进一步追求美幻自然。美幻自然,就是要超越自然,比原物更有美感、更有神韵、更显神采,不但活起来了,而且动起来了、飞起来了。这是侗家人打开心智,施展绝技,创造创新,使工艺品美轮美奂。如侗锦织造由素锦到彩锦的美轮美奂,由水波纹、山形纹、八角纹到精彩绝伦的龙凤呈祥的精品,龙凤在云中腾飞,跳跃飞升,如灵似幻;竹篾编织出领袖诗词条幅,铁划银钩,如笔墨书法真迹;银匠打造出百鸟朝凤的银冠,随头脑的晃动,跳跃不停,张口待鸣。这些形神德美幻和谐的工艺精品具有重要的普遍性艺术价值。

(三) 艺泽侗寨,惠及社会

工匠们绝美的手工艺制作绝技,形成的绝美式样,制作的工艺精品,具有重要的艺术泽惠价值。一是工艺作品具有重要的艺术欣赏价值,使观众一饱眼福,泽惠观赏者。二是工艺品具有市场交换的艺术经济价值,泽惠自己与家人。三是工艺精品名品,促使侗寨和侗族聚居地区行业发展,繁荣侗族村寨及其所在地的经济文化,生产的品牌名牌给侗寨、给民族增光添彩,具有艺术美誉价值,泽惠侗寨、泽惠民族。四是工艺品是工艺教育教学的绝好材料,用于学校教育,泽惠学校师生,具有艺术教育价值。五是生产、创作的工艺品,带动行业发展和地方经济文化发展,为社会创造更多财富,泽惠社会,具有艺术的社会经济文化价值。

三、美术文化多样性的艺术价值

侗族村寨美术文化遗产丰富多样,具有极为重要的艺术价值。

侗族村寨文化遗产中的美术种类主要有建筑、画、剪、雕、刻、塑、扎、拓、书、印等。建筑,是绝美之术,有鼓楼建筑之美,风雨桥建筑之美,干栏吊脚木楼民居建筑之美。画,绘画,如三江农民画。剪,剪纸,主要有窗棂剪纸、双喜剪纸、白会剪纸等。雕,有木雕,如高椅木雕、传统根雕、传统花板透雕等;有石雕,如沅州石雕、三江石雕等;有竹雕,如高椅竹雕、砖雕、牙雕等。刻,石刻主要是碑刻,如款碑、功德碑等。塑,泥塑,如芷江天后宫门楼泥塑,许多鼓楼屋脊、屋檐泥塑等。扎,纸扎,如纸扎龙、纸扎狮、白会纸扎等。拓,拓印,如碑刻拓印。书,书法,比较多的是对联书法,红会白会书法等。印,如印章等。

这些种类的美术作品,色彩艳素和谐、浓淡相宜、深浅合适,讲究光线明暗,线条疏密,幅度宽窄,形成了独特的民族美术风格,以及与此相应的技法技巧,诞生了大量杰出的代表作,如沅州石雕、鼓楼泥塑、三江月亮街侗俗石雕群、三江农民画、岩脚侗寨土地庙土地公和土地婆石雕以及三门塘碑刻群等,这些都是侗族瑰宝,具有重要的艺术价值。

(一)对象

侗族村寨美术文化遗产的艺术价值之一,就是选择并再现万物和谐的对象。一是筛选对象,解剖要素。在万物中筛选对象,包括山水、树木、花鸟、虫鱼、干栏吊脚木楼、鼓楼、风雨桥、侗寨街巷、侗族人物、侗族民俗、神话传说故事、历史事件等,从中筛选、解剖其中要素或元素。二是凸显对象的结构功能,彰显形中的神韵、德性。三是使形、神、德融合得美轮美奂。

(二)技法

侗寨美术遗产的技法,有一系列明显特征。一是古朴。越古老,越质朴,许多美术精品至今仍然保持这一特质。二是粗犷。与外界交往越少,就越粗犷、越豪放,特别是封闭性强的边远侗寨,美术遗产粗犷豪放。三是简约。汉化程度越低，技法越单纯、越简约。湘、黔、桂三省毗邻地区，汉化较晚，汉化程度较低，美术遗产的技法比较简单、简约，例如款碑无字，连侗族符号也没有，这就是无字碑；岩脚侗寨功德上的月亮女神像就只有几笔刻就，是最简约的简笔画。这就迫使侗家人在技法上向汉族同行学习，拜汉族师傅为师、请汉族师傅做事，自己看着学，到汉族城乡去学。学汉字、学文章、学速写、学素描、学工笔、学写意、学国画、学雕刻等。学以致用，用来创作自己的作品，应用于工艺操作和日常生活中的应用美术，形成自己的简笔技法、素描技法、水墨技法、写意技法、散点技法、聚焦技法、透视技法、侧视技法、仰视技法、俯视技法、构图方法、圆润方法等，形成越来越成熟的技法系列，使作品美感由古朴到清新、由粗犷到细腻、由简约到丰润，这就是侗家人艰难的技法习得历程。

（三）形态

侗族村寨美术类文化遗产的形态，有建筑形态、绘画形态、雕塑形态、纸扎形态等；按照内容对象不同，有山水、花鸟、人物等；按照动静不同，有静态、活态等。侗族村寨美术文化遗产展现了师傅们在追求形似、神似的基础上，突出本地域、本民族、本村寨的山水、民俗、人物、故事等，追求静中显动，动之生气、朝气、英气，动之神情、动之神韵，动之特质、动之风格；追求元素的和谐，追求静中有动、动中有静，追求生气、神情、神韵的和谐；追求美术形式与内容的和谐，追求达意，追求神、魂、意境的提升等。这就是侗家人追求的美术形态。

（四）风格

侗族村寨美术类文化遗产展示出侗寨地域、民族等风格，这是侗家人美术之魂。美术类文化遗产显示出侗家人美术民族风、地域风的文化元素、文化丛，显示侗家人的地域风貌和民族风骨，如铮铮铁骨、不卑不亢、平等、朴实、敦厚、诚实，善良、温和等；显示出将铮铮铁骨与朴实敦厚有机融合、将不卑不亢与平等温和有机融合，将山水人文有机契合，融合成一个整体。这就是侗族美术风格的和谐之美。

（五）弘扬

侗族村寨文化遗产是历代先民继替式弘扬的结晶。一是世代接力式继替传承，在传承中继替式彰显，不断创造新产品、创作新作品。二是在传承继替中不断地聚焦式突出亮点、张扬特色，如在鼓楼修建或维修中，突出泥塑雕饰、绘画装饰、悬挂匾额、增加石雕等，使其文化特色更突出，一点一滴地更新添彩，使之不断增添新意。三是世代继替式创新，如从无字款碑转变为汉字款碑，由简约到丰润的风格转变与创新等。在传承与弘扬中，由量变到质变，不断地创作出崭新风格的美术作品。

侗族村寨音乐类、工艺类、美术类文化遗产外在形式美展示出各元素组合结构的协调美、和谐美，显示出内在的技艺美、技法美、心智美、智慧美、心灵美、神韵美、意境美；显示出欢乐的气氛、独到的匠心、多彩的美韵；显示出追求意境、神韵、风格的更高和谐境界。这就是侗族村寨文化遗产这座艺术殿堂普遍性艺术价值的灵魂与精髓。

第五节　侗寨遗产的社会价值

侗族村寨文化遗产及其和谐核心具有经济的、伦理的、治理的系列普遍社会价值。

一、社会经济价值

侗族村寨文化遗产是传统农耕经济的结晶，对于侗族村寨、侗族聚居地区社会经济的发展，具有重要的普遍性社会价值。

侗族村寨生产类文化遗产是传统农耕文化的积淀。复合共生种养方式是传统农耕的典范，其他的种植方式、养殖方式，也都属于劳作方式，有其直接而重要的农耕经济价值。传统工艺生产是工艺劳作方式，具有直接的经济价值。信仰类文化遗产祈求风调雨顺、五谷丰登。艺术类文化遗产以歌舞等形式为生产助兴、为生产服务，形成侗族村寨整体的、和谐的生产生活状态，具有间接的经济价值。所以侗寨文化遗产具有社会经济价值。

侗族村寨文化遗产是乡村经济发展的基点和起点。侗寨文化遗产从古代远祖开始积淀，历经数千年的完善而传承至今。这些遗产，是侗族村寨文化的历史起点，是侗族村寨数千年艰苦奋斗的智慧延续。数千年来，侗家人面对气候四季变换、干旱水涝、秋收冬藏，摸索前行，经历了多少艰难困苦、坎坷曲折，才积累成现在的文化遗产，极为珍贵。它是数千年来侗家人生存发展和谐模式的凝结，是侗族村寨发展壮大的根据，是侗族经济发展历史的可靠见证，是现代侗族村寨经济建设、乡村振兴的历史新起点。今后侗族乡村振兴可以凭借这些遗产,借鉴传统生态环保的农耕经验,发展新型的生态环保的经济产业,发展为农服务的新型服务产业,加快乡村振兴。

侗族村寨文化遗产是民族经济发展的坚实基础。侗族村寨文化遗产是侗族经济发展史上的杰出智慧。物化遗产是侗族过去的经济积累,是侗族经济发展壮大的坚实物质基础。精神遗产是侗家人创造的精神财富,是侗族经济做大做强、快速起飞的翅膀和无穷动力。文化遗产的内核有助于凝聚一切力量,助推侗族经济快速腾飞。

侗族村寨文化遗产是区域经济发展的宝贵资源。这是侗族聚居地区经济类文化瑰宝和历史经验。侗族聚居地区属于湘、黔、桂、渝、鄂五省区市毗邻的五市州及二十多个县区。侗族村寨文化遗产是域内生态、文化、经济、旅游融合发展的宝贵资源。山—水—林—田—路—寨的生态文化景观,鼓楼—风雨桥—干栏吊脚木楼建筑群的聚落景观,侗布、侗锦、侗绣、凤头银饰等侗族衣着服饰,侗歌、侗舞、侗芦笙、侗戏等音乐文化,各元素可自成产业,各文化丛可以形成产业集群。各产业、产业集群可以生态化、民族化、特色化、差异化发展,实现规模化、景观化和谐发展,兼顾度假、休闲、参与、体验、康养、民宿等业态的发展;可以促使生态、文化、经济与旅游融合发展,可以促进毗邻县区、市州、省区市联合,发展无障碍全域旅游,实现各层面整体和谐,所在省区市齐心协力,带动毗邻省区市生态、经济、文化、旅游网链式整体性快速和谐发展,实现侗族村寨文化遗产整体的社会、经济、文化旅游价值。

二、社会伦理价值

侗族村寨类文化遗产蕴含着传统美德的社会伦理价值。侗族村寨伦理类文化遗产渗透于各项遗产之中。生态类遗产渗透着生态伦理,农耕劳作类遗产渗透着传统农耕文化的伦理价值;工艺类遗产渗透着传统手工加工的行业伦理、职业道德与坊间伦理;信仰类遗产渗透着人神关系的伦理意蕴,是世俗伦理的折射;生活类遗产渗透着家庭伦理、"补拉"伦理、村寨伦理和血缘亲情、地缘亲情。侗寨文化遗产包含的伦理道德内容,形成侗族村寨传统美德的伦理道德体系,具有鲜明而突出的社会伦理价值。

侗族村寨文化遗产具有强化民族自立、自信、自强精神的社会伦理价值。侗族村寨文化遗产是侗族历代先民创造的宝贵财富,是历代先民杰出智慧的荟萃与凝结,是历代祖先馈赠的珍贵遗产。如侗款中的出征款、英雄款、创世款等珍贵遗产,不只是证明侗家人是聪明智慧的民族、是勤劳节俭的民族，是诚实厚道的民族、是和谐善良的民族，而且是能干、敢干、善干的敢于担当的民族，是一个追求和谐、爱好和平的民族，是创造了辉煌历史的民族，是了不起的英雄民族，是一个自信、自立、自强的民族。侗家人了解自家村寨的文化遗产，就会对祖先肃然起敬，就会继承祖先自立自强的坚强意志和敢做敢为的血性豪气，彰显民族自信心，强化民族自豪感，坚定民族自强的责任感和使命感，弘扬民族自信、自立、自强的价值观。

侗族村寨文化遗产具有促进民族团结、社会进步的社会伦理价值。侗族村寨文化遗产的和谐核心，是侗寨家庭和谐、补拉和谐与村寨和谐的历史见证，是村寨和谐、区域和谐、民族和谐的历史积淀，继承弘扬这些遗产，就会依据遗产中的经验，进一步促进家庭和谐、村寨和谐、区域和谐，进一步促进民族的团结进步，强化中华民族共同体意识，促进民族和社会的经济文化建设，促进社会进步，进一步彰显与提升侗族村寨文化遗产的民族伦理价值与社会伦理价值。

三、社会治理价值

侗族村寨遗产的和谐核心与治理类、规范类文化遗产，具有维护祖国统一、维护社会秩序的社会治理价值。

侗族村寨治理类文化遗产具有维护祖国统一的社会价值。如，侗族叙事大歌中的祖先大歌中有梧州祖先迁徙古州等地的迁徙歌，《侗款·族源款》中人的根源款说明人类的共同祖源，宗支薄款说明祖宗随珠江而上，自古州而来，表明各地侗族人民本一家；客地祖宗款条，讲明了客地迁来的人与本地原住侗家人都是一家人，体现了侗族先民深沉的、历史的民族认同感。又如，五代时期杨再思率众主动服从中央的管辖。这些对于维护祖国统一、维护国家稳定、促进中华民族团结融合，无疑具有及时雨般的社会价值。

侗族村寨和谐规范类文化遗产具有维护社会秩序的社会价值。侗族村寨规范类文化遗产丰富多样，有风俗习惯，有家规、寨规、族规、村约、侗款等，形成完整的规范体系。规范的宗旨是维护家庭和谐、邻里和睦、村寨和谐、地方安宁、社会太平。有违俗违规的事情发生，按照具体情节与原因，给予相应的惩处。这些规范的约束与控制，使得侗族村寨和谐团结，凝聚力强，社会秩序稳定有序，地方安宁太平，社会规范价值鲜明而突出。

此外，侗族村寨文化遗产中社会综合治理类文化遗产众多，主要有村寨治理、款区治理、羁縻州自治等，展示出区域性社会治理的杰出智慧，呈现区域综合治理的成效，具有普遍性社会治理价值。

(一)村寨的治理密钥

侗族村寨文化遗产中包含非常重要的村寨传统治理模式——六把密钥,这是侗族村寨传统治理的杰出典范。

一是组织结构密钥。侗寨传统组织是"家庭—房族('补拉')—团寨"的社区组织结构模式。家庭是每个人的首属群体,是人们每天生息的港湾,是侗族村寨生产生活的基本单位。"补拉"是以父系血缘为纽带的宗亲组织,是血缘亲情凝聚的纽带,是家庭与团寨的联结中介。团寨是血缘、亲缘、地缘融合的社会基层组织。"家庭—'补拉'—团寨"是以血缘关系为基础,在长期生息繁衍中自然形成的侗族聚居地区社会基层的组织体系。它的亲和力、凝聚力、群体生存发展能力特别强,是侗族聚居地区基层组织结构模式的杰出典范。

二是权威统领密钥。"家长—族长—寨老—款首"的层级权威管控模式与治理智慧。其中的关键是寨老。寨老人缘关系广,判断、决策、组织、协调、控制驾驭能力强,为人正直,办事公正,不拿工资,没有津贴,德高望重。寨老一般是一个团队,由团寨中德高望重的长辈组成,他们一般也都是家长、族长,也是"款首"候选者。寨老集团威望高,凝聚力强,一呼百应,众志成城。寨老集团权威统领,是侗族村寨基层治理的高效密钥。

三是规范密钥。侗族村寨的规范,首先是神灵信仰的约束、风俗习惯的规范约束;其次是伦理道德规范的约束;最后是"家规—族规—寨规—款规"一体化的规范约束体系。在这些层面规范的制约下,侗族村寨稳定、平安、和谐。

四是老人护寨密钥。

五是"三交"和谐密钥。个人之间、家庭之间、村寨之间、区域之间和谐展开交往、交流、交融,使家庭和谐、村寨和谐、区域和谐、社会和谐。

六是欢悦密钥。侗族村寨传统生产生活及交往、交流、交融、文化传播等一般都利用歌舞方式进行,或者劳作间歇以歌调节,劳逸结合,对歌娱乐,以歌消除疲劳,使侗族村寨成为"歌的海洋",欢乐和谐的天堂。

这六把密钥有机结合,促进侗族村寨治理和谐有序。

(二)款区的治理智慧

"款",是合款各寨形成的民间款区,以款规自治款区。❶ 款区地属行政

---

❶ 邓敏文,吴浩. 没有国王的王国:侗款研究 [M]. 北京:中国社会科学出版社,1995.

毗邻区，历史上多为"三不管"地带，社会矛盾尖锐复杂。款区形成自我治理的民间区域性社会组织体系，武装捍卫侗寨居民生命财产的安全，成功消除了边远"三不管"地带的社会矛盾，成功实现了民间区域自治，弥补了当时地方政府治理的不足。这是款区民间自我治理的历史功勋和卓越典范。

"款"，是区域治理的强制性方式。"款"是一种规范体系与观念体系❶。如"款坪款""约法款"，更有严惩违规的"六面阴规"；款区用这些强制性规范条款约束人们行为、控制款军、治理款区。

"款"，是一种教育型治理方式。这些"款"既是行为规范，也是教育人的具体内容。"款"要家喻户晓，就"讲款"。"款"就成为宣讲的具体内容。这时的"款场"或者"款坪"就是教育场所。款组织用讲款的形式敦促人们按款行事。这是款区利用心理机制与教育形式治理款区。

"款"是以村寨为基础、以多层级民间社会组织体系为载体的，融合规范体系、观念体系、教育体系于一身的区域性民间综合治理模式，是村民当家作主的民间治理的杰出智慧，也是一种区域性民间组织自我治理的成功典范，是以"侗款"为纽带的区域性社会综合治理的和谐典范。

（三）诚州和谐的自治典范

中国历代中央封建王朝与少数民族聚居地区的矛盾，一直是令最高统治者十分棘手的问题。宋元明时期，侗族聚居地区所在的古诚州，实行羁縻制度❷："州—峒—塘"圆锥式垂直治理模式，与峒间联治、塘间联治、铺间联治、村寨联治、款区自治的横向治理模式；个人自治与群体（家庭、"补拉"、村寨）自治的结合模式；生产自治与生活自治和谐相融的治理模式；习俗、节会、信仰、娱乐等多形式并行的治理模式等。这些治理模式的有机结合，成为侗族聚居地区社会治理的综合范式和政治文化多样性的典型样板，具有重要的普遍性社会治理价值。该模式是妥善处理中央和地方关系、汉民族和少数民族关系、中原与边远地区关系的杰出智慧；诚州地方首领率众拥戴中央王朝，缓和了侗族聚居地区同中央的矛盾，维护了中央权威，维护了祖国统一，强化了中华民族共同体意识，形成了国内各民族团结的政治格局，解决了内乱之忧，使中央政府能够集中精力办理国家大事、集中力量一致对

---

❶ 杨锡光.侗款[M].长沙：岳麓书社，1988.
❷ 向盛福.土司王朝[M].呼和浩特：内蒙古人民出版社，2008：2.

外。中央给了诚州相当大的自治权，形成了诚州宽松的政治生态环境，使诚州上下左右关系和谐、社会稳定，地方安宁、薄赋轻徭、负担减轻，经济文化逐渐繁荣，体现了地方政府杰出的政治智慧，成为地方治理的成功典范，具有重要而突出的区域性社会治理价值。

第八章 侗族村寨文化遗产核心价值的实现

侗族村寨文化遗产是侗族的瑰宝，也是中华民族的瑰宝。它的核心价值对于侗族聚居地区的乡村振兴和侗族的繁荣发展具有极为重要的作用，对于中华民族的伟大复兴具有重要意义，必须实现其价值，在实现其价值的过程中实现其核心价值。

第一节 核心价值的功能

侗族村寨文化遗产的核心价值具有重要的育人功能、凝聚功能、激励功能和资源功能。

一、育人功能

侗族村寨文化遗产是一种环境氛围，是一种知识体系，是一种方法体系，具有多层面的育人功能。

第一，侗族村寨文化遗产核心价值具有育人的多种方式。一是农业生产劳作育人方式，就是在劳动中育人。在劳动中使年轻人领悟、继承侗寨的传统美德，学会做人，懂得生产劳动的重要性，在劳动中学习侗族传统农业生产的经验技术技巧，学会农耕，使农业生产后继有人。二是传统手工生产育人方式，使年轻人懂得并遵循职业道德，培养工匠精神，掌握加工的流程工艺、经验技术与技巧。三是歌舞娱乐活动育人方式，使年轻人掌握侗族歌舞的人文精神、道德情操与歌舞技艺。四是生态与聚落环境育人方式，让年轻人珍爱自然、珍爱侗寨等。

第二，侗族村寨文化遗产核心价值具有熏陶育人功能。侗族村寨文化遗产是一种和谐环境，是一种和谐氛围，这同样具有育人作用。环境有忙碌、喜庆、欢悦等不同氛围，人们身临其境，会有不同的感受与体验。这种环境氛围作为文化空间，有家庭熏陶、房族熏陶、村寨熏陶、社会熏陶等多个层面的意义。在和谐环境氛围中，也有长辈言行熏陶、族长权威熏陶、名人英雄事迹熏陶等多种熏陶方式。侗族村寨活态文化遗产是一种和谐活动，就有不同活动的熏陶作用。熏陶的内容有自然观、社会历史观、世界观、人生观、价值观、审美观、伦理道德、风俗习惯等。文化遗产熏陶的本质就是使个体的人家庭化、"补拉"化、村寨化、地方化、民族化、社会化，使个人成为其中合格的、优秀的、杰出的一员。

第三，侗族村寨文化遗产核心价值具有启迪与认知育人功能。侗族村寨文化遗产的核心价值，是一种和谐型做事方式、行为模式、思维范式。它启迪人们认识和知晓事物各个层面的和谐关系：是什么样的和谐，为什么和谐，怎样和谐，以后将会怎样变化，其中有什么不足与局限，将怎样弥补与完善。

第四，侗族村寨文化遗产核心价值具有诸多方法论功能。侗族村寨文化遗产中蕴含着系列方法，一是将各种活动与歌舞娱乐融合在一起，寓劳于乐、寓"三交"（交往、交流、交融）于乐、寓教于乐的方法。二是和谐式参与体验的方法。三是借鉴模拟的方法。四是复合共生系统的和谐方法。五是时空分异与耦合的统筹方法。六是和谐"三交"的方法。七是改革创新的方法。如侗款中九十九公款载，在广泛征求意见的基础上，权威式传帖邀请，九十九位各地寨老汇聚古州，商讨解决青年人的婚恋困难，改革同姓不婚的禁规，实行破姓结婚的改革创新。最后九十九公一致同意破姓结婚。这是侗族历史上特大款区议事决议，制定款规的大事，这是一种改革创新的大事，启迪后人敢于改革创新，告诉后人改革创新的机理方法，是侗家人改革创新的典范，具有改革创新的方法论功能。

二、凝聚功能

侗族村寨文化遗产的继承要遵循遗产本身的价值取向、运行规律，必须团结、和谐，具有重要的凝聚功能。

第一，侗寨文化遗产核心价值的导向功能。一是引导人们在珍惜、爱护、传承侗族村寨文化遗产的过程中厘清遗产的组成元素及其复杂关系，把握其中的和谐关系。二是厘清其中和谐关系的来龙去脉、结构功能、发展趋势，探索怎样遵循村寨文化遗产和谐运行的价值取向、运行秩序，探索并遵循文化遗产传承、保护、开发的规律。三是文化遗产保护、传承、利用，开发人员必须团结一致，同心协力，力求主体性和谐，力求遗产保护、传承、利用、开发的诸要素组合，以达到预期的目标。这些既是引导功能与导向功能，也是其约束功能。

第二，侗寨文化遗产核心价值的规范功能。一是规范思维方式。外在的行为规范，首先要内化为当事者的自我意识，上升为自觉意识，转化为价值观念和思维方式，然后外化为自觉行为的行为方式。如果内化不到位，行为就不会自觉，或者欠自觉。这是一种自我意识规范。二是规范行为方式。文化遗产中的神灵信仰和风俗习惯，约束和规范人们的行为。文化遗产中的家规、族规、寨规、款规等行为规范，就是外在的强制力量，迫使人们纠正失误，遵循规范。如果违反规范，就会被惩处。侗族村寨文化遗产具有明显的规范功能。

第三，侗寨文化遗产核心价值的凝聚功能。侗族村寨文化遗产的核心价值就是和谐，是各层面的和谐，包括内部和谐与外部和谐，就像巨大磁铁，具有外部的向心力和内部凝聚力，呈现巨大的吸附功能。对于事物，具有元素和谐的凝聚力；对于活动，具有物与物的凝聚力、人与人的凝聚力、人与物的凝聚力；对于主体，具有相互吸引的凝聚力，具有团结进步的凝聚功能，形成层层团结凝聚的局面。这样的向心功能和凝聚功能，在节会、"三交"、复合共生系统、语言交流、价值观念认同、伦理道德同化、民间信仰认同、歌舞认同等方面的凝聚作用就更加突出、更加明显。

三、激励功能

侗族村寨文化遗产核心价值具有激励功能。

第一，侗族村寨文化遗产核心价值具有榜样的激励功能。侗族村寨的文化遗产是在人们交往过程中形成和传承的，而且大多数是集体进行的，是在集体和谐的环境氛围中，按照一定方式，结成和谐关系才取得的，是在集体环境中积极"三交"，才积淀成文化遗产。这一切皆为后事之师，具有榜样的激励功能，激励后人效法前人的做法，有效地传承、保护、弘扬和利用这些珍贵的文化遗产。

第二，侗族村寨文化遗产核心价值具有自省功能。文化遗产是前人的成就，由此激励后人自我反省，自己做得怎样、有哪些问题、有哪些不和谐的因素与环节、外在的原因有哪些、自身的原因有哪些、离和谐目标有多远、怎么努力、怎么弘扬前人的遗产成果等。因此，文化遗产的核心价值就在于不断地激励后人，日乎三省吾身，不断地自我反省，在反省中自信、自立，为各层面和谐而努力，呈现激励式自省的巨大功能。

第三，侗族村寨文化遗产核心价值具有主体自强功能。文化遗产是前人的馈赠，后人的骄傲，激励后人引以为傲，激励后人更好地继承前人的文化遗产，启迪后人一定要有能力、有志气、有决心、有恒心继承和弘扬前人的文化遗产，将其发扬光大。这种激励实现了代际和谐、代际继替，具有激励后人自信、自立、自觉、自为、自强的巨大功能。

四、资源功能

侗族村寨文化遗产及其核心价值是当地社会文化、旅游、经济、生态等方面建设的宝贵资源，具有各层面重要的资源功能。

第一，侗寨文化遗产及其核心价值具有促进区域文明建设的资源功能。侗寨文化遗产的核心就是和谐，政治层面的和谐就是一种政治文明。在社会治理类遗产中，有符合当时政治形势、恰当处理中央和地方关系的成功模式，有维护祖国统一、维护国家稳定、维护中央权威、维护地方安宁的杰出智慧与突出典范。这一切，具有政治文明建设的借鉴作用，是促进地方政治文明建设的借鉴性宝贵资源，具有政治文明建设的资源功能。

第二，侗寨文化遗产及其核心价值具有促进当地社会主义精神文明建设的资源功能。

侗寨文化遗产及其核心价值具有社会主义道德建设的资源功能。侗寨文化遗产的核心是和谐。和谐作为传统美德，是当地社会主义道德建设的珍贵资源；遗产中侗寨居民传统的家庭美德、村寨美德是当地社会主义道德建设的宝贵资源；遗产中传统工艺类职业美德是当今社会职业道德建设的重要资源。这些表明，侗寨文化遗产及其核心价值有促进社会主义道德建设的资源功能。

侗寨文化遗产及其核心价值具有社会主义文化建设的资源功能。文化遗产中的民间文学、民间传统音乐、民间传统舞蹈、民间传统戏曲、民间传统美术等，是侗族村寨文化艺术战线的宝贵资源，是今后发展侗族文学、侗族歌舞、侗族戏曲、侗族美术的重要依托，是今后侗族村寨文化建设的起点，具有重要的资源功能。

侗寨文化遗产及其核心价值具有文化和谐交融的资源功能。侗族村寨关于歌舞娱乐、生活方式等文化遗产，对于优化居民生活方式，提高居民幸福指数，都具有非常重要的娱乐型文化建设的资源功能。侗族村寨关于文化"三交"方面的文化遗产，将促使人们进一步加深了解，消除误会，缩小分歧，化解矛盾，扩大共识。在今后频繁交往中，促进交流，在和谐交流中，进一步交换信息，沟通思想，加深感情，增进友谊。在今后的交往、交流中，进一步彼此交融，促进村寨之间、地域之间、民族之间的和谐、团结和共同进步，具有交往类文化建设的重要资源功能。

侗寨文化遗产及其核心价值具有推进当地文化特色建设的资源功能。侗族村寨文化遗产的差异性，可以激发和引导人们从细微中发现差异，对细微差异进行微开发，并进一步做出特色、做出亮点，打造村寨文化特色、打造地域文化特色，形成区域性民族文化特色；进一步形成村寨文化特色品牌、地区文化特色品牌、民族特色文化品牌，显示其特色品牌文化建设的巨大资源功能。

第三，侗寨文化遗产及其核心价值具有促进当地物质文明建设的资源功能。

侗寨文化遗产的和谐核心，可以促使当地人民继承、弘扬传统生产生活方式的模式、精髓，进行创新，提升侗寨物质文明的层次，具有侗寨物质文明建设提质升级的资源功能。

侗寨文化遗产及其核心价值具有激发侗寨居民创新创业、发展产业经济的资源功能。侗族村寨的许多文化遗产可以直接应用于三大产业，具有引导和激发侗寨居民就地就业、创新创业的资源功能。传统农耕文化遗产，具有激发村民走特色农业创新创业路径的资源功能；传统的手工技艺，具有激发村民走技艺型创新创业的资源功能；传统的民间艺术，具有激发村民走民间艺术创新创业之路的资源功能；侗族村寨的民俗文化遗产，具有激发村民走民俗型文旅融合创新创业之路的资源功能；侗族村寨各种歌舞文化遗产，具有娱乐产业方面创新创业路径的资源功能；侗寨文化遗产中"三交"型文化遗产，具有激发人们走市场开拓方面创新创业之路的资源功能。

侗寨文化遗产的差异，具有特殊化、品牌化发展的资源功能。文化遗产的差异性，可以促使人们发现差异，从细微差异切入，把细微差异做大、做特、做亮，可以助推人们创新性打造特色产品，强化产品特色，从不同层面既助推人们就地就业、创新创业，推动当地产业经济、特色经济、品牌经济的快速发展，显示其差异化、特色化、品牌化、规模化的产业经济资源功能。如列入国家级非物质文化遗产名录的不同项目，就已经是国家级的文化资源，而且是国家级品牌式珍贵资源，更能够打造成民族文化的特色品牌，可以进一步做特、做大、做强，体现其国家级文化经济产业的重要资源功能。

侗寨文化遗产及其核心价值具有促进当地文旅融合发展的资源功能。侗寨文化遗产的核心，具有助推文化、旅游、经济和谐融合的资源功能。文化、旅游、经济三者，也具有和谐融合的需要与可能。如侗家人已经将饮食文化遗产资源、漂流休闲模式、复合共生种养模式与参与体验式旅游进行融合，形成侗家人的文旅融合品牌。相关资源，不只是具有资源功能，更是一种资源价值。

第四，侗寨文化遗产及其核心价值具有强化生态文明建设的资源功能。侗族村寨传统森林生态文化遗产、传统水体生态文化遗产、传统聚落生态文化遗产，对于保护生态环境，进行生态文明建设，具有不可低估的重要功能。侗族村寨高覆盖率的森林生态，历代先祖护林、造林积淀的珍贵遗产，为现在和今后生态环境保护，奠定了良好基础，是今后生态文明建设的首要资源前提和首要资源条件，具有重要的资源功能。传统水体景观遗产、传统聚落景观遗产对于今后聚落生态景观建设，具有多方面的资源功能。

侗族村寨文化遗产及其核心价值，通过资源启迪、资源引导、资源开发、资源强化、资源保障等机制而起作用。这些机制将促使人们共同努力，将侗寨村寨文化遗产的巨大功能转化成为巨大的现实价值。

第二节 核心价值实现的方略

中国侗族村寨文化遗产的价值及其核心价值的实现，须有总体的价值取向、适合的基本理念、可行的努力目标、必循的基本原则、必要的战略、灵活的策略、可选的路径、必经的环节、恰当的机制、科学的方法、配套的措施，预期的效果。

一、价值取向与基本理念

（一）价值取向

侗族村寨文化遗产核心价值实现的价值取向直指和谐：人与自然和谐、生态和谐；人与人和谐；家庭和谐、村寨和谐、区域和谐；生产和谐、生活和谐；行业和谐；经济和谐；社会和谐。

实现方式取向：在和谐价值观的指导下，利用和谐、再创和谐、共享和谐，以和谐方式实现侗寨文化遗产的核心价值，使侗寨居民共享和谐成果。

侗寨和谐取向：个人人身心愉悦、家庭和谐幸福、村寨和谐兴旺。

乡村振兴和谐取向：乡村政治和谐清明，文化繁荣，经济快速发展，生态环境优越，民族和谐团结，社会和谐进步。

（二）基本理念

1. 和谐价值观

和谐是关系，是人与人之间互相尊重、平等合作、协调一致、同心协力的融洽关系，是人与自然之间的共生共荣关系，是人与社会之间相互依赖、相互影响的融洽关系，是人与物之间爱物惜物、物尽所用的共荣关系，是物与物之间比例恰当、结构合理、功能最大化的优化关系。和谐是状态，是上述各层面的融洽状态、共生共荣状态、优化状态，是个人身心协调愉悦的状态，是家庭和睦幸福的状态，是村寨兴旺繁荣的状态，是乡村生态环境良好、各层面关系融洽、文化经济繁荣的状态。和谐是过程，是上述各层面的融洽过程、协调过程、互补过程、交融过程、融合过程，是共生共荣的过程、相互促进的过程，逐步完善提升的过程。和谐是结果，是上述各层面友好相处的融洽结果。和谐是人类生存发展的理想状态，是人类生存发展关系的核心目的、核心取向、核心追求、核心目标。和谐是文化的核心、文化遗产的核心、文化遗产价值的核心，侗族村寨文化遗产亦然。和谐是静态事物内部关系的核心，是活态事物的灵魂，是传统文化的精华。和谐是团结凝聚的黏合剂，是协力前行的旗帜，是无穷动力的根源，是侗家幸福、侗寨兴旺、侗乡振兴、中华复兴的不竭之源。

2. 核心价值理念

核心价值是价值体系的中枢、轴心、灵魂与精髓。核心只有一个，但核心群中的核心仍然只有一个，核心价值亦然。侗族村寨文化遗产价值的核心是和谐，核心价值是和谐价值。核心价值在价值体系中居于支配地位，起主导与统率作用，它对其他价值轴心式贯通、灵魂式支配、中枢式统领、精髓式统率。核心价值渗透于其他价值之中，与整个价值体系一起发挥作用。

3. 民族理念

民族有其共同信仰、共同语言、共同习俗、相近的遗传基因，共居一域。侗族亦然，有共同的萨岁信仰，使用共同的侗语，有共同的风俗习惯，有相近的生物学、社会学遗传基因，共同聚居在湘、黔、桂、渝、鄂毗邻地区。共创此域生态文明、物质文明、精神文明、政治文明，共同谱写民族辉煌史。

4. 主体性理念

主体指人，泛指物或事。是对应于客体性的哲学术语，指在双方关系中处于支配地位，起主导作用的一方。主体性强调主体属性，特别是主体本质属性,主要有主体需要、主体本质力量、主体地位作用、主体的整体性、系统性、主体的社会关系、主体共同富裕等。

侗族村寨文化遗产核心价值的实现还运用了文化生态理念、可持续发展理念、系统理念、"云"理念、"微"理念、电商理念等。

二、目标体系与基本原则

(一)目标体系

1. 总目标

实现侗族村寨文化遗产的核心价值,构建侗族村寨新型经济文化模式,构建侗族村寨新型乡镇模式,发展壮大集体经济,促进共同富裕,促进侗寨、乡村、社会的和谐发展。

2. 子目标

子目标分为文化遗产目标、个人身心目标、村寨聚落目标等,具体如下。

文化遗产目标:侗族村寨文化遗产保护良好,传承有序,利用有效,特色彰显,弘扬有功。

个人身心目标:心、言、行的和谐发展;心情舒畅、宽宏诚信、孝慈仁厚、传承创新、锐意进取、敢于担当、刚柔相宜;兴趣广泛、素质全面、术有专长、匠心精益。

村寨聚落目标:家庭和谐、院区和谐、"补拉"和谐、侗寨和谐、民族和谐,共同富裕度高,文化共享性强;鼓楼和谐、风雨桥和谐、街巷和谐、小区和谐、村寨和谐。侗族村寨文化遗产保护利用和谐,传统木构建筑保护完好,山—水—林—田—路—寨聚落生态景观和谐亮丽。根据文化遗产价值实现进度,另建和谐新园区(工业—科技—商贸)、和谐新寨区(文化、旅游、经贸、教育、娱乐)。

文化类遗产核心价值实现目标:习俗传承,习俗文化与产业融合开发,节会传承与经济融合式发展,传统音乐、舞蹈、戏剧、曲艺传承与经济融合式发展,继续教育、职业培训与遗产保护开发的人才需求适应性和谐发展,歌舞娱乐与各种劳作间隙交替互补等,精神文明建设成效显著。

生产与经济类遗产核心价值产业化实现目标:共同富裕。集体经济组织和谐:合作社和谐、农庄和谐、公司和谐。工作场所和谐:作坊和谐、工作室和谐、工厂和谐、库区和谐、园区和谐。服务行业和谐:交通和谐、餐饮和谐、宿住和谐；商贸和谐、物流和谐、仓储和谐、配送和谐。效率效益及收益分配和谐：时空效益和谐、速度功效和谐、效率效益和谐、投入收益和谐、积累分配和谐。实现人和、厂和、企业和、行业和，以致经济快速发展。

生态类遗产核心价值实现目标：青山绿水，山水和谐；阡陌田园，寨田和谐；古树林木，生态和谐；整洁优美，景观和谐，以致生态文明和谐发展。

乡村和谐目标：乡村文化遗产保存，遗产价值实现度高，遗产开发有序；由此实现人际和谐团结、行业和谐兴旺、产业快速发展，经济繁荣，政治清明，文化生活丰富多样，生态宜居，居民就地就业创业，安居乐业，幸福指数高，社会和谐稳定。

区域社会和谐目标：域内文化遗产保护完好、传承有序，开发有方；地域文化差异化、特色化发展，文化活动一体化，文化凝聚力强，文化产业规模大、增量大；经济主体整合度高，产业联动，形成区域性产业集群和产业链；产品文化赋能度高，产品地域性民族特色鲜明、差异化突出、时空分异与耦合度高、互补性强；交通快捷通畅，商贸物流整体化，畅通无阻，通关性强；文化旅游经济融合度高，文旅网络互联互通，线路一体化，服务一体化。区域生态文明建设一体化、物质文明建设一体化、精神文明建设一体化。

（二）基本原则

侗族村寨文化遗产核心价值的实现，必须遵循和谐原则、集体原则、主体原则、精益原则、客户满意原则等基本原则。

1. 和谐原则

这是侗族村寨文化遗产核心价值实现的根本原则、核心原则。该原则要求实现要素内部和谐，实现方式、手段、过程、环节、机制、方法、措施和谐。

2. 集体原则

侗族村寨文化遗产核心价值的实现，必须以集体为本，集体的组织形式，集体性活动，集体成员共同努力，成果共享，共同富裕。

3. 主体原则

侗族村寨文化遗产核心价值的实现，必须遵循主体原则，以主体需要为依据，征集主体意见、整合主体力量、促使主体和谐，使侗家人、侗寨、侗族主体满意。

4. 精益原则

侗族村寨文化遗产核心价值的实现，必须遵循精益原则。实现过程必须精益求精，发挥侗家人的工匠精神、精益态度。

5. 客户满意原则

侗族村寨文化遗产核心价值的实现，必须遵循客户满意原则。客户特指产品的购买者，泛指产品的鉴赏者、消费者和生产者自己，满意原则即主体满意、客户满意、中介满意。

侗族村寨文化遗产核心价值的实现，还须遵循生态环保原则、可行性原则、可持续发展原则、循序渐进原则。

三、重要战略与主要策略

侗族村寨文化遗产核心价值的实现，可以采取和谐战略、集体化战略、集群化战略、"三化"战略、时空分异与耦合战略、主体整合与联盟战略，以及适度策略、应急策略、快捷策略、跨区通关策略等战略策略。

（一）重要战略

1. 和谐战略

侗族村寨文化遗产核心价值的实现，必须采用和谐战略。实施该战略，就是要在和谐价值观的指导下，协调各方面、各层次的关系，同心协力，办好各种事情；就是要使事物结构优化、动态过程各层面关系优化，最终达到和谐目标，取得效果，实现价值。

2. 集体化战略

侗族村寨文化遗产核心价值的实现，采用集体化战略。该战略要求实现主体集体化、组织方式集体化、实现过程集体化，发展壮大集体经济，走集体化共同富裕之路。

3. 集群化战略

侗族村寨文化遗产核心价值的实现，采用集群化发展战略。该战略要求核心价值的实现，乡村产业化，区域产业集群化、网链化、规模化发展，增强文化与经济实力，加快文化与经济发展。

4. "三化"战略

侗族村寨文化遗产核心价值的实现，采用差异化、特色化、品牌化的"三化"战略。

5.时空分异与耦合战略

侗族村寨文化遗产核心价值的实现,采用时空分异与耦合战略,并同产品的差异化、特色化、品牌化战略一致,使各乡村、区县、市州将差异放大,做特、做强,做成品牌,将差异化、特色化、品牌化在各地空间上交错并存,散点布局,如满天星斗,各放异彩;在时间上接替继起,不间断,实现时空耦合式和谐发展。

6.主体整合与联盟战略

侗族村寨文化遗产核心价值的实现,采用主体整合与联盟战略。一是家庭主体整合、村寨力量整合,形成家庭及其成员组成的集体性质的(集体农庄/合作社/股份公司/××坊等)文化经济组织;二是企业联盟,形成集团;三是产业联盟,形成产业集群。

(二)主要策略

侗族村寨文化遗产核心价值的实现,可以采用适度策略、价格策略、应急策略、快捷策略、跨区通关策略、供应链策略、电商策略、云商策略等灵活应对。如适度策略,把握事物发展的分寸,空间范围适度、时间适度、温度冷热适度,火候适度,语言的刚柔适度,元素适度等,这正是与和谐相应的基本策略。价格策略中,根据具体情况,适当采用高价进场策略、低价进场策略、同价跟进策略、降价策略、价格优惠策略等。

第三节 核心价值实现的模式

侗族村寨文化遗产核心价值的实现,就是在和谐价值观指引下,在实现文化遗产价值的过程中实现其核心价值。它的实现方式多种多样、多层次,可以是物质状态的实现,也可以是精神状态的实现;可以是价值实现的过程状态,也可以是结果状态;可以是日常生活状态,也可以是生产状态,还可以是娱乐状态、教育状态;可以是表层、初级层面,还可以是深层次、高层次。侗族村寨文化遗产核心价值的实现,有其相应的途径、环节、机制、方法、措施等,形成了优化的实现模式。

一、核心价值实现的形式、层次及路径

侗族村寨文化遗产的核心价值,有自己独特的实现方式、复杂的实现层次和多样的实现路径。

（一）实现的形式

中国侗族村寨文化遗产核心价值是和谐，因此，它有自己不同于其他价值的实现形式：维护与传承、渗透、内外化、以习俗和规范约束、教育等独特形式，以及文化遗产产业开发的形式和谐、业态和谐的经营形式。

1. 传统和谐状况的维护、传承与巩固形式

侗族村寨文化遗产的核心价值是和谐，是遗产中传统的和谐关系、状态。保护、传承文化遗产，就是维护、传承其中的核心价值。遗产的保护、传承、巩固，就是遗产核心价值的实现形式。

2. 渗透式

侗族村寨文化遗产的和谐核心不是实物形态的，而是一种关系状态，渗透于文化遗产及其关系之中。它的价值，即侗族村寨文化遗产的核心价值，也只能渗透于侗族村寨文化遗产各种价值的实现之中。在实现侗族村寨文化遗产价值的过程中，渗透式实现其中的核心价值。所以，在侗族村寨文化遗产价值实现过程中必须着力激活各和谐因素的活力，提升其内外结构的和谐度，使其最大化。这是侗族村寨文化遗产核心价值实现的基本形式、根本形式。

3. 内外化式

侗族村寨文化遗产和谐价值的心路历程就是其内化与外化的统一。

内化式：侗族村寨文化遗产的认知、理解与心理重构，形成文化遗产的认知观念。这就是文化遗产的内化过程。文化遗产中的和谐内涵，也随之内化为认知主体的遗产意识、遗产观念。认知、理解、重构或建构，变成主体关于遗产和谐价值的观念、思想，就是遗产及其和谐内核的内化形式及其结果。该形式的运行轨迹就是"遗产内化—和谐内化—遗产的和谐意识—和谐情感—和谐观念—和谐思想"，这就是将文化遗产的物、事、精髓内化为认知主体的和谐意识，内化为主体的和谐之心。

外化式：认知主体关于侗族村寨文化遗产及其和谐价值观念，在传承弘扬等因素的激励下，外显为意志、言语和行动，这就是它的外显过程及其外化形式。其中的运行轨迹，是把文化遗产的和谐价值观念转化为计划与行动方案，并付诸文化遗产和谐价值实现的实际言行。外化形式的关键是言行形式，即广开言路的实现形式：上行形式就须广开言路，如有奖建议、工作汇报、意见箱，或采用头脑风暴法、会议讨论法、问卷法、调查法等；下行形式如会议发布、培训、训诫（早训、周训、月训）等。常用形式：会议讨论

与民主集中、意见收集与反馈、接待日、宣讲，广告、橱窗等类型的宣传。外化形式的重心在于实现方案的具体实施，直达核心价值的最终实现。这些形式的轴心就是把和谐价值观付诸言语行动。

4. 习俗与规范式

侗族村寨文化遗产核心价值的重要实现形式，就是习俗形式与规范形式。通过生产习俗、生活习俗、人生礼仪、交往习俗、集体歌舞习俗而达和谐，通过家规、族规、寨规、款规的规范制约而实现和谐，以习俗和规范的形式约束侗家人的言行，使侗家人和谐、诚信、善良、宽厚、宽容、敬祖、孝亲、爱幼、睦邻、凝聚、团结，形成侗家人独特而典型的人际和谐。

5. 教育式

侗族村寨文化遗产是一种教育资源，物化的文化遗产就是一种无声的静态教育资源，活态文化遗产就是一种熏陶式教育形式，信仰、习俗、规范、讲款、讲古等文化遗产，告诉人们只能怎么做，最好怎么做，不能怎么做。日常劳作经验型文化遗产告诉人们，依照前人的经验做法，就能成功。歌舞娱乐、饮食起居等，也都是一种育人的形式。可见，侗族村寨文化遗产本身就是一种教育形式，实现该遗产核心价值的重要形式之一就是教育形式。

这些独特的实现形式中，包含着相应的实现路径，那就是维护与传承路径、渗透路径、内化路径、外化路径、习俗路径、规范路径、教育路径等。依次类推，后面的科研路径、产业路径、业态路径、管理路径等，也可以拓展为以路径为骨架的实现形式，如科研形式、产业形式等。

（二）实现的层次

侗族村寨文化遗产核心价值的实现，有其不同的层次。一是表层的、局部的和谐。家庭和谐、邻里和谐、"补拉"和谐、村寨和谐、区域和谐；遗产和谐、行业和谐等，大体如此。二是深层的、整体的、全局的和谐，这是侗族聚居地区和谐的历史状况和现实状况，更是未来的理想状况。三是和谐的实现是一个过程，是一个历史发展过程，是一个由低层次向高层次不断提升的过程，是一个由表层到深层不断递进的过程，是一个由要素和谐到系统和谐的不断推进过程，是一个由局部和谐、部分和谐到全局和谐、整体和谐的不断圆满的过程，是一个不断完善过程。

（三）实现的路径

中国侗族村寨文化遗产核心价值的实现路径有科技路径、集体经济组织路径、筹资路径、产业路径、经营管理路径等。

1. 科技路径

侗族村寨文化遗产涉及生产、生活、娱乐各个方面，绝大多数属于经验性操作，在当今社会化、自动化大生产背景下，有必要进行多学科的科学研究，将经验性操作提升到科学化、社会化、自动化的层面。具体路径有多种，一是专家中心型路径。专家将理论研究成果应用化，由专家领衔将应用研究成果运用于生产，使之实操化、产业化。如将腌鱼腌肉机器化腌制封藏，地下洞藏；将手工织锦上升为机器自动化织锦等。二是公司中心型路径。公司买断科技成果，或者科技成果入股，产业化、市场化、网络化运作。这是侗族村寨在保护文化遗产基础上的科技革命，是侗乡文化经济振兴繁荣的根本出路。科研路径的要害就是把理论研究成果转化为应用型科学技术，使科研路径转变为科技路径，使科技成果直接转化为生产力。

科技—传统农耕技艺—传统手工技艺—产业化—特色化+互联网路径。

科技—传统生活技艺—产业化—特色化+云商路径。

科技—传统音乐、舞蹈、戏剧、曲艺+云商路径。

此类路径的目标，就是在和谐价值观的指引下，将现代科技手段融入侗乡传统产业、行业之中，形成新的侗族文化经济产业集群和新的侗族文化经济业态集群。

2. 集体经济组织路径（企业构建路径）

传统的家庭—"补拉"—村寨经济由寨老牵头，现今的合作社、农庄、股份公司由能人或总裁牵头。该类路径的目标，就是在和谐价值观的指导下，构建集体经济组织，壮大侗族村寨的集体经济。

3. 筹资路径

政府投资、借贷式、股份制（遗产股、技术股、资金股、劳力股等）和租赁式等。此类路径的目标就是在和谐价值观的指导下，筹足集体经济经营所需资金。

4. 产业路径

产业路径多种多样，就是要在和谐价值观指导下，以传统产业为起点，构建新型的和谐型产业集群。

大农产业链路径：传统糯稻种植—稻鱼鸭共生种养—家禽家畜—加工—

饮食+云商；旱地杂粮复合种植—杂粮特色食品加工+云商等。形成传统独特而典型的和谐型多产业、多业态共生农耕文明。

大加工业融合路径：传统的前店后坊、上寝下店式融合。文化—作坊生产—商贸—旅游—电商；文化—餐饮—住宿—商贸—旅游—电商融合。

纺织类生产路径：在和谐价值观指引下，通过种植棉花—纺棉纱—织侗布、侗锦的路径，尤其是编制侗锦图案，发展壮大纺织类产业，做大、做特、做强侗锦、侗绣行业、服饰行业，形成棉花—纺织—侗锦、侗绣—侗族服装—电商链式产业集群。

餐饮住宿休闲类经营路径：在和谐价值观支配下的侗寨饮食制作的生产智慧，实现了人与食品关系的和谐状态。如乌饭的制作、油茶的制作、苦酒的制作、腌鱼腌肉的制作，尤其是合拢宴的传承与弘扬，既实现了人与食品的和谐，又实现了人与人的和谐。以此为鉴，走日常生活经营式路径，将接待—咨询—餐饮—酒店—茶厅—住宿—美容—美发—美脚—减肥—休闲—娱乐—售后一体化链式经营。这一链条式路径的目标就是在和谐价值观的指引下，把侗家人的日常生活方式当作样板资源，形成凸显侗族"半人半仙"生活习俗特色的服务类新型经营体系。

5. 经营管理路径

此类路径的目标就是在和谐价值观指导下，构建具有侗乡特色的经营管理模式。

经营方式：自己经营、代管、托管、连锁、联盟；独资经营、合资经营、外资经营。

管理方式：精益式、零缺陷、自动化云管理等。

6. 电商路径

生产地—网络站点电商—物流送达—顾客，此类路径的目标是在和谐价值观指引下，构建侗乡产品就地电商或云商营销体系。

7. 商贸物流路径

此类路径的目标就是在和谐价值观的指引下，利用现今通畅高速的交通网络，构建侗族聚居地区以陆港为枢纽的商贸物流新体系。

商贸—水运路径：中原—长江—洞庭—沅水—渠水—渠阳镇—县溪—双江—陆运—林溪—浔江—三江—榕水—都柳江—珠江（岭南）—东南亚；洪江—会同—绥宁，形成独特而稀有的古代南方水陆丝绸之路。

火车路径：普铁货运路径、高铁客运路径、陆港出口路径。

空运路径：民运机场布点密集，航线多、航次密，空运快捷。

8. 聚落建设与维护路径

规范（家规、族规、寨规等）、训导、讲款、节事活动、人生礼仪活动、习俗活动、生态活动等，形成多层面的实现路径。

借鉴"家庭—'补拉'—团寨—款组织"的链式组织途径，构建村寨、乡镇、区县，乃至区域和谐型组织体系。发挥家庭、"补拉"在链条中的重要作用。

借鉴"家长—族长—寨老—款首"的链式权威途径，借助权力与威望等机制，构建层级链式首领权威管理体系。

借鉴"月也"互访、节会及其他集体娱乐活动等途径，借助自信、自觉、互相勉励、激励等机制，构建村寨欢悦活动式路径模式。

传统聚落景观路径：鼓楼（"补拉"祭祀、议事、娱乐、习俗）、萨坛、庙宇、街巷、民居、水塘、水渠、古树、寨门、风雨桥，形成独特宜居的侗寨聚落景观；信仰—习俗—劳作—休闲—生活的活态景观。

爱林护林造林路径：遵循侗家人尊林、敬林、护林、造林习俗，构建"护林—植树造林—森林生态—财源、水源"等独特而典型的森林生态环境维护体系，实现并维护人与树木、人与森林的人林和谐、人与自然和谐。

村寨生态环保维护路径：沿着生态要素和谐、人居环境和谐、人与山水森林和谐，营建和维护"山—水—林—田—路—寨"独特而典型的和谐型生态聚落景观格局和人居环境典范。

歌舞娱乐文化路径：个人（歌师）—集体歌舞活动，歌会、节会、讲款、互访，形成普遍而浓郁的以歌养心的音乐文化奇葩体系。

行为规范路径：借鉴侗族传统"家规—族规—寨规—款规"的规范途径，构建当今侗乡各层级规范体系。借助内化、外显等机制，实现村寨和谐与区域社会和谐。家规—族规—寨规—款规—集体规章制度（合作社规章制度、农庄规章制度、公司规章制度）—国家法规法令的规范体系。构成侗寨之间的社会治理模式，形成独特而极富成效的村寨与社会治理典范。

习俗路径：通过侗寨的习俗路径，借助节会、歌舞等机制，形成各层面的道德规范，实现各层面人际关系的和谐。和谐价值观沿着支配侗寨人们生产习俗、生活习俗、人生礼仪、交往习俗的路径，通过互访、节会、红会、白会等集体活动环节，借助歌舞、规范等机制，引导和约束人们的言行，养成诚信、善良、宽厚、宽容等道德意识和情操修养，以及敬祖、孝亲、爱幼、睦邻和凝聚、团结的村寨氛围，形成和谐型习俗伦理道德体系和独特而典型的和谐型人际关系。

9. 综合路径

上述路径的优选组合路径，文化、旅游、经济融合路径。借助上述路径、采用相应环节机制，形成独特而极富成效的侗族村寨文化遗产核心价值实现的路径体系。

二、核心价值实现的环节与机制

侗族村寨文化遗产核心价值的实现，必须精选环节，优化机制。

（一）环节

侗族村寨文化遗产核心价值的实现，要经过系列环节，实现路径不同，所经环节不一样。心理认知类路径，大体上有内化、外显、实践等环节。生产生活类路径，大体上有准备、初试、工序、管控、验收等环节。音乐舞蹈娱乐类路径，大体上有编、排、练、演等环节。这都是大的环节，其中又有系列小的环节，如认知路径的内化环节，有感知、理解、认同、重构等细微环节；又如工程路径管控环节有指导、检查、监督、巡察、控制、检测等环节。

和谐价值观指导下不同路径的各个环节，都须精选、精炼、简便、链接，容易操作，构成和谐的环节链。

（二）机制

侗族村寨文化遗产核心价值的实现，路径不同，采用的机制不一样。有的比较简单、有的比较复杂。复杂的机制，又可分为多个系列，可供优选组合。

认知类心理机制：感知、理解、认同、憧憬、计划等。

自省类心理机制：自查、自问、自纠等。

自强类心理机制：自信、自觉、自为、自立、自强等。

素质提升类外部机制：学习、参观、培训、表扬、颁发证件等。

犯错处理机制：观察、监督、控制、训诫、诫勉、批评、问责、惩罚等。

激励机制：内激励、外激励、正激励、负激励、物质激励、精神激励（奖励）等。

道德机制：熏陶引导、舆论褒扬、评优、教育养成、榜样示范等。

法律机制：民间规约，即村约、井约、桥约、鼓楼公约、家规、族规、寨规、款规；现今规约，即国家宪法及相关法令法规、政府条例、规定，公司规章制度等。其中，各有其小的机制系列，如"款"机制中曾有约款、立款、讲款、起款等具体机制，可以借鉴。

行政机制：指导机制、命令机制、服务机制、聘用机制、合同机制等。

利益机制：名誉机制、职位机制、薪酬机制、奖励机制、福利机制等。

侗族村寨文化遗产核心价值的实现，涉及多条路径、多系列机制，我们需要认真遴选，优化组合。

三、核心价值实现的方法与措施

侗族村寨文化遗产核心价值的实现，还需运用系列科学方法，提供系列有效保障措施。

（一）方法

侗族村寨文化遗产核心价值的实现，可以运用和谐法、网链法、精益法、"微"方法、"云"方法、"慢"方法、虚拟方法等。

1. 和谐法

本方法是和谐价值观中蕴涵的人文方法，是在侗家人朴素和谐观念的基础上升华的人文科学方法，是一种系统和谐法。此法的宗旨是追求生态系统整体和谐，包括人与自然的生态和谐、人与人的社会和谐、人与事物共存共荣的生息繁衍的再生性和谐等。用此方法，一是要使系统的各个要素有各自优化的和谐结构，禀赋最大化；二是使要素之间的结构优化和谐，使系统整体禀赋功能最大化；三是要素之间、系统之间在磨合中和谐式共生、共存、共荣。

2. 网链法

本方法是网络法和供应链方法融合的方法。用此方法，一要选定网链的核心及其构成要素，使各要素形成横向和谐的优化结构，禀赋最大化功能，做大、做特、做强要素，形成品牌、形成产业，使核心产品形成精品、名品。二是分要素追溯上下游供应商，形成供应链的纵向产业集群，保障核心产品做大、做特、做强。三是将各要素的纵向产业集群链接成纵横交错的产业网链，实行云管理。四是将产业网链网络化，采用"互联网+产业链"模式、电商销售模式或云商销售模式。

3. 精益法

本方法源出日本 20 世纪中后期精益制造方式，美国麻省理工学院教授们在此基础上，于 1990 年出版的《改变世界的机器》一书中正式提出了精益思想方法。该方法运用标准方式、准时方式、看板方式、资源计划系统、信息技术、网络技术、通信技术、计算机技术等多种现代管理手段，遵循满足顾客需求、减少浪费、逐步完善、整体优化等原则，结合精细、节约、零缺陷、高效率、高效益等理念，以社会需求为依据，以充分发挥人的作用为根本，有效配置和合理使用企业资源，最大程度地为企业谋求经济效益。该方法用于侗族村寨文化遗产核心价值的实现，可以形成标准化精益发展模式。如标准化生产、精细设计、精益式集约生产、零缺陷管控、看板管理等，实现文化遗产的标准化、精益化的零缺陷生产、零缺陷服务、高效率、高效益等和谐目标。

4. "微"方法

本方法是在洞察细微的基础上，以"微"为焦点，彰显细微的思维方法与创新方法。此法由魏小安 2012 年初提出，是一种具体的、个体的、温暖的、即时的、随机的微创新设计开发方法。

"微"指事物的细枝末节，生活的细微片段，文化的细小因子，时间的转瞬之间，空间的细小斑点，大同中的细微差异，大异中的细微共性，全程中的小小片段、小小环节、短暂片刻，系统中的细小要素或者某一属性等。

"微"方法，一是仔细察微。在宏观中发现事物的细微处、片刻间、小差异等，注意那些容易忽视的细枝末节，它本质上是显微式观察方法。二是微中见著。在细微中把握整体、全局、共性，注重由微知著，由微观见宏观，由细节的差异见总体的显著特色，由平凡见伟大等。三是彰显细微。注重细节，张扬个性，凸显差异。这是时空分异与耦合的奠基方法。

该方法用于侗族村寨文化遗产核心价值实现过程，仔细观察发现遗产及其和谐价值的细微状态、细微差异、细微特色，把细微做大、做特、做强，做成侗家人微生活、微文化、微民俗、微时空等微型文化经济旅游品牌，彰显和谐特色，实现和谐价值，具有重要意义。

5. "云"方法

本方法是以云技术、云计算为手段❶，进行云搜集、云处理、云服务的方法❷。本方法的特点，一是速度快捷，以互联网、云计算、云技术为手段，处理与传输特别快捷，信息阅读与抽取特别快捷；二是信息海量，强调云计算

---

❶ 朱近之. 智慧的云计算：物联网的平台 [M]. 2 版. 北京：电子工业出版社，2011：19-29.
❷ 王淑贞. 湘西少数民族村寨文化旅游市场开发的理念与策略 [J]. 西南农业大学学报（社会科学版），2013（3）：1-5.

的信息量特大；三是适应面广，强调用途广泛，信源面与受众面宽广❶；四是客户云平台，通过"云平台"，随时享受定制云服务。云平台的相关内容为侗族村寨文化遗产核心价值的实现提供了广阔前景和重要手段，也平添了许多压力，有待我们改压力为动力，化困难为坦途，争取核心价值最大化。

6."慢"方法

本方法是以慢为特征、途径和手段，倡导"慢"的行为方式，追求"慢"中综合和谐效应的方法。慢方法，源自慢城旅游、慢游。

慢是一种恬静追求、一种休闲行为、一种慎独型思维方法；是缓慢的协调方式；是冷静型综合性的和谐范式，是慢中修复、完善、提升的和谐范式。慢是一种悠闲式体验、享受，是一种情感、境界的超越，是慢节奏感悟式情操陶冶、愉悦式境界升华。

"慢"方法用于侗族村寨文化遗产核心价值的实现，一要注意"慢"，"慢"是特质、手段、方法、途径；二要注意"戒"，戒急、戒躁、戒快；三要追求和谐美，追求恬静的和谐美、惬意的和谐美、愉悦的和谐美，缓慢持久的和谐美。

7.虚拟方法

本方法是以虚拟现实为主的计算机仿真方法体系，是一种多源信息融合的交互式三维全息动态视景和实体行为的系统仿真方法，主要包括模拟环境、自然技能和传感设备等。它以高端数字地球的地理信息系统、三维全息可视化、虚拟现实、3D与互联网技术为基础，利用计算机处理图形、图像、视频、声音、动画等，将三维实体、三维环境等以虚拟现实的形式表现出来，具有交互式三维动画和动态仿真的可视效果，具有虚拟对象广泛、用途多样等优势。如虚拟生态、虚拟侗寨、虚拟侗乡、虚拟高速公路与高铁交通、虚拟超市与银行等。虚拟方法，用于侗族村寨文化遗产核心价值的实现，虚拟侗族聚居地区，具有直观的动态仿真的可视效果，可以交互式与模拟参与，可以虚拟旅游，用途广泛。

侗族村寨文化遗产核心价值的实现，还要运用唯物辩证法、系统方法、信息方法、文化生态方法、时空分异与耦合方法等。

（二）措施

侗族村寨文化遗产核心价值的实现，必须从思想、组织、政策、经费、人才、风险防范、基础设施等方面提供系统完整的保障。

---

❶ 朱近之.智慧的云计算：物联网的平台[M].2版.北京：电子工业出版社，2011：19-29.

第一，统一认识，科学规划。

一要运用各种手段，大力宣传侗族村寨文化遗产及其核心价值，强化村民文化遗产及其核心价值的自信心、自豪感、责任感和使命感，懂得实现其核心价值的必然性、重要性、紧迫性，坚定信念，坚定意志，团结一致，自觉投入文化遗产核心价值实现之中。

二要统一侗族村寨居民的和谐价值观，用和谐价值观统领文化遗产核心价值实现的工作；统一侗族村寨文化遗产核心价值集体化实现方式的思想，坚持走集体化道路；统一遗产文化传承利用同各行各业融合式和谐发展的思想；统一各侗寨文化遗产核心价值实现的地方差异与地方特色，实行差异化、特色化、品牌化的时空分异与耦合战略思想，实现域内五彩缤纷式和谐发展。

三要科学规划侗族村寨文化遗产核心价值的实现方案，乡镇、县区、市州、省区市拟定动态协调计划，使之细致精密、科学合理、现实可行。方案与计划须高视角、高起点、高标准地科学定位，既要磅礴大气，又要现实可行，充分预估困难，拟定应对良策。

第二，精心组织，加强管理。

成立省（区、市）、市（州）、县、乡镇、村寨五级文化遗产核心价值实现的执行机构，负责辖区文化遗产核心价值的相关事宜，跨行政区划的横向组织、协调与沟通工作；机构要有明确的职责与使命，有完善的规章制度、推进步骤、实施办法；做好省区之间、市州之间、县区之间、乡镇之间、村寨之间的协调与合作，统一规划、统一调度、统一管理，统一对外宣传和市场营销，使域内核心价值的实现工作和谐有序高效运行。

在和谐价值观指导下，加强管理。加强侗族聚居地区文化遗产价值实现的宏观管理；科学筹划域内文化遗产价值实现工作，拟定近期、中期、远期计划；加强跨行业管理，协调好文化遗产价值实现相关的农、工、商贸、物流、文化、旅游等部门之间、行业之间的联系，实行域内部门、行业云管理。加强相关部门、行业的中观管理，制定出整套完善的管理制度，明确各自职责，各司其职；督促各行各业的融合性重构、重组与重建；加强部门间、行业间的联系；保证产业化生产有序运行，为企业做好服务。加强相关产业、企业的微观管理，实行标准化精益式生产，微观目标管理、项目管理。

第三，政策扶持，人才支撑。

侗族聚居地区地处湘、黔、桂、渝、鄂毗邻地区，享受民族自治政策、西部开发政策、中部崛起政策，依据这方面的政策，在基础设施、生态建设、环境保护、振兴开发和社会事业等项目建设经费方面，充分争取中央预算经费支持和有关专项投资；在投融资方面，可以争取中央的信贷优惠支持，争取设立侗族聚居地区产业投资基金支持等。

侗族聚居地区多属民族自治的区、州、县、乡，有独立的民族区域自治权，可以在法律允许的范围内立法支持、司法维持侗族村寨文化遗产价值实现的产业化开发。

侗族村寨文化遗产核心价值的实现，需要大批研发人才、信息化人才、工匠人才、管理人才、营销人才等，可采用灵活多样的引进措施、多层面定向培养措施、多元化人才培训措施，构建政府主导、企业主体、大学基地、研究机构参与的"四位一体"人才培养体系；鼓励各级各类教育培训机构在域内开展相关从业人员的信息化、网络化知识技术技能培训；激励人们在实践中快速成材等措施，促进域内人才的培养，加快域内人才成长。

第四，积极筹资，规避风险。

侗族村寨文化遗产核心价值的实现，需要大量资金，存在系列风险，需要筹集资金，必须竭力规避风险。

侗族村寨文化遗产核心价值的实现，就是要保护、利用、开发侗族村寨的文化遗产，需要多方筹资。一是积极争取政府部门专项经费。二是积极争取金融机构的融资支持，争取金融部门的大额低息信贷、小额诚信贷款、小额担保贷款等。三是积极争取社会融资，组建侗寨遗产保护与开发基金、务工人员回乡创业基金；积极争取海外融资；组建产业集团上市融资与发行债券融资；积极争取社会赞助等，解决文化遗产价值实现的产业化开发资金奇缺问题，尤其是解决中小微企业与个体经营者资金匮乏问题，多方式金融扶持外出人员回乡创业。

侗族村寨文化遗产核心价值的实现，相关产业开发项目，以及相关投资，都存在种种风险，如政策风险、管理风险、灾害风险、市场风险、金融风险、资源风险、财务风险、竞争风险等。所以，必须成立风险管理机构，建立风险防范机制，完善风险监督制度和风险报告制度。一是树立强烈的风险意识，营造浓厚的风险文化氛围；二是高度重视风险评估，评估可能发生的各种风险，度量各种风险发生的概率及损失程度，提高风险评估能力与识别能力；三是洞察导致风险的可能因素，采取相应防范措施，防患于未然；四是采用风险规避措施，购买保险，分散风险等，从根源上降低风险，化解风险，减少损失，提高投资的成功率和回报率。

第五，加强基础设施建设与安全保障措施。

一要完善交通服务保障措施。在现有航空、高铁、普铁、高速公路交通网络的基础上,进一步提高交通的快捷度、通畅度、密集度与安全度,进一步提升乡村公路的质量等级,疏通提级毗邻县的乡村公路,实现无障碍公路交通。加快侗族聚居地区高速铁路网建设,改善铁路交通条件,根据需要调节火车客运、货运的班次,提高火车货运在物流运输中的比重。增加域内至港口的出海通道,组织域内出入境国际货运班列商贸物流。适当增设侗族聚居地区国际机场,适当增加域内各支线机场的航线班次,提高机场至相关县市公路等级,改善域内航空交通条件。加强、加快车辆、船只、飞机航班的车况、船况、机况质量的提升;改善和提高与之配套的各项交通信息系统和信息服务,努力做到各层面交通工具安全畅通、快慢适宜、成本低廉。

二要完善域内旅游服务保障体系。加强域内自然生态与人文生态遗产保护,完善域内食、住、行、游、购、娱等旅游服务体系;加强域内酒店、餐馆、民宿、娱乐场所的地域文化特色和民族文化特色建设,彰显侗乡、侗韵、侗味,打造侗族美食体系,打造腌酸、腊辣等特色侗菜体系;打造节会、合拢宴等民俗文化类休闲体验旅游精品,注重侗族文化遗产开发产业与参与体验休闲旅游的融合发展,开辟侗乡生态避暑度假连锁胜地,打造侗乡休闲体验康养体系,打造侗乡民宿体系;利用侗族聚居地区传统商贸文化遗产,精心策划、精心组织、精心包装,有步骤地建设侗寨商业服务新街区;构建互联网+侗乡土特产+物流配送的云商平台(或电商平台);多渠道吸引海内外游客,做大、做特、做强侗乡旅游。

三要建立侗乡安全预防与保障体系,要保障交通安全、文化安全、生态安全、网络安全、生产安全和居民生命财产安全。成立各级安全组织机构,设立专门人员分管域内防火、防洪、防旱、防盗、防意外事故的工作,在分工协作中把安全工作落到实处。在侗寨街巷、林区和公共场所,安排安保人员,做好安全巡检、防范工作。由安全生产、公安(消防)等部门指导检查,切实保障域内各层面的安全。

第六,构建云商平台,强化信息服务。

完善信息服务措施。开发侗族村寨文化遗产,实现其核心价值,将互联网融入域内各个行业,加快建设域内信息服务系统,加快域内文化遗产信息数据库建设,加快域内网络基础设施提质升级,构建域内物联网、旅联网,扩大域内乡村网络信息的覆盖面,消除盲区。加快域内居民计算机技术、信息技术、通信技术、网络技术等现代技术的普及和提高。

加强侗乡农工商贸物流综合性自动化云平台建设,尽快建立侗族聚居地区虚拟仿真信息系统、语音解说系统、电子数据交换系统、时点销售系统、电子商务信息系统；构建"互联网+电商"平台、"互联网+云商"平台，为顾客提供咨询、预订、购物、旅游等综合性服务；完善公共符号系统，包括各种标识牌、LED电子屏幕系统、电子路障、北斗导航系统、地理信息系统，为居民提供信息服务标识。在此基础上，构建侗乡农工商贸物流综合性自动化云平台，这是一个涉及域内各个侗寨、居民、文化遗产、开发商、经营商、营销商、中间商、产业链、企业、产品、消费者、政府、互联网之间排列组合式复杂关系的庞大系统，其中的关系错综复杂，千头万绪，就要利用大数据、区块链，就要准备学习和运用量子计算机技术，构建并利用云平台，厘清各种关系，做出科学决策。运用云平台等信息化手段，高效快速地推进侗族村寨文化遗产核心价值的实现。

四、核心价值实现的模式选择

侗族村寨文化遗产核心价值的实现模式多种多样，大体上有传承人中心模式、产品中心模式、侗族村寨中心模式、园区多产业多业态模式、产业集群并存融合型模式等。

在这些模式中，有简单易行的作坊模式（工作室模式）、农庄模式、合作社模式、公司制模式、"公司+基地+农户"的公司中心模式，有"互联网+电商"的电商中心模式，有比较复杂的区块链模式，多方式并存的农工商贸物流综合性自动化云平台模式等。

（一）传承人中心模式

侗族村寨文化遗产掌握在传承人手中，传承人可能是一个群体，如鼓楼建造的木工群体等。传承人中心有几层含义，一是传承群体中的核心人物，如木工群体的掌脉师傅等。二是以核心传承人为中心，实现文化遗产的核心价值。由传承人发起、组织核心价值实现的各项具体事宜，实现核心价值。如通道侗锦织造技艺大师粟田梅（国家级非物质文化遗产代表性项目传承人），带领通道妇女纺纱织锦，实现了一批批妇女就地就业增收的和谐价值等。

（二）产品中心模式

此模式是指以某一产品为中心，分解其构成元素，各元素规模化生产，各成一大产业，形成和谐型产业园，为中心产品生产提供原材料，结成和谐型供应网链。以中心产业园为重心将各产业园链接聚集成区块，集农、工、商贸、物流于一体，做大、做特、做强，实现其不同层级的和谐价值。如柳州螺蛳粉全产业链和谐发展模式。该模式以螺蛳粉为核心产品，发展成为螺蛳粉产业、米粉产业、螺蛳产业、竹笋产业、香菇与木耳产业、螺蛳粉干粉产业的全产业链。网链中有"总部+基地"和谐模式、"龙头企业+专业合作社+农户"和谐模式。网链中供应链的关键是螺蛳供应，由此形成螺蛳产业链，如螺蛳苗培育、螺蛳养殖、螺蛳加工链等。总体上形成螺蛳粉生产、劳动研学、旅游、电商与物流推动的多产和谐联动的全网链和谐系统。全网链 2021 年实现了单一产品年销售过亿件，销售收入 501.6 亿元，带动了 30 万人就业增收，5500 户贫困户 2.8 万人脱贫的效果。

侗族聚居地区以各侗寨的特色产品为中心，可以打造更多的全产业链，如三江茶叶、三江红薯粉、从江香芋、通道青钱柳茶、侗乡油茶、侗乡腌鱼腌肉等，形成各地特色产品的全产业网链，乃至形成侗族聚居地区的产业网链，实现更大范围、更高层次的侗乡和谐。

（三）侗族村寨中心模式

侗族村寨文化遗产丰富多样，可以形成一寨一产品，一寨一特色，一寨一中心品牌。依此拓展成为以侗族村寨为据点的网链式实现模式。该模式正在被侗家人探索。如高秀红薯节，经营红薯文化产品、高友韭菜节经营韭菜文化产品，丹州经营香柚文化产品等。这是侗族村寨文化遗产核心价值实现的好起点、好开端。尽管目前仍处于探索起步阶段，但只要看准前行的方向，就能像柳州螺蛳粉那样，做成侗寨中心的全产业链式模式。把侗寨做特、做大、做强。

（四）园区多产业多业态模式

该模式是目前人们正在操作的模式。侗族聚居地区的市州县，已经建立了许多园区。目前，域内类似园区比较单一，大多属于工业园区，或者比较单一的商业园区、水果物流园区、冷链物流园区、轿车商贸物流园区等，管控方便，但产业单一，业态单纯，综合性不足。有必要根据发展需要，构建多产业多业态的综合性园区，为以后综合性发展奠定基础。多业态依据产业链的发展需要而拓展，产业链依据核心产品及其供应链关系而横向纵向扩展链接，有序地和谐推进，形成多业态互补链接，多产业供应链式网链衔接，使园区成为多业态并存、互补交融、多产业全网链整体的和谐新园区。

(五)产业集群并存融合型实现模式

该模式是指侗族村寨文化遗产核心价值实现背景下文化与农、工、商贸、物流、旅游等产业集群并存、交融的和谐模式。这是一种逐步推进拓宽的实现模式。首先,文化与经济、旅游融合,走"互联网+文化"产业、文化旅游的模式,使文化走向市场,使旅游成为侗乡文化游,这些年侗乡各地正是这么努力的,已经取得了骄人成效。其次,使经济与侗文化融合,增加经济的文化意蕴、增加产品的文化含量,增加商品的文化附加值。最后,在互联网、大数据、区块链、云平台背景下,促使各个产业集群在并存交融中发展成为全网链式和谐整体,共生、共存、共荣。如果量子计算机民用普及速度加快,这种模式将容易实施,乡村振兴、民族复兴也将随之加快,侗族村寨文化遗产核心价值的实现,就容易多了。

第四节 核心价值实现的效果

侗族村寨文化遗产核心价值实现的效果,就是侗家人在传统和谐价值观的指导下,生产、生活、交往、娱乐,形成侗寨传统的物质文化、精神文化、行为文化、制度文化和生态文化,积淀成侗寨传统的物质文明、精神文明、行为文明、制度文明和生态文明。

第一,侗族村寨文化遗产核心价值的实现,使侗族村寨居民在和谐价值观指引下,传承和创造了侗族村寨的传统物质文化与物质文明。和谐价值观支配侗寨人们,创造了稻鱼鸭复合种养共生系统这样的世界级农业文化遗产、侗藏红米复合种植技术等国家级农业文化遗产,以及大量的复合种养模式;创造并积淀了独特而稀有的芦笙制作技艺、侗锦织造技艺、木构建筑营造技艺等国家级非物质文化遗产代表性项目,以及大量农产品加工传统技艺、饮食加工制作技艺等;创造出独特而典型的传统农耕文化,积淀成侗寨杰出的传统生存智慧与农耕文明典范,积淀成光辉的侗寨传统农耕文明。

和谐价值观支配侗家人的侗寨聚落建设,从木构榫卯、穿斗排架与斗拱的和谐交融,从内在结构到塔式造型,创造出举世独特的和谐型鼓楼建筑,桥廊亭和谐一体,通行、休闲、娱乐和谐一体的风雨桥建筑,通风凉爽的干栏吊脚木楼民居建筑,街巷纵横、抱团紧凑的和谐建筑群落,山、水、林、田、路、寨和谐一体,大气恢宏的聚落景观,无一不是和谐智慧的设计、和谐智慧的营造、和谐智慧的结晶。侗族村寨是传统农耕背景下古村落木构建筑的和谐典范，是世界各地传统聚落景观的和谐典范。

和谐价值观支配侗家人与兄弟民族一起，创造了独特而稀有的古代南方水陆联运茶马丝绸之路的商贸物流文化，创造了古代南方茶马丝绸之路及多条链式商贸物流体系，积淀成传统农耕经济条件下侗家人的商贸物流智慧、商贸物流文化，创造了侗族聚居地区传统农耕时代的商贸物流文明。

这些传统农耕文化、建筑文化、商贸物流文化构成了侗族村寨传统和谐型物质文化，积淀成传统农耕背景下侗寨和谐型传统物质文明。

第二，侗族村寨文化遗产核心价值的实现，使侗族村寨居民在和谐价值观指引下，创造出璀璨夺目的侗族村寨传统精神文化，引领侗寨精神文明的传承与弘扬。

和谐价值观通过种种途径与机制，使侗家人养成并传承以人际和谐为核心的诚信、善良、宽厚、宽容等优秀的道德修养；形成了以代际和谐为核心的尊祖、敬老、孝亲、爱幼等优秀的家庭伦理道德情操；形成并积淀为种公田、行歌坐夜、不落夫家等婚姻道德习俗；形成并积淀为以和谐为核心的爱岗敬业、任劳任怨、勤勤恳恳、忠于职守的职业道德；形成并积淀为睦邻、扶危、济困、团结、凝聚等优秀社会公德，积淀成为侗家人优秀的传统伦理道德本色。

和谐价值观支配侗家人形成和谐而独特的侗族歌舞文化，创造出侗族大歌这样的世界级文化遗产，以及大量欢快和谐的侗族歌舞文化奇葩；创造出大批规模盛大的节会文化，传承民族特色浓郁的习俗文化，陶冶侗家人的心性情操，创造出"以歌养心"、治人先治心的杰出智慧和经典范式，激发侗家人精神生活的娱乐型心灵智慧与生存智慧。

和谐价值观使侗家人养成"半忙半闲、半人半仙"的人生态度，欢乐、愉悦、和谐的精神生活方式，积淀成侗家人杰出的精神生活智慧，创造出丰富多样的精神生活财富和辉煌灿烂的精神文化，积淀成侗寨传统的精神文明。

第三，侗族村寨文化遗产核心价值的实现，促使侗家人在和谐价值观指引下，形成侗族聚居地区独特的社区制度文化与制度文明，创造了独特而典型的村寨治理模式和区域性社会治理模式。

善治者先治心，以心导行。侗族村寨文化遗产核心价值实现的先机在于治心导行。和谐价值观在陶冶侗家人道德情操、心灵智慧、修身养性的基础上，支配侗家人的思想和言语行为，制约侗寨的信仰文化、习俗文化、"款"

第八章 侗族村寨文化遗产核心价值的实现

文化与农耕文化，制约侗寨的生产方式、生活方式、思维方式和行为方式，使之都打上"和谐"的烙印；使侗家人养成和谐的族群本性与族群特质，规定侗家人和谐处理人与自然、人与社会、人与人的基本态度、价值取向与族群自觉，使侗家人养成维护侗寨团结和谐的基本素质，使和谐成为侗族村寨人们生存发展的方式，生存发展过程的灵魂与核心，使和谐成为侗寨传统文化、传统农耕文明的根基；使侗家人心灵和谐、言语和谐、行为和谐、交往和谐。依据和谐修身养性，齐家家和，治寨寨和，直至聚居区域和谐。和谐是侗家人家庭治理、村寨治理、区域治理的内在精髓与无上法宝。

和谐价值观制约侗家人形成独特典型而极富成效的"家庭—'补拉'—村寨"的村寨组织传统治理模式，形成"家长—族长—寨老—款首"链条式传统权威治理模式，形成以"侗款"为标志的和谐型社会区域自治模式，形成习俗、家规、族规、寨规与"款规"结合的和谐型习惯法制度文化，积淀成侗族独特、稀有、典型的习惯法制度文明。

第四，侗族村寨文化遗产核心价值的实现，促使侗家人在和谐价值观引导下形成独特的生态文化与和谐的生态文明。

和谐价值观念支配侗寨人们爱护生态环境、保护生态环境、优化生态环境，使聚居地区森林覆盖率高，污染少，空气清新，负氧离子含量高，水质纯净，山青水绿，蓝天白云，拥有人与自然和谐的茂密的森林生态和优越的生态环境，使侗寨居民积淀独特厚重的生态文化，呈现出典型而稀有的生态文明，使侗寨成为生态宜居胜地，呈现令人神往、令人痴迷、令人心醉的生态美。生态美的终极动因是侗族人民矢志不渝地追求和传承传统的生态和谐价值观。

侗族村寨传统的和谐型精神文明、物质文明、行为文明、制度文明和生态文明，是侗族人多层面、和谐型生存智慧的结晶，是传统和谐价值观作用的累累硕果。和谐是侗寨传统农耕时代文化遗产的精华，是中华民族生存智慧的典范，也是侗寨极为珍贵的传统精神财富。

和谐价值观是侗寨人们的核心价值观，是侗寨文化遗产及其价值的精髓，是侗族人民的精神瑰宝，是中华民族的宝贵财富，是当今侗族村寨人们为人处世的基本宗旨，是侗族聚居地区乡村振兴、构建和谐侗乡的观念依据和思想凭借，是侗乡人民树立社会主义核心价值观的内在根基和内在动因。

侗族村寨文化遗产中蕴含的传统和谐价值观念，有其历史的局限性，有待更新提升为社会主义的和谐价值观。

余论

一、中国侗族村寨和谐发展的规律与趋势

中国侗族村寨文化遗产多种多样，每一种文化遗产都有其全人类视野下的普遍价值。这些文化遗产及其普遍价值之中蕴含共同的核心价值，那就是和谐及和谐价值。

不同视角下，事物的核心是不一样的。在生态伦理学、文化伦理学等学科视野下，中国侗族村寨自然生态文化遗产、农业文化遗产的核心价值就是人与自然的和谐，它的外在重要形式就是风调雨顺、五谷丰登；人文生态遗产的核心价值就是人与人的和谐、人与社会的和谐，它的外在突出形式就是抱团共荣的家庭和谐、村寨和谐、区域和谐。

中国侗族村寨的和谐更是一种历时久远、和风细雨的融洽过程，利害与共的共生、共存、共荣历程，还是一种歌舞娱乐形式、热闹欢悦场面、心情舒畅的愉悦体验，在愉悦中互动交融。在歌舞中祭祀、在歌声中生活，欢悦式农耕、对歌式交往、愉悦式交融。欢快式和谐发展是侗家人的生存发展方式，渗透于各种活动之中，也沉淀于文化遗产之中。这就是中国侗族村寨文化遗产核心价值的基本态势。

中国侗族村寨文化遗产蕴含的和谐是侗族村寨人与自然、人与社会、人与人之间协调一致、共生、共存、共荣的关系。此中的和谐是相对的，是动态的，往往伴随着波澜壮阔的群体较量、惊心动魄的盟誓场面、残酷无情的严厉惩处、持久不懈的"讲款"训导，在其中努力沟通交流，争取融洽的局面。"和谐—不和谐—更和谐"，这就是中国侗族村寨和谐发展的客观规律与必然趋势。

二、中国侗族村寨和谐的真善美追求

中国侗族村寨文化遗产的核心价值表明，侗家人执着追求真、善、美。

（一）侗家人对和谐之"真"的执着追求

在侗家人心中，和谐是"真"，真在自然，真在诚心，真心诚意地尊重

自然，奉自然为主，把自己当客。尊重自然之真，就是要维护自然生态的本真面貌，就是要遵循自然规律之真，才能在自然"主人"的怀抱里得到"风调雨顺、五谷丰登"的和谐之果。在真心诚意的执着追求之中，实现人与自然的和谐。

在侗家人心中，和谐在"真"，在真实，在真心实意。真要和谐，就是要以真实面目待人，真心实意做人，以自己真心实意之真，与人交往，求得人际和谐。如果虚情假意，哪怕骗得了一时，也骗不了一世，被人识破了，将无地自容。侗家人执着的真，真在自己，才能真心交往；真在家庭，家庭才有真爱，才能和谐，家庭在村寨中才有地位；真在村寨，村寨才能和谐，在周边村寨中，才能崛起屹立；真在社会，社会才能和谐，团结凝聚。

在侗家人心中，和谐是人们对真的认知和遵循，就是要求真务实，实事求是。要和谐，一要去伪存真，认知事物的真实面貌，以及其中的真实关系；二要通过现象，把握事物和谐的本质规律，求得真理性的认知；三要依据事物的本质规律，拟定科学可行的方案，把方案具体落实在行动中。侗家人的和谐，首先就是求真务实、实事求是的认知与实践。

（二）侗家人对和谐之"善"的行动诠释

中国侗族村寨文化遗产显示，和谐是侗家人之善，是侗家人扬善之因，是侗家人扬善之行，也是侗家人扬善之果。

侗家人扬善之因，是和谐。侗家人爱林、造林、护林，是为了人林和谐；侗家人注重水为人用、防止水患，是为了人水和谐；侗家人善待自然，是希望大自然风调雨顺，生态宜居，是为了人与自然的和谐。侗家人家庭美德之善、职业道德之善、社会公德之善，是为了家庭和谐、村寨和谐、劳作和谐、行业和谐、社会和谐。

侗家人扬善之行，是为了实现和谐。侗家人弘扬生态伦理之善，力行爱林、造林、护林，以林蓄水，筑坝、修渠、建塘等，是为了实现林为人用的人林和谐价值；水利人用、抵御干旱、防涝防火等人水和谐的价值，是为了实现人与自然和谐生态宜居的价值。侗家人互相帮忙、不争不吵等，是为了实现家和、寨和、区域和的和谐价值；侗家人恪尽职守、任劳任怨的职业善行，是为了实现传统农耕价值、行业价值；侗家人扶弱济困，是为了实现侗寨无特困、无赤贫的和谐价值。这是侗家人大善大爱的和谐之行。

侗家人扬善之果，是历史的和谐。侗家人历代接替的善行，结出了历史的和谐之果，使侗族聚居地区历史上形成并传承着家庭和谐、村寨和谐、款区和谐、塘峒和谐的安宁盛况。

侗家人的和谐是大爱大善，大到自然，实现人与自然的生态和谐；大到社会，实现人与人之间、家庭之间、村寨之间、人与社会的层层和谐；实现域内有公田、无巨富、无赤贫、住有房、吃有粮、幼有教、老有养的格局。

（三）侗家人对和谐之"美"的创造共享

美在和谐，追求和谐美，这是历代侗家人的夙愿。

侗家人注重心灵的和谐美、言行的和谐美。用信仰制约和慰藉心灵，用习俗约束和激发心灵，用各类规范束缚和陶冶心灵，用各种形式的传统美德熏陶启迪心灵，使人们的心灵在信仰、习俗、规范的框架内达到有限的和谐，显示敬神、尊俗、循规、崇德等原初状态的心灵和谐美，由此支配言行。

侗家人注重遵循林木规律的人与林的和谐美，注重林下蓄水的和谐美，注重林下复合种养的和谐美。注重稻鱼鸭共生、共处、共长于一田的和谐美；注重农作物空间高矮间作的和谐美、农作物生长成熟时间差套作的和谐美，注重传统工序工艺的和谐美，注重人的本质力量对象化的和谐美（注重人把聪明才智、审美意识转移到劳作成果上的和谐美），注重工艺图案花纹新奇靓丽的和谐美，注重产品结实耐用、价廉好看的和谐美等。在生产劳作的追求中，开启智慧，激发灵感，创作出新的和谐美，由此提升生产劳作及其成果的水平与层次。

侗家人十分重视日常生活的和谐美。如农忙时节早起三日当一天工的勤劳早起的和谐美，早点油茶饮食合一色香味俱全的和谐美，乌饭颜色营养的和谐美，糯米饭耐放、耐消化、便携带等的和谐美，腌鱼、腌肉制作加工方便且色香味上乘的和谐美，合拢宴热闹喜庆的和谐美，拦门迎宾敬酒的主宾和谐美，高山流水敬酒畅饮的和谐美，喝酒境界半醉半醒的和谐美等。

侗家人特别注重歌舞的和谐美。一是追求歌舞本身的和谐美，注重演唱时音高、音质、音域、节奏的和谐美，注重舞曲的韵律、旋律的和谐美。二是注重音乐舞蹈文化氛围的和谐美，形成和谐美的音乐文化生态场。三是注重歌舞活动对人的愉悦感受，使歌舞活动起到促进人际和谐、村寨和谐的和谐美作用。

侗家人认为和谐是美的，世代继替，执着地追求各层面的和谐美。锦上添花，美上添美，美美与共，共享不尽。

侗家人追求和谐，逐步递进，追求和谐之真，追求和谐之善，追求和谐之美，追求和谐之真善美的统一。这是中国侗族村寨文化遗产核心价值的更高境界，也是当今侗家人和谐追求的现代境界。

三、中国侗族村寨的传统和谐价值观有待不断完善提升

中国侗族村寨文化遗产的和谐内核，是历史的产物，它的核心价值也是历史的结晶，难免有历史的局限性，如神灵信仰的局限性、传统民间习惯法的束缚性、传统地域视野的局限性、传统生产方式的局限性、手工劳作效率低下的局限性等。在科学技术日新月异的当今社会，在网络化、信息化、大数据、云计算时代，这些局限性就更加明显了。所以，时移世易，侗家人的和谐价值观有必要随之完善更新。

在弘扬中国侗族村寨文化遗产核心价值的过程中，侗家人正在将侗族村寨传统和谐价值观同社会主义核心价值观中的和谐价值观结合，形成中国侗族村寨社会主义的和谐价值观，其理论性、系统性正在完善提升。

弘扬中国侗族村寨文化遗产的核心价值，就是要用中国侗族村寨社会主义和谐价值观统领各项工作，使各项工作围绕和谐展开，铸造中国侗族村寨社会主义的和谐灵魂。

参考文献

[1] 陈麟书.宗教学原理[M].成都:四川大学出版社,1988.
[2] 钟敬文.民俗学概论[M].上海:上海文艺出版社,1999.
[3] 乌丙安.中国民间信仰[M].上海:上海人民出版社,1996.
[4] 林耀华.民族学通论[M].北京:中央民族大学出版社,1997.
[5] 郑杭生,等.社会学概论新修[M].北京:中国人民大学出版社,2003.
[6] 段宝林,武振江.世界民俗大观[M].北京:北京大学出版社,1994.
[7] 刘芝凤.中国稻作文化概论[M].北京:人民出版社,2013.
[8] 石应平.中外民俗概论[M].成都:四川大学出版社,2002.
[9] 江帆.生态民俗学[M].哈尔滨:黑龙江人民出版社,2003.
[10] 罗康隆.文化人类学论纲[M].昆明:云南大学出版社,2005.
[11] 王丽娜.中华民俗通鉴[M].北京:线装书局,2011.
[12] 陈高华,徐吉军.中国风俗通史[M].上海:上海文艺出版社,2001.
[13] 吴浩,梁杏云.侗族款词[M].南宁:广西民族出版社,2009.
[14] 杨陵俐,吴文志.侗族和谐文化探源[M].香港:中国国际文艺出版社,2007.
[15] 李根富,吴文志.侗族节俗文化[M].北京:线装书局,2008.
[16] 吴浩.中国侗族村寨文化[M].北京:民族出版社,2004.
[17] 梁华仪.珠郎娘美:侗汉对照[M].贵阳:贵州民族出版社,2010.
[18] 庚辰村寨志编纂委员会.庚辰村寨志[M].香港:中国国际文艺出版社,2008.
[19] 杨锡光.侗款[M].长沙:岳麓书社,1988.
[20] 吴炳升,陆中午.侗族文化遗产集成[M].3辑.北京:民族出版社,2006.
[21] 吴炳升,陆中午.侗寨大观[M].北京:民族出版社,2006.
[22] 林良斌,吴文志.和谐侗乡[M].长沙:湖南人民出版社,2011.
[23] 杨林.侗族大歌[M].北京:中国文联出版社,2012.
[24] 杨通山,等.侗乡风情录[M].成都:四川民族出版社,1983.
[25] 杨筑慧.中国侗族[M].银川:宁夏人民出版社,2012.
[26] 石佳能.独坡八寨志[M].北京:中国戏剧出版社,2011.
[27] 薛永应.揭秘千年:"侗乡之都"策划纪实[M].北京:中央编译出版社,2003.

[28] 湖南省通道侗族自治县县志编纂委员会.通道县志[M].北京：民族出版社，1999.

[29] 于一元.侗乡之歌[M].北京：中国文史出版社，2005.

[30] 陈应发.哲理侗文化[M].北京：中国林业出版社，2012.

[31] 杨旭昉，吴文志.万佛山侗寨寻踪[M].长沙：湖南人民出版社，2011.

[32] 江月卫，杨世英，杨丽荣.中国侗族傩戏"咚咚推"[M].成都：四川人民出版社，2008.

[33] 通道侗族自治县文化局.通道侗族自治县文化志[M].北京：中国戏剧出版社，2012.

[34] 吴万源.湖南民族探秘[M].北京：人民出版社，2011.

[35] 杨明兰.百节之乡的魅力[M].哈尔滨：北方文艺出版社，2006.

[36] 刘芝凤.中国侗族民俗与稻作文化[M].北京：人民出版社，1999.

[37] 邓敏文，吴浩.没有国王的王国：侗款研究[M].北京：中国社会科学出版社，1995.

[38] 赵小鹏，石佳能.侗学论著序言选[M].北京：中国文联出版社，2007.

[39] 杨秀涛.情醉侗乡[M].北京：线装书局，2007.

[40] 廖君湘.南部侗族传统文化特点研究[M].北京：民族出版社，2007.

[41] 吴嵘.贵州侗族民间信仰调查研究[M].北京：人民出版社，2014.

[42] 黄才贵.女神与泛神：侗族"萨玛"文化研究[M].贵阳：贵州人民出版社，2006.

[43] 刘楚魁.南楚民俗与旅游研究[M].海口：海南出版社，2012.

[44] 梁思成.中国建筑艺术[M].北京：北京出版社，2016.

[45] 单霁翔.走进文化景观遗产的世界[M].天津：天津大学出版社，2010.

[46] 石开忠.侗族鼓楼文化研究[M].北京：民族出版社，2012.

[47] 高雷，程丽莲，高喆.广西三江侗族自治县鼓楼与风雨桥[M].北京：中国建筑工业出版社，2016.

[48] 熊伟.广西传统乡土建筑文化研究[M].北京：中国建筑工业出版社，2013.

[49] 杨永明，吴珂全，杨方舟.中国侗族鼓楼[M].南宁：广西民族出版社，2008.

[50] 蔡凌.侗族聚居区的传统村落与建筑[M].北京：中国建筑工业出版社，2007.

[51] 张柏如.侗族建筑艺术[M].长沙：湖南美术出版社，2004.

[52] 赵勇.中国历史文化名镇名村保护理论与方法[M].北京：中国建筑工业出版社，2008.

[53] 罗德胤.哈尼梯田村寨[M].北京：中国建筑工业出版社，2013.

[54] 晁华山.世界遗产[M].北京：北京大学出版社，2016.

[55] 雷安平. 苗族生成哲学研究[M]. 长沙：湖南出版社，1993.

[56] 龙炳文. 古老话[M]. 长沙：岳麓书社，1990.

[57] 石平成. 黎平县志[M]. 贵阳：贵州人民出版社，2009.

[58] 《会同县概况》编写组. 会同县概况[M]. 北京：民族出版社，2012.

[59] 《新晃侗族自治县概况》编写组. 新晃侗族自治县概况[M]. 北京：民族出版社，2008.

[60] 《靖州苗族侗族自治县》编写组. 靖州苗族侗族自治县概况[M]. 北京：民族出版社，2009.

[61] 罗康隆. 侗族传统社会习惯法对森林资源的保护[J]. 原生态民族文化学刊，2010，2（1）：57-62.

[62] 廖君湘. 论侗寨本土知识与火患防范[J]. 湖南科技大学学报（社会科学版），2013，16（2）：38-41.

[63] 王纯阳，黄福才. 从"社区参与"走向"社区增权"：开平碉楼与村落为例[J]. 人文地理，2013，28（1）：141-149.

[64] 王亚民，王东明. 传统乡村管理思想与现代农村管理哲学[J]. 吉林师范大学学报（人文社会科学版），2011，39（6）：35-37.

[65] 王亚民，张春尧. 我国传统乡村管理思想及其现代启示[J]. 湖北行政学院学报，2009（05）：60-62.

[66] 颜亚玉，张荔榕. 不同经营模式下的"社区参与"机制比较研究：以古村落旅游为例[J]. 人文地理，2008（04）：89-94.

[67] 王浩锋，叶珉. 西递村落形态空间结构解析[J]. 华中建筑，2008（04）：65-69.

[68] 杨丹妮. 世界文化遗产框架下侗族村寨申遗遴选策略：以三江侗族村寨为例[J]. 中国文化遗产，2017（05）：51-58.

[69] 张晓明. 影视人类学视域下贵州侗寨文化动态保护的可行性及对策[J]. 贵州民族研究，2018，39（8）：74-77.

[70] 唐云，靳小水. 侗族建筑形式剖析及侗族文化寻绎[J]. 美与时代（城市版），2018（10）：19-20.

[71] 唐晓梅，杨戴云. 黔东南苗族侗族传统村落保护发展对策研究[J]. 民族学刊，2018，9（3）：25-30，104-105.

[72] 西村幸夫，杜之岩. 历史、文化遗产及其背后的系统：以世界文化遗产保护为中心[J]. 东南文化，2018（2）：119-123.

[73] 韦玉姣. 三江侗族村寨的地理环境与民族历史变迁 [J]. 广西民族学院学报（哲学社会科学版），2002（5）：44-46.

[74] 王早立，张建林. 浅论黔东南州大利侗寨水环境景观特征与保护策略 [J]. 贵州民族研究，2014，35（7）：64-67.

[75] 姚俊. 浅谈三江侗族寨门建筑的保护 [J]. 重庆科技学院学报（社会科学版），2013（7）：152，154.

[76] 周俭，钟晓华. 发展视角下的乡村遗产保护路径探讨：侗族村寨田野工作案例 [J]. 城市规划学刊，2015（1）：54-60.

[77] 徐燕，吴再英，等. 民族村寨乡村旅游开发与民族文化保护研究：以黔东南苗族侗族自治州肇兴侗寨为例 [J]. 贵州师范大学学报（自然科学版），2012，30（4）：53-58.

[78] 杨立国. 侗族村寨遗产发展可持续性及评价体系研究 [J]. 衡阳师范学院学报，2020，41（3）：1-7.

[79] 尤小菊. 民族文化村寨中的非物质文化遗产保护研究：以地扪生态博物馆为个案 [J]. 贵州大学学报（社会科学版），2010，28（3）：111-117.

[80] 赵巧艳. 中国侗族传统建筑研究综述 [J]. 贵州民族研究，2011，32（4）：101-109.

[81] 刘洪波. 侗族村寨文化遗产保护路径的探究：以三江侗族自治县为例 [J]. 中国民族博览，2020（4）：66-68.

[82] 邓辉. 转变发展方式背景下特色民族村寨发展模式的调整与转型：以湖北省恩施市枫香坡侗族村寨为例 [J]. 中南民族大学学报（人文社会科学版），2012，32（5）：48-52.

[83] 刘志宏. 中国传统村落世界文化遗产价值评估研究 [J]. 西南民族大学学报（人文社会科学版），2021，42（11）：52-58.

[84] 何思源，闵庆文，等. 重要农业文化遗产价值体系构建及评估（Ⅰ）：价值体系构建与评价方法研究 [J]. 中国生态农业学报（中英文），2020，28（9）：1314-1329.

[85] 刘艳，段清波. 文化遗产价值体系研究 [J]. 西北大学学报（哲学社会科学版），2016，46（1）：23-27.

[86] 陈晨. 世界文化遗产价值评价标准的演变研究 [J]. 当代建筑，2021（11）：113-115.

[87] 段霞，叶霞，田俊. 日本学界侗族研究的焦点内容与特征述略 [J]. 社会科学前沿，2020，9（5）：771-777.

[88] 刘岩，王晓梅，何薇．日本学者云南研究的内容焦点与趋势特征：基于日本KAKEN数据库分析[J]．民族论坛，2019（4）：74-80．

[89] 吴浩．刍议侗族款词的科学价值[J]．贵州民族研究，1985（4）：40-46．

[90] 杨军，黄艳．侗族萨文化研究：以广西龙胜各族自治县为例[J]．宗教学研究，2011（2）：194-197．

[91] 张世珊，杨昌嗣．侗族信仰文化[J]．中央民族学院学报，1990（6）：56-60．

[92] 潘晓军．侗族鼓楼文化研究[J]．广西地方志，2005（3）：56-57．

[93] 龙景科．信仰断裂与心灵期待：转型时期侗族信仰与祭祀文化的人类学调查[J]．凯里学院学报，2010，28（1）：61-64．

[94] 钮小静，王文明．侗族"萨岁"信仰的美学本质审视：以坪坦村"萨岁"安殿仪式为例[J]．凯里学院学报，2014，32（4）：19-21．

[95] 钮小静，王淑贞．侗族萨岁信仰的美学考察——以通道坪坦古村"萨岁安殿仪式"为例[J]．怀化学院学报，2013，32（2）：5-7．

[96] 钮小静，张敏，王淑贞，等．侗族傩戏"咚咚推"的构成与特点新探[J]．艺术研究，2014（3）：121-123．

[97] 方磊，王文明．大湘西古村落分类与分区研究[J]．怀化学院学报，2013，32（1）：1-4．

[98] 王文明，王铁环，刘景慧，等．托口镇民间信仰文化及其保护与旅游开发[J]．怀化学院学报，2009，28（10）：25-28．

[99] 田清旺．土家族占卜习俗述略[J]．怀化学院学报，2010，29（10）：8-10．

[100] 郑立勇．关于民间信仰特征的几点思考[J]．福建社会主义学院学报，1999：4．

[101] 赵晓梅．黔东南六洞地区侗寨乡土聚落建筑空间文化表达研究[D]．北京：清华大学，2012．

[102] 张星照．通道坪坦河流域侗族鼓楼结构类型与营造技艺的现代延续[D]．长沙：湖南大学，2018．

[103] 罗冬华．广西侗族传统建筑与家具的文化研究[D]．北京：北京林业大学，2009．

[104] 段阳萍．中国西南民族地区不同类型生态博物馆的比较研究[D]．北京：中央民族大学，2012．

[105] 高小燕．公共考古视域下文化遗产价值传播研究[D]．西安：西北大学，2019．

[106] 朱学文. 云南绿春哈尼族习惯法及其教育功能研究 [D]. 重庆：西南大学，2013.

[107] 李志英. 黔东南南侗地区侗族村寨聚落形态研究 [D]. 昆明：昆明理工大学，2002.

[108] 赵荣荣. 遗产化背景下侗族村寨空间格局的变迁及其影响机制研究：基于坪坦侗寨的个案分析 [D]. 长沙：湖南师范大学，2019.

[109] 张文尧. 文化景观视野下广西三江侗族村寨保护与更新：以高友寨为例 [D]. 南宁：广西大学，2018.

[110] 王诗若. 湖南省通道县坪坦河流域侗族村寨鼓楼研究 [D]. 广州：广州大学，2016.

[111] 解娟. 黔东南侗族村寨建筑结构及细部研究 [D]. 哈尔滨：哈尔滨师范大学，2014.

[112] 周振伦. 黔东南地区侗族村寨及建筑形态研究 [D]. 成都：四川大学，2005.

[113] 顾静. 贵州侗族村寨建筑形式和构建特色研究 [D]. 成都：四川大学，2005.

[114] 刘师超. 湖南通道侗族寨门研究 [D]. 广州：广州大学，2016.

[115] 蒋馨岚. 侗族建筑文化遗产研究 [D]. 武汉：华中师范大学，2009.

[116] 祝家顺. 黔东南地区侗族村寨空间形态研究 [D]. 成都：西南交通大学，2011.

[117] 江维佳. 湘西南地区侗族社会组织结构与建筑场所关系研究 [D]. 长沙：湖南大学，2018.

[118] 黄智尚. 广西三江县程阳侗寨传统村落保护与发展研究 [D]. 广州：广州大学，2017.

[119] 楼吉昊. 基于遗产价值的坪坦河谷侗族村寨传统管理模式研究 [D]. 北京：清华大学，2015.

[120] 唐洪刚. 黔东南侗族民居的地域特质与现代启示 [D]. 重庆：重庆大学，2007.

[121] 许冬阳. 新侗款理念下的侗族村寨联运发展研究：以贵州黎平县三佰水口村寨联合体为例 [D]. 广州：华南理工大学，2020.

[122] 熊兰. 旅游体验背景下侗族旅游村寨文化符号体系研究：以贵州省黎平县肇兴侗寨为例 [D]. 贵阳：贵州民族大学，2017.

[123] 田井平. 贵州黔东南地区侗族乡土景观研究 [D]. 咸阳：西北农林科技大学，2012.

[124] 袁雨辰. 基于"生态博物馆"理念的侗族传统村寨景观设计应用研究：以广西三江程阳八寨为例 [D]. 北京：北京服装学院，2018.

[125] 郑建邦. 侗族村寨形态特色及其继承性发展研究：以贵州省黎平县滚正村为例 [D]. 广州：华南理工大学，2020.

[126] 杜娟. 桂北地区少数民族特色村寨体育非物质文化遗产旅游开发研究 [D]. 桂林：桂林理工大学，2018.

[127] 吴静文. 民族旅游背景下少数民族特色村寨建设研究：以黔东南郎德上寨为例 [D]. 武汉：中南民族大学，2013.

[128] 李欣原. 基于文化旅游的隆回县大托传统村落特色景观保护研究 [D]. 长沙：湖南大学，2017.

[129] 肖竞. 历史村镇文化景观构成与保护研究 [D]. 重庆：重庆大学，2008.

[130] 童小凤. 社区主导型古村落旅游地居民遗产保护感知研究：以诸葛八卦村为例 [D]. 杭州：浙江工商大学，2011.

[131] 王淑佳. 社区营造视角的古村落旅游开发与保护研究：以徽州古村落为例 [D]. 广州：华南理工大学，2013.

[132] 刘艺兰. 少数民族村落文化景观遗产保护研究：以贵州省榕江县宰荡侗寨为例 [D]. 北京：中央民族大学，2011.

后记

中国侗族村寨文化遗产核心价值论纲，历时五年，终于送审付梓。因为涉及内容相当广泛，鉴于篇幅所限，大量图片只能割爱删除，许多内容点到为止，以论纲的形式呈送给尊敬的读者诸君。书中陋见带有文化生态学、文化伦理学、生态伦理学、行政伦理学等视域特征，不当之处，敬请读者诸君不吝指正。

多年来，笔者在田野调查、资料收集、宏观构思、观点提炼等方面，得到了张玲、石佳能、吴耀军、杨祖华、粟保贵、杨友志、陆顺祖、杨尚荣、姜又春、姜莉芳、曹端波、唐应龙、杨径、罗康隆、印宇鹰、林良斌、吴文志、吴景军、杨旭昉、陈彬、石愿兵、石干成等先生的无私支持与精心指点，得到了通道、三江、龙胜、从江、榕江、黎平、靖州、绥宁、新晃、芷江、洪江等市县文物所、文化和旅游局、民宗委的大力支持，在此表示由衷的感谢！

在拙作撰写过程中，王淑贞拟定全书提纲，撰写第七、第八章和余论初稿；钮小静撰写第三至第六章初稿；王栋撰写第一、第二章初稿、并收集整理资料、参考文献；王文明审定拙作提纲并统稿。

仅以拙作诚谢侗族父老乡亲和关注侗乡文化遗产的各位朋友。

王淑贞
2022 年 8 月 27 日